文果载心

李建中先生执教五十周年纪念文集

高文强　袁　劲　主编

武汉大学出版社

图书在版编目(CIP)数据

文果载心：李建中先生执教五十周年纪念文集／高文强,袁劲主编． -- 武汉：武汉大学出版社,2025.6. -- ISBN 978-7-307-24964-6

Ⅰ. K825.46-53

中国国家版本馆 CIP 数据核字第 2025D3H474 号

责任编辑:蒋培卓　　　责任校对:鄢春梅　　　整体设计:韩闻锦

出版发行:武汉大学出版社　　（430072　武昌　珞珈山）

（电子邮箱: cbs22@ whu.edu.cn　网址: www.wdp.com.cn）

印刷:武汉精一佳印刷有限公司

开本:720×1000　1/16　印张:25.5　字数:331 千字　插页:2

版次:2025 年 6 月第 1 版　　2025 年 6 月第 1 次印刷

ISBN 978-7-307-24964-6　　定价:148.00 元

李建中

　　1955年出生于湖北江陵，武汉大学文学院二级教授，博士生导师，武汉大学弘毅特聘教授，武汉大学通识教育中心主任，国家教学名师，国务院突出贡献专家，教育部马工程首席专家，宝钢奖全国优秀教师，第三届湖北省"最美社科人"，2020年与2024年湖北省普通本科高校省级优秀基层教学组织（武汉大学通识教育中心、武汉大学文艺学教研室）负责人。兼任中国古代文学理论学会副会长，中国《文心雕龙》学会副会长，湖北省文艺学学会会长，中国大学通识教育联盟常务理事，学术集刊《关键词》主编，大型学术丛书《中华字文化大系》主编，多次获教育部高等学校科学研究优秀成果奖和国家级教学成果奖。

与杨明照先生合影，1988，成都

与钱仲联先生合影，1997，苏州

与中南民族大学文艺学研究生合影，1997，南湖

在华中师范大学参加博士论文答辩，2000，桂子山

师门聚会，2005，珞珈山

与家人合影，2014，瑞士

执教四十周年纪念活动，2014，恩施

师门聚会，2024，珞珈山

与贵州班部分同学合影，2022，贵阳

颁奖辞

遨游中华元典
扎根通识美育
鲲鹏有梦
一生钟爱堪载
骐骥追光
「三七」使命作则
珠玑句句
连缀人文标尺
师心灼灼
烛照珞珈品格

最美社科人颁奖仪式，2023，武汉

李建中教授执教五十周年纪念暨"关键词：话语体系与标识性概念"学术研讨会

2024.3.

执教五十周年纪念活动，2024，武汉

执教五十周年荣誉证书，2024，武汉

目　　录

书　评

感　念

成　　果

特

稿

三代人的课堂

李建中

60 年前，父亲在县城的学堂念高中，他是一心要考大学的。但是，家乡的一场大水，淹没了乡下祖父的田产也淹没了父亲的大学梦。父亲凄凄惶惶地离开了城里的课堂，当了一名乡村教师，在江汉平原一间用土坯垒成的教室里开始了他长达半个世纪的职业生涯。

60 年后，女儿在大洋彼岸一个叫"伊萨卡"的小镇念金融工程的研究生，她是一心想赚大钱的。虽说突如其来的金融风暴让我和我太太都为她的"钱"（前）途捏一把汗，但她自己似乎是"少年不识愁滋味"。她这个项目，最后半年是到华尔街实习。女儿兴高采烈地离开康奈尔大学的课堂，走进华尔街的证券交易所。此时此刻，她的职业生涯其实已经开始。

60 年间，我这个乡村教师的儿子兼华尔街准交易员的父亲，在中国的课堂上度过近半个世纪的人生：从念小学到念博士，花去近 20 年；从教小学到教博士，花去近 30 年。前 20 年，我曾经是我父亲的学生（父亲是我的小学数学老师）；后 30 年，我曾经是我女儿的老师（女儿念大二时选修了我主讲的中国文化概论）。

60 年，三代人的课堂。

一

父亲虽然是数学老师，但他有很好的古代文化和文学的功底。记得我上大一的那年，回家过春节，我创作了一副春联贴在家里的门框上，自我欣赏，自我陶醉。父亲看过，说是音律不协，平仄也不对。他们那一代人，无论是读私塾还是进学堂，也无论是习文史还是学理工，都受过很好的传统文化和古典文学的教育。我记得父亲不光是"四书"背得熟，《诗经》和《楚辞》也是张口就来的，不像我们这一代人，记"老三篇"胜过记《唐诗三百首》；也不像我女儿那一代人，虽然对世界名著与世界名模有相同的兴趣，但不太可能会对清代诗文与清代旗袍有相似的热情。

更重要的是，父亲这一代人，对课堂（学校教育）有着宗教般的信任和热情。父亲这一生，最热衷的事，就是尽力帮助自己和别人的孩子念书，念中学，念大学，念硕士，念博士。父亲在"念书"这件事上的热情与执着，可谓几十年如一日，屡经挫折而不衰。

我上小学五年级那年，"文革"爆发，全国停课闹革命。父亲是我们学校的校长，也是这所小学唯一的"走资本主义道路的当权派"（简称"走资派"），先是被揪斗，后是被打倒，最后被撵进牛棚。在全家人与牛共舞的日子，在全中国大学停办、中学停课的年代，父亲居然很严肃地对我说：考中学乃至考大学的时代还是会到来的，你现在就要做准备。父亲说这话的时间是1966年。12年后（1978年），当我把我的大学录取通知书递给父亲时，父亲并没有我想象中的那样激动，因为这个结果是在他预料之中的，他早在12年前就预料到了。与其说父亲是天才的预言家，不如说他是"天不变，道亦不变"的信徒。什么"道"？夫子之道，杏坛之道。

　　在父亲被关进牛棚的时候，父亲早年的一个学生，调到湖区当区长，他设法将父亲借调到湖区，为湖区筹办一个初中班。那年月，造反有理，读书无用，谁还愿意读书？父亲挨家挨户地去动员，晓之以理，动之以情。他从牛背上、从秧田中、从农家的灶台旁，把学生"劝请"到学校。几经周折，父亲终于办起了一个有 21 名学生的初中班，使湖区人解放后第一次有了自己的中学。

　　可是，造反派并不放过父亲，三天两头地将他抓到县城去批斗。每次"参加"完批斗会，不管天有多晚，父亲总是要步行 80 多里地，赶回湖区，第二天照常给初中班上课。两年后，来了一场"清理阶级队伍"的运动，父亲又一次被从课堂"清理"出来，他历经艰辛办起来的初中班也随之夭折。多年后，父亲谈起此事，仍神色黯然。

　　"文革"虽成为历史，但"读书无用"的幽灵仍在游荡。父亲最不能容忍的，就是不用心念书的学生和不支持孩子念书的家长。父亲的一个远房侄子，对自己孩子的学习漠不关心，致使孩子的成绩每况愈下。父亲先是把不称职的家长训斥一顿，然后安排时间为孩子补课。每年的寒暑假，家里的客厅总是坐满补课的学生，有亲戚朋友的孩子，有邻居或同事的孩子。听母亲说，父亲从不收补课费，对远道而来的补习生，还得"倒贴"食宿。父亲退休后，"客厅补习班"仍然继续。

　　夫子曰：吾道一以贯之。父亲是忧道者。

二

　　父亲这一辈人，忧道不忧贫；我们这一辈人，忧贫亦忧道，或者说因为忧贫而要忧道。我念大学的 20 世纪 80 年代，教育乃至知识分子的贫穷就可想而知了。学校穷，教师穷，学生更穷。图书馆没有图书，教室没有电扇，食堂的饭菜没有营养，锅炉房的开水永远不开……记得大二的下学期，中文系一位才华横溢、在全国学术界知名度颇高的副教授给我们上课，穿一件破旧的棉袄，两个袖口破得已经露出棉花。有同学在下面嘀咕：中国大学的首要任务不是启蒙而是脱贫。一直到 20 世纪 80 年代末，高校内外还流传着一个段子、两句顺口溜。段子说，某车匪洗劫列车上的乘客，在一位乘客身上只搜出十元钱，车匪问："你是干什么的?"乘客答："大学教授。"车匪说："我送你 50 元，你下去吧。"顺口溜更直白：穷得像教授，傻得像博士。

为了脱贫，我去读博士；可是读了博士，不能做别的，只能做教授。我的大学本科同学和研究生同学都说我傻。博士毕业那年，正赶上来势凶猛的"文人下海"潮。一位在武汉做钢材生意的大学同学拉我做经纪人，说是你只要做成一笔钢材或汽车或水泥或别的什么生意，赚到的钱，就等于你这大学教师几年的工资。又有一位在出版社工作的研究生同学拉我编畅销书，说是你将稿子卖给书商，一千字少说也有四五十元，比你写那些不仅没有稿酬反倒要贴钱的学术著作强多了。一位在海口做房地产生意的同学更干脆，要我辞职南下，到正宗的商海里去打拼，说是你看看大学里我们当年的老师，他们的今天就是你的未来……

十多年过去了。说来惭愧，自己没有做成生意，没有编成畅销书，也没有下成那个正宗的海。是自己没有脱贫的欲望，没有下海的胆量，抑或没有经商的本领？似乎都不是。潜意识中大概是难以割舍大学校园那份特有的平淡和虚静。20 世纪 90 年代的中国大学，没有各种各样的评估，没有"211""985"或"863"，没有那些没完没了的申报、检查、考核、结项。我住在市内，每周到郊外的学校上一天课，其余六天全部由我自己支配，看我想看的书，写我想写的文章，去我想去的地方，见我想见的朋友……如果有一座兰亭或一片竹林，我就是魏晋名士了。"虽无丝竹管弦之盛，一觞一咏，亦足以畅叙幽情。"

21 世纪的中国大学，教授已经不穷，博士已经不傻。可是，我依然怀恋

20 世纪 90 年代的大学校园，怀恋那份平淡和虚静，怀恋那种从时间、空间到心灵的自由。21 世纪的大学校园，教授很忙，博士也很忙。忙什么？写书写论文。一位在读博士一年发八九篇论文，一位教授一年出版四五本书，已经不是什么新闻。可是，翻开各种各样的学术期刊，走进大大小小的图书馆和书店，我们能读到多少真正有思想有创见有学术生命力的文章和著作？世间没有王国维，没有陈寅恪，没有钱锺书，连李泽厚也没有了，只剩下各种各样的统计数字，各种各样的"大师"头衔和"雷人"称谓。

　　贫不可忧，可忧的是道。父亲是对的。

三

　　当女儿决定放弃国内的研究生教育而到美国重读研究生时，我说不出来是忧愁还是欣慰。如果说我们这一代人的课堂是千姿百态甚至千奇百怪，而女儿这一代人的课堂却是千篇一律，是公式化的。从幼儿园小班一直到小学四年级，要上各种各样的艺术班，学钢琴学舞蹈学书法学绘画，学一切可以称之为艺术的东西。一到五年级，所有的"艺术"都要给"初考"（小学考初中）让位，课外的培训班还是要上，但与艺术无关，而是数学奥赛、英语或者是作文之类。而一旦进入初中，"中考"（初中考高中）就成了头等大事，白天在学校应对课堂教学和考试，晚上在家里应对堆积如山的家庭作业。但是，女儿天生有一种叛逆性格，从幼儿园时代就抵制公式化的课堂。要她去弹琴，她说指甲疼；要她去跳舞，她说脚趾痛；要她去画画，她说眼珠疼……当然，她的抵制是无效的，在家长软硬兼施的攻势下，她很快就缴械投降。女儿最喜爱做的事是读书，读小说。上初中之前，她已经将我书架上的中外名著全部读过。不仅读，还写，就在"初考"的前几天，她还关在自己的小屋子里写"中篇小说"。

作为大学文学系的教授，我当然很高兴，我的事业后继有人；至少，我这满屋子的书有了继承者。可是我没有想到，女儿刚上初中一年级，她的语文老师的一篇作文评语，扼杀了一位少年作家，也扼杀了我"父业女传"的美梦。

直到今天我依然认为，女儿应该当作家，应该以写小说为业。她有极好的文学感觉，有极好的情感记忆，有极好的文字天赋——这三条，是成为一名好作家的必备条件。念小学的时候，她就在报纸杂志上发表过一些小文章，还得过奖。刚上初中，第一次作文课是写记叙文，她用狄更斯式的幽默和张爱玲式的嘲讽叙述一件真实的事情，并借题发挥，发挥出来的当然是不合时宜的思想。语文老师在评语中严厉地批评了她，大意是说她思想灰暗、情绪消极，等等。我仔细读了女儿的作文和老师的评语，我发现这位老师要么是文学观念过于陈旧，要么是没有读出文章的言外之意。尽管我在女儿和她的初中语文老师之间做了不少的疏通工作，但是，女儿的文学风格和她老师的文学观念都是我无法改变的。女儿开始逃课，只要是语文课，她就跑出去看录像（谢天谢地，那个时候还没有网吧），开始是一个人去，后来还带几个闺中密友同去。更严重的是，女儿在家里郑重宣布：她以后绝不学文学，不学文科。进高中后，女儿遇到一位才华横溢的语文老师，在课堂上大段大段地背诵《离骚》，激越而悲慨，而且，这位高中语文老师很快就发现了我女儿的文学才能。但是，一切都太晚了，死灰怎能复燃？

从高中到大学，从本科到研究生，女儿一如既往地叛逆和异端。她生在大学校园，长在大学校园，可是她与大学校园却格格不入，她最好的朋友都不是那些在大学校园里长大的孩子。她逃避那些具有浓厚意识形态特征的活动，逃避那些索然无味的必修课，逃避那些她认为必须逃避的东西。

与她的爷爷和父亲相比，她的课堂是富裕的，因此她不用忧贫；她的课堂虽然千篇一律但并不缺乏开放和自由，她不必为自己的异端和叛逆付出代价，因此她也不必忧道。最为重要的是，她可以选择课堂，选择最适合自己的天性也最能发挥自己才能的课堂。于是，她选择了"伊萨卡"。

什么时候，中国也有自己的"伊萨卡"？

60年，三代人的课堂。

附注：

"伊萨卡"本来是荷马史诗《奥德赛》中一个虚构的地名，是神话英雄奥德修斯的故乡，象征着历经艰险而终于回到故乡。康奈尔大学(Cornell University，常春藤盟校之一)创建之初，就将自己的所在地命名为"伊萨卡(Ithaca)"。20世纪初叶希腊诗人康斯坦丁·彼得·卡瓦菲斯(Constantine Peter Cavafy，1863—1933)在《伊萨卡岛》(Iθάκη)诗中写道：当你踏上伊萨卡之旅/期待漫长的旅程吧/它充满着冒险/还有发现……

(原文发表于广东教育杂志社《师道》2009年第7期)

关键词人生，人生关键词

——李建中教授访谈录

李培蓓

从博士阶段起，李建中教授就开始了对中国文论关键词的研究，至今已然形成了以关键词为对象和方法的学术范式，受到了学界的广泛认可。高校任教四十年，李建中教授辗转中南民族学院、华中师范大学和武汉大学。这三所院校学术氛围各异，成就了李建中教授以"诗性""体性"和"兼性"为关键词的三段学术人生。"诗性"南湖，李建中教授在自由多元的环境中广泛地吸收古今中外的文艺理论，大大开拓了学术视野；"体性"桂子，李建中教授在重振中国古代文学理论学科的目标下，专攻中国文论的言说方式及话语行为，确立了为之奋斗一生的学术目标；"兼性"珞珈，李建中教授在科研与教学并重的氛围中，将关键词研究融入教学实践，筹办了武汉大学通识教育中心，让多年的学术成果惠及广大师生。"关键词"不仅是李建中教授学术研究的方向，也是他总结人生阶段的方式。李建中教授将"关键词人生"（学术经历及研究对象）概括为"诗性"南湖、"体性"桂子和"兼性"珞珈；将"人生关键词"（学术心得及人生感悟）概括为"博见馈贫""为文用心"和"余心有寄"。

一、"诗性"南湖

李培蓓　李老师，作为文艺学领域的资深学者，您对学术的热情经久不衰，多年来不断有高质量的研究成果问世，特别是近年来的关键词研究，受到了学界的广泛关注。同时，您典雅含蓄而又充满诗意的论说方式也给读者留下深刻的印象。学术研究可以说是您生活中不可分割的一部分，那么您是如何看待"学术人生"的呢？

李建中　何谓"学术人生"？其实，严格说来，没有"学术的"人生，只有"关于学术的"人生。就我自己而言，我的人生中，只有从入职大学到从大学退休的这一段时光与学术密不可分。除此之外，我的人生还包含着许多与学术毫无瓜葛的人、事、物。学术并不是我全部的人生，所以我实际上不赞成"学术人生"这种说法，因为学术它不能构成人生的全部内容和价值。但不可否认的是，我的人生中的确有一段与学术相关的历程，它也是我人生中非常重要、无法割舍的一部分，我姑且就把这段经历称作我的"学术人生"吧。

我这个人，人生很不顺，大事小事，极少一次成功的，总是要经历两次、三次，甚至更多次才能如愿。比如高考、考研、考博，都是考了两次。以高考为例：1977年恢复高考，我报名参加，分数很高，但"政审"不合格，没能通过；半年后再考，第二年才如愿成为一名大学生。之后我于1982年毕业，那时候大学生还比较少，所以本科毕业就可以进大学教本科，不像现在，进大学当老师至少要博士学位。也正是当了老师之后，我才开始认真地将学术研究作为自己的事业。所以严格来讲，我的"关于学术的人生"是从1982年秋天本科毕业后进入高校执教开始的，到今年恰好是40周年①。在这40年中，我先后

---

①　访谈时间为2022年9月，距李建中教授1982年本科毕业到中南民族学院中文系任教恰好40周年。

在中南民族学院（2002 年更名为中南民族大学）、华中师范大学和武汉大学教书，这三所学校对我的人生阅历、人生感悟、学术旨趣、学术方法，等等，有着非常不同的影响。我很幸运，我所供职的三所高校，风景非常优美：中南民族学院在南湖的一个半岛，华中师范大学在桂子山上，武汉大学则是坐拥珞珈山。南湖 15 年，桂子山 5 年，珞珈山 20 年，是我"学术人生"非常重要的三个阶段。

李培蓓　您提到您的"学术人生"是从进入高校执教开始的，中南民族学院作为您执教生涯的第一站，相信它对您的意义十分特殊。南湖 15 年对您来说意味着什么呢？您当时在南湖的生活是怎样的呢？

李建中　我很感谢在南湖的 15 年，我人生当中的许多大事都是在那里完成的。比如说在事业上，我从讲师晋升为副教授，从副教授晋升为教授并成为研究生导师，招收首届文艺学研究生。在教学、科研和指导研究生的过程中，越来越觉得需要不断充实、提高自己，于是决定继续深造，成为中南民族学院第一个拿到博士学位、第一个获批国家社会科学基金的人。除此之外，我在南湖畔恋爱、结婚、生子，留下了人生中最幸福的回忆。

李培蓓　您本科毕业时中国社会正发生着剧烈变化，20 世纪 80 年代不仅是思想解放的时期，同时也是经济和社会的飞速发展期，许多人纷纷离开体制内转而经商的做法也让当时出现了"下海热""经商热"的现象，于人心浮动之际选择潜心学术是十分不易的。选择了在高校工作，您的身份也发生了很大的变化，从学生变成了老师。刚才提到，此时您才开始将学术研究作为毕生追求的事业，那么作为一位青年学者，您当时在中南民族学院是如何确立自己的研究方向，并几十年如一日地一直坚持下来的呢？

李建中　我在南湖的 15 年可以总结为一个关键词："杂"。这个"杂"不仅和社会大环境有关，也和中南民族学院的小环境有关。这个大环境主要源于当时中国没有统一的价值观，正如你所说，20 世纪 80 年代的确是一个自由的、纷繁的年代，价值观又多又杂，我也把它叫作"全民下海热"，用现在的话来说，那就是"众声喧哗"。我当时也不能免俗，因为大学老师的收入很低，我们那一届一百多位硕士只有两位同学选择了继续读博，当时有两句戏言很流行："傻得像博士，穷得像教授。"我也曾经试图经商，但是失败了。后来在中南民族学院教书之余，我还在同学创办的公司里兼职部门经理。这是知识分子的贫穷所导致的身份认同的错位。现在的大学老师，大概不会有辞职经商的想法了。

但这样的大环境也有积极的一面。当时的学术氛围也是"杂"的，自由且多元，出现了"美学热""文化热""新方法热"等研究热潮。而古代文论也得到了前所未有的重视，中国古代文学理论学会成立后，提倡凸显中国古典文学批评与文学理论的民族特色，摆脱此前僵化教条的束缚。除了学术兴趣之外，当时选择古代文论为研究方向也是大有可为的。我的博士论文做的是魏晋文论，我就觉得20世纪80年代社会思潮的交杂很像魏晋时期，按照李泽厚的说法，魏晋时期儒家在思想上的统治地位丧失了，于是人们转而向老庄寻求慰藉。我就开始大量阅读西方哲学，也希望从中获得某种心灵上、精神上的慰藉。那时的思想来源也很杂，既有正统的马克思主义，也有存在主义、黑格尔、康德、尼采、弗洛伊德，等等。这对我后来的《文心雕龙》研究也产生了非常大的影响。

20世纪80年代，中南民族学院和中国的许多大学一样，学科建设还处于起步阶段，没有学科意识，没有学术考核，甚至也没有学术氛围，所以这个小环境让我能更自由地涉猎感兴趣的任何领域。我当时教的课和我的学术方向并不一致，我是中国古代文论的科班出身，但学校安排我去教美学概论，我就一边从事古代文论的研究，一边为了给学生更好地上课重新去读美学，我就在这样的一个"杂"的环境中从事学术研究。现在想想，我的"学术人生"很大程度上得益于这个"杂"，没有在一开始做学问的时候就画地为牢，而是能够在"对象"和"方法"两个层面同时关注古今中外的研究成果。

李培蓓　您说您当时是在"杂"的环境中从事"杂"的研究，但我读您那个年代的文章和专著，发现您的学术兴趣集中在"诗性"这个关键词。

李建中　你看得很准。"杂"是外表的，或者说是学术视域和学术方法层面的。南湖15年，我的学术研究的关键词就是你所说的"诗性"。其实，"诗性"之中也有"杂"：一是思想来源的"杂"，二是学术方法的"杂"。就思想来源而言，"诗性"既来源于维柯的《新科学》，是文化人类学意义上的原始思维或诗性智慧，也来源于广义上的诗歌性即文学性。就方法论而言，"诗性"既是一种文学心理学方法，也是中国古代文论所特有的"文备众体"的文学性言说。

区别于西方文论的哲学传统和现代学术书写的"学报体"，我试图回到中国文论的诗性言说方法，突出文学批评的诗性特征，这和我们现在的"学报体"不太一样。我研究的范围很广泛，一方面在专业上我聚焦于《文心雕龙》、魏晋文心、魏晋人格等，比如我的硕士论文研究《世说新语》中的文论关键词，博士论文是《魏晋文学与魏晋人格》；另一方面我也作一些"非主流"的研究，比如《臣妾人格》《爱欲人格》《瓶中审丑》等。说到作为方法的"文艺心理学"，它也与《文心雕龙》相关，我所理解的"文心"有双重含义：一是《文心雕龙》的简称，二是代指文艺心理学——这两大"文心"以及"文心"后面的"诗性"，构成了我的"学术人生"中前15年的学术研究。

南湖是疏野而静谧的，南湖15年的生活是很诗性的。中南民族学院有许多少数民族的同学，我人生中的两项业余爱好——品酒和跳舞，都是我的少数民族学生教给我的。记得有一次上完美学概论课，班上的男生对我说："走，李老师，咱们去喝酒。"然后就把我带到了体育场中央的草地上，从书包里掏出一瓶散装酒、一些花生米和油炸豌豆，我们席地而坐，一边喝酒一边聊美学，聊人生，我的酒量也就这样慢慢培养起来了。我的班上还有一个号称"广西舞王"的壮族同学，其他的少数民族同学大多也是能歌善舞。迎新晚会、毕业晚会或者别的什么晚会，来自不同民族的同学，手把手教我跳他们的民族舞，我会的很多舞蹈都是那时候学的。自由且颇具艺术氛围的诗性南湖，对我的人生观、幸福观、学术风格、业余爱好、个人性情等都产生了很大的影响。

二、"体性"桂子

李培蓓　从您的讲述当中可以感受到您在南湖的 15 年是丰富而且自由的，当然您在这个阶段也作了许多有价值而且有趣的研究。在这之后，您的研究似乎就与中国古代文论的关系更为密切了，您是抱着怎样的心态将古代文论作为主攻方向的呢？又是什么促使您在 1997 年选择回到母校华中师范大学任教呢？

李建中　20 世纪 90 年代末，我的母校教古代文论的一位老师调离了，我赶回母校为他送行时。他对我说，他的研究生对做古代文论都没有兴趣，这个学科好像前景不妙，这让他感到非常沮丧。这件事是我决定回到母校继续古代文论研究和教学的一个契机。加之在南湖 15 年的学术研究中，我愈发感受到了古代文论的魅力，它是充满智慧和生命力的，不应该被忽视。就中国文学批评史研究而言，华中师范大学有着悠久的历史和厚重的传统，但我一回去就遇到一个极为尴尬的事情：研究生选导师，几十个同学中没有一个人选我。我当时觉得很失落，因为南湖 15 年我已经取得一些成果，出了几本学术专著，出版了学术自选集(那个年代出自选集的学者很少)，还主持着国家社会科学基金项目，在《文学评论》也发了文章，在古代文论界已产生了一定影响，也算是混得小有名气了。后来我和研究生们混熟了，问他们不选我做导师的原因，才知道他们不选古代文论方向的导师，与导师的学术成就和学术地位没有关系，而是觉得古代文论太难学了，怕写不出论文毕不了业。

李培蓓　面对古代文论的研究和发展如此艰难的情况，您当时是怎么做的呢？

李建中　和南湖时期学术研究上信马由缰的"杂"不同，我为了改变古代文论教育日渐式微的局面，开始了对古代文论的深耕和拓新，可以说这一时期我的学术研究是以"专"为关键词的。我努力的第一步就是编写教材，我主编的中国文学批评史教材一共有四种：有华师版、武大版、北大版和高教社版，其中"华师版"的《中国古代文论》是我的第一本批评史教材，同时它也是我所有教材中再版次数最多的一本。我在主编这本教材的时候就感受到了在中南民族学院"杂"环境中做学术的好处，它带给我广阔的学科视野和多维的研究方法。古代文论最大的特点是兼通圆融的文化视野，所以我在主编这部教材的时候并没有把古代文论放在封闭的文学史框架里，而是把它放在一个广阔的儒、道、释文化兼通的视野之中。这样既可以更全面地还原和考察古代文论的精义，同时也能给学生们提供一个进入古代文论的新视角。

学习、研究文学理论首先要对"文学"下定义，此前有魏晋文学独立说、两汉文学独立说、先秦文学独立说、唐宋文学独立说等，可以说从先秦一直到民国，"文学"一直在独立，也一直没有独立。问题在于，用西方的文学观念和尺度来衡量中国文学，就好比一个只会做西装的裁缝，他怎么能够做得好中国的旗袍和长衫呢？包括引起过广泛讨论的"纯文学"和"杂文学"的问题，我认为它是一个伪问题，是削中国文学之足以适西方文学之履的产物，用中国社会科学院大学张江教授的话说是"强制阐释"。所以我在"华师版"的古代文论教材中提出：在汉语的语境下，广义的"文学"与狭义的"文化"是重合的。广义的文化包括人类文明所有的创造，狭义的文化则特指精神层面的创造，是可以用文字记载的文化。而我们所说的孔门中德行、言语、文学、政事四科中的"文学"，是指子游、子夏所擅长的"文献之学"，也就是指用文字所记载的文化，是广义上的文学。于是，广义的"文学"就与狭义的"文化"重合了。文学的定义确立之后再给学生讲中国文论，一切问题都会迎刃而解。

李培蓓　除了教材，《古代文论的诗性空间》和《中国古代文论诗性特征研究》等著作也引起了学界的关注。我认真地拜读过这两部讨论"诗性"的大著，发现您将南湖15年关于"诗性"的研究落实到了中国文论言说方式，也就是批评文体的层面。

李建中　你说的"落实"，其实也是由"杂"向"专"的一种转向。"诗性"这个关键词，就其"杂"而言，是人类文明意义上的思维方式，是一种艺术性、审美性、文学性的，也是所有艺术门类所共有的一种言说方式。落到中国古代文论的实处，就是一种"体性"。请注意，我这里说的"体性"不是《文心雕龙·体性》篇所讲的"体"与"性"（即作品风格与作家个性），而是"体"之性（即文体的特性）。中国古代文论的文体特性是什么？不是哲理性、思辨性，而是文学性、审美性，也就是"诗性"。

如果说轴心期时代的中西文明有着共同的诗性特征，但轴心期之后中西方文明走向了不同的方向。就文学理论和批评而言，西方在亚里士多德《诗学》后转变为哲学性的言说，建立了由古希腊哲学到康德哲学的严密谱系，理性传统渐渐取代了诗性传统。而中国则一直保持着多源头的诗性言说传统，中国的诗歌传统是十分强大的。我在研究批评文体时发现，民国时期的大师级文学理论批评家，其文学理论著述至今仍有影响的，大多采用了传统的诗性言说方式。如李长之的《司马迁之人格与风格》等延续了传记体批评的体例；钱锺书的《谈艺录》承袭了古代诗话的随笔式批评体例；周作人的批评深受"公安三袁"的影响，而鲁迅深受李贽的影响，周氏兄弟性格迥异却同时继承了明代文论的遗风；王国维的《人间词话》采取了中国传统文论的典型形式，同时也是相较于他的《宋元戏曲考》和《红楼梦评论》更受推崇的一部文论著作，这与他选取的批评文体的言说方式有很大的关系。

诗性言说是中国文论区别于西方文论很重要的"体性"（批评文体之特征），

同时也是中国文学批评独特的魅力之所在。诗性言说方式这种"体性"，使得我们在阅读古代文论时，完全没有那种理论的眩晕，而是要将它们当作文学艺术作品来欣赏。除此之外，诗性言说这种"体性"也为中国文论研究提供了重要的方法论价值。这里我以署名为唐末司空图的《二十四诗品》为例。《四库全书总目提要》评《二十四诗品》的"体性"乃是"各以韵语十二句体貌之"。这里的"体貌"是动词，就是说以体悟和描摹的方式来展现二十四种不同的诗歌风格和意境。如司空图论"典雅"却句句不提"典雅"，既不给"典雅"下定义，也不对"典雅"这一概念展开论述，而是用诗歌的语言描写出诸多与典雅相关的景物。这些景物、画面不需要一一对应地去论证，而是作为一种潜在的意象式的观念存在于读者心中。日后，当你看到一本书、一部电影、一场展览或听到一首乐曲时，司空图关于"落花无言，人淡如菊"的言说会突然闯入你的脑海，于是"典雅"的风格和意境也就自然浮现于眼前了。我们既不需要记忆关于"典雅"的繁复论证，也不需要将自己的体认与艺术作品一一对照，而"典雅"自现，这正是诗性言说的妙处之所在。但遗憾的是，现代学术体制并不鼓励诗性言说的写作方式，我们的学术研究成果需要严格按照"学报体"来制作。

李培蓓　既然我们现在的学术环境、体制与古代的诗性言说这种"体性"传统并不能完全契合，那么您认为当下我们研究传统诗性之"体性"的真正意义和价值何在？

李建中　"体性"的内涵是非常丰富的，不仅仅是指"体裁"，还指语体（话语方式）、体貌（文体风格）和体要（文体内核）。就体裁而言，我们今天不太可能像古代那样用文学性体裁（比如论诗诗或骈体文）去写学术论文（写了也没地方发表）；但是，就语体、体貌和体要而言，我们完全能够使自己的学术论文具有诗性言说之"体性"。论文的"体要"可以洋溢着审美的热情和艺术的风骨，论文的"体貌"可以是或典雅或豪放或自然或幽默的，论文的"语体"（诸如文章标题、章节目录、前序后跋等）可以是或骈俪或纤秾或缜密或清奇的。我在

《批评文体论纲》一书中详细地讨论了中国古代文论批评文体的"体性"问题，这部学术专著既被评为国家社会科学基金优秀结项成果，又获得教育部高等学校科学研究优秀成果奖，可以说是"体性"桂子(时期)的一项重要学术收获。

三、"兼性"珞珈

李培蓓　2002年您北上珞珈山，迄今已经二十余年了。您的百余篇论文都在这一时期发表，两个与关键词研究相关的国家社会科学基金重大项目在这里立项，您还在教学实践中积极推广通识教育理念，主持武汉大学通识教育中心，可谓是成果丰硕、桃李满园，想必您有很多想要分享的经验，那么首先请问您如何概括和形容这段时间的学术生活呢？

李建中　用我正在研究的一个关键词来形容，珞珈山是很"兼性"的：兼收并蓄，兼容并包，兼纳众流，兼怀天下。所以我选择用"兼性"来定义我的珞珈20年。我先从学术研究的层面，分别说说"兼性珞珈"与"诗性南湖"和"体性桂子"的同与不同。与"诗性南湖"一样，我在珞珈山的学术研究都是建立在广阔的跨学科视野的基础之上，不同的是这个时期的研究更加深入和系统；与"体性桂子"一样，我在珞珈山的学术研究依然关注中国文论的言说方式及话语行为，不同的是这种关注由学术研究延展到课堂教学，或者说在教学与科研的融会处重新阐释中国文化及文论的"诗性"和"体性"。

具体而言，珞珈20年，可以分为前十年和后十年，我的研究重心也由"体性"(诗性言说之体)转到"兼性"，即以兼性智慧为文化渊源的关键词的研究。

李培蓓　您刚刚说到将在珞珈山的学术研究分成了两个阶段，您可以具体谈谈这两个阶段的特征以及从前十年向后十年转变的原因吗？

　　李建中　2002 年到 2012 年这十年中，我的研究方向延续了桂子山的学术兴趣，继续探讨中国文论的"体性"即诗性言说方式，并且以此为突破口研究批评文体。我提出了一个很重要的命题——"中国文论的'说什么'与'怎么说'"，这个命题在学术界也引起了广泛的关注。一直以来，我们的文论研究更注重"说什么"而忽略了"怎么说"。在文学创作领域，"怎么说"比"说什么"更加重要，这已经成为了共识。我认为在学术书写领域，"怎么说"也比"说什么"更重要，我们目前的文学理论研究无一不是对轴心期以来的文学理论的阐发，从内容上来说我们难以超越和创新，此时如何阐发这些观点就显得尤为重要。"怎么说"对应到中国文论领域，就是言说方式，也就是我们所说的批评文体，它不仅仅是一个形式问题，而是包含几种复杂的逻辑。第一种逻辑是"怎么说"其实就是"说什么"，这一点在《庄子》中体现得淋漓尽致。《庄子》有"三言"，也就是寓言、卮言、重言，其中"寓言十九"，《庄子》几乎所有的篇幅都是寓言，只有把寓言读懂才有可能真正理解《庄子》，对庄子来说，他言说的方式就是他说的话本身。还有一种逻辑是"怎么说"可以取代、消解"说什么"。20 世纪上半叶获诺贝尔文学奖的俄国作家蒲宁，有一本小说名叫《轻轻的呼吸》，写的是一个小镇女孩的命运悲剧，作者特别擅长用轻松的描写表示人物命运的重大转折，用轻巧的形式化解残酷与血腥。第三种逻辑是蹩脚的"怎么说"影响了"说什么"，比如张艺谋导演的电影《满城尽带黄金甲》，力图用陈旧的、老套的形式来呈现有深度的内容，结果是适得其反，伤害了电影的内核。

　　在研究批评文体(中国文论"怎么说")的过程中，我逐渐发现了中国文化的"关键词"。中华文明区别于世界上其他文明的一个显著特征就是我们的汉字，中华文化是字孳字乳的文化，汉字是中华文化产生、传承、交流的密码。此后我就由研究中国文论的"怎么说"，扩展为研究中国文化的"怎么说"，探索汉字与中华文化的关系，在中国文论与汉字文化之间找到了一个接续点——

"元典关键词"。经过努力，我们的团队在 2012 年拿到了名为"中国文化元典关键词研究"的国家社会科学基金重大项目。

最近这十年，我一直在作关键词研究，可以用"十年探索路，非常 6+8"来形容。"十年探索路"指我们的关键词研究已经开展十年了，在这十年中我和我的团队逐步探索出了关键词研究的方法路径。"非常 6+8"是指这十年来我们的项目取得的两套成果，其中之一是重大项目的结项成果——六卷本的"中国文化元典关键词研究丛书"，由人民文学出版社出版；还有一套湖北省学术著作出版专项资金资助项目"中华字文化大系"，目前已经出了第一辑共 8 本，每一本聚焦一个字。第二辑共 9 本已经获准立项，编辑出版工作正在进行之中。我有一个宏大的目标：将"中华字文化大系"系列丛书一直做下去，研究更多的中国文化关键词，争取出 100 本。

李培蓓　目前您的关键词研究在学界已经得到了广泛认可，越来越多的学者或是投身到了关键词的研究之中，或是使用关键词的方法在其他领域开展研究，关键词研究已经成为当下中国文论研究的一大范式。能谈谈您是如何研究关键词的吗？

李建中　"关键词"研究是我目前的工作重心，可以用两个"更"来形容。第一个"更"是"更专一"，我在珞珈山这二十年的研究实际上就聚焦于两个关键词——"体"和"兼"，前十年的研究都围绕批评文体的"体"展开，而后十年的研究则是由"兼"生发的关键词研究。第二个"更"是"更博通"，在我看来，一个字、一个关键词就是一部中国文化史，因此我在研究的时候会注意打通文、史、哲等学科之间的壁垒，以更广阔包容的视野开展研究。

关于关键词研究，我想与大家分享我们团队的两大范式：一是"三三"范式，二是"兼性阐释"范式。关键词研究，分型为概念、术语、范畴和命题，整合为对象与方法。而所谓"三三"范式，则是既兼包"分型"亦兼容"整合"。第一个"三"是关键词遴选之"三大"：命大、幅大、力大。"命大"是指关键词的生命力强，它诞生于文字创立之初，直到今天仍然在中华文化的语境中生生不息；"幅大"是指关键词的覆盖面大，它不属于某一学科、某一领域，而是弥漫、覆盖了整个中华文明，具有"全息性"；"力大"是指关键词的影响力大，用《周易·系辞上》的话说就是"鼓天下之动者存乎辞"，它有无往不继的原始的蛮荒之力，穿越历史尘埃直到今天还在深刻地影响着我们的社会。第二个"三"是关键词阐释之"三性"：词根性、坐标性、转义性/再生性。"词根性"即我们在研究之初要找到关键词的源头，厘清它最原始的语义和语用，观澜索源，振叶寻根；"坐标性"是指关键词在漫长的历史发展过程中含义往往发生变化，这些不同就标识着这些朝代特定的主流文化取向，关键词也就在这个意义上成了时代和历史的坐标；"转义性"也叫"再生性"，关键词不是一成不变的，特别是当中华文化与外来文化互动、对译的时候意义会发生很大的变化，这种变化为关键词提供了很大的阐释空间。第三个"三"是关键词方法论之"三原则"：不可定义性、高度语境化、跨学科视野。"不可定义性"是指关键词是不可定义的，你一旦给它下定义，这个关键词就死亡了；"高度语境化"是指关键词在特定的语境中的含义是固定的，也正是在这个意义上关键词成为了可研究的对象；"跨学科视野"是指关键词有跨学科的特征，它永远不属于某一个特定学科。

　　我在关键词研究中逐渐发现了中国文论独特的阐释方式——兼性阐释。"兼"是中国文论的重要观念和方法，它区别于西方文论"主体间性"之"间"。"兼性"作为一种独特的范式，由四方面构成：第一个方面是"兼性主体"，一个人有多重社会身份，根据不同的环境而变，特别是在古代中国，并没有职业意义上的文学批评家，因此中国古代的文论家都是兼性主体；第二个方面是"兼性思维"，中国传统文化特别讲求中庸，讲究不偏不倚，要在两端之间取中间值为佳，这就是一种"兼性"，"温柔敦厚""唯务折中""乐而不淫，哀而不伤"等都是在"兼性思维"影响下形成的文学观念；第三个方面是"兼性知识谱系"，中国人最基本的知识结构是经史子集、琴棋书画，并没有现代学科的分野；第四个方面是"兼性文本"，中国文论的典籍往往不是由单一的文体所构成，而是历经多个朝代的多个作者的传注诂训、诠解阐释而成，因此我们要格外注意文论典籍的文本兼性。

李培蓓　除了关键词研究以外，近年来您还致力于武汉大学通识教育的建设，人文社科经典导引和自然科学经典导引已经成为本科生的必修课程，您也依此将"博雅通识"的教育理念进一步推广，能谈谈您在珞珈山做通识教育的初衷和设想吗？

李建中　我最欣慰的是将中国文化及文论关键词研究成功地应用于武汉大学的通识教育，这也是我们关键词团队的最大贡献。"武大通识 3.0"将"关键词"作为教学方法，比如全校必修课人文社科经典导引的课程宗旨就是：以关键词为核心的跨学科、跨文化经典导读。《人文社科经典导引》教材的设置是从每部经典中提炼出一个关键词，比如《论语》的关键词是"仁性"，《庄子》的关键词是"天性"，《坛经》的关键词是"悟性"，《文心雕龙》的关键词是"博雅"……所有的关键词都指向一个最大的关键词"人"。总之，我们的团队既是"关键词"研究的学术团队，也是将"关键词"从学术研究方法转变成课堂教学方法的育人团队。

我认为，作为大学教师，如果我们的学术成果不能使学生（主要是本科同学）受益，那么这种学术研究是失败的，这不是一个学术问题，而是一个职业伦理问题。只有将教学与科研相结合，用科研反哺教学，用教学丰富科研，才能实现"武大通识 3.0"的目标：博雅弘毅，文明以止，成人成才，四通六识。武大通识教育将"博雅"作为培养目标，将"四通六识"作为教学理念，所谓四通是指：通古今、通中外、通文理、通知行。而六识则是指渊博的学识、卓越的见识；经典悦读意识、文化批判意识；独立思考意识、团队合作意识。在我看来，通识教育是一本"大书"，读书破万"卷"（读作 juǎn），我们可以通过阅读经典来破解包括"内卷"在内的人生的困境和挫折，从而成就人生目标；通识教育是一片风景，无用有大用；通识教育还是一出好戏，每个人都是主演。

李培蓓　听了您的讲述，我感觉到您的学术人生真的是丰富多彩。您研究关键词，最后能否用几个关键词来概括您的学术人生？

李建中　回到开头的观点，我认为学术并不能构成一个人的全部人生，它只是人生的一部分。而且，不同人的所谓"学术人生"也有区别。即便是同一个人，在不同的人生阶段，其"学术人生"也是有差别的。

最后我想以孔子的话来作结："知之者不如好之者，好之者不如乐之者。""知之""好之""乐之"三者，分别代表了三种学术人生："知之者"对应以学术为对象（工具、途径）的人生，此时学术是帮助我们达成人生目标、实现人生价值的工具；"好之者"对应以学术为追求（爱好）的人生，此时的学术本身成为了我们所热爱的事物，是人生的追求；而"乐之者"对应以学术为寄托的人生，也是《文心雕龙》最后一句话"文果载心，余心有寄"所代表的境界，此时的学术是精神的家园，是灵魂的皈依。如果将学术仅仅当作工作或者爱好，那么我在任何时候都可以放弃它，只有当学术成了人生的寄托，它才能与我永远相伴。

如何概括我的"学术人生"？就学术经历及研究对象而言，我的"关键词人生"可概括为"诗性""体性"和"兼性"，加上时空内容，则为"诗性"南湖、"体性"桂子和"兼性"珞珈。就学术心得及人生感悟而言，我的"人生关键词"也有三个："博见馈贫""为文用心"和"余心有寄"。这三个关键词都出自《文心雕龙》，其《神思》篇有"博见为馈贫之粮"，博览群书可以充盈我们的内心、滋养我们的灵魂，使我们变成一个立体的人；其《序志》篇有"夫文心者，言为文之用心也"，它有两个方面：一是"用心之所在"，是说在从事学术研究的时候要专注，做到心无旁骛，二是"心之如何用"，是说要找到好的方法开展学术研究；《序志》篇的末句是"文果载心，余心有寄"，只有当学术成为人生的寄托，它才能伴随终生，在这个层面我们才能讲所谓的"学术人生"。这三句话既是我一直努力的目标，同时也是我对人生的一点个人感悟。

兼美就是最美

——"最美社科人"李建中教授事迹介绍

潘链钰　吴煌琨

　　"兼"字在甲骨文中的字形是"人持二禾",有兼容、兼通、兼和之意。《红楼梦》第五回《贾宝玉神游太虚境　警幻仙曲演红楼梦》中,警幻仙子提及秦可卿的乳名为"兼美",谓秦可卿兼得黛玉、宝钗二人之美。若将"兼美"视为一种人格典范,李建中教授可称得上是兼美科研与教学的最美师者。

　　李建中教授五十年如一日为国育才、负重前行,人称"三个七":每周工作七天,每天上班从早七点到晚七点。近十年来,李建中教授先后主持两项国家社会科学基金重大招标项目,在中国文化及文论关键词研究领域取得丰硕成果。在通识教育领域,李建中教授主持设计了"武大通识3.0"通识教育体系,成为武汉大学的一张名片,获得教育界同仁的普遍认可。在教学改革方面,李建中教授首创"师生同创青春版"教学理念,设计"自拟考卷""学术辩论""青春版《文心雕龙》"等教学方略,在全国引起热烈反响。在生活中,李建中教授关爱弟子,视如己出。2008级博士生喻守国罹患重症,面临健康和经济双重压力。李老师慷慨解囊,带领硕博士团队救助弟子,同时求助媒体,引起社会各界广泛关注,最终帮助喻守国战胜病魔,完成学业,入职高校,服务社会。李建中教授近年发表的论文中,以"兼"为关键词的有十余篇,主持武汉大学的通识教育，也以"兼"为关键词。兼美科研与教学，是李老师的追求，也是李老师的成功。

一、关键词研究开启华夏文明意义世界

李建中教授长期从事中国文化及文论的教学与研究，在《中国社会科学》《文学评论》《文艺研究》等刊物发表学术论文 200 余篇，出版学术专著 30 余部，学术代表作有《元典关键词研究的理论范式》《體：中国文论元关键词解诠》《批评文体论纲》《古代文论的诗性空间》等，多次获教育部高等学校科学研究优秀成果奖。

自 2012 年起，李建中教授先后主持两项国家社会科学基金重大招标项目："中国文化元典关键词研究"（12&ZD153）和"中国文论关键词研究的历史流变及其理论范式构建"（22&ZD258）。第一个重大项目以"五经"及儒墨道法兵诸子文化元典为文本依据，诠释中华元典关键词的词根性；以历史时空为经纬，厘定中华元典关键词的坐标性；以世界为视域，诠解中华元典关键词的转义及再生性。这种"原生—沿生—再生"的语义考察，为关键词研究提供了新的观念和方法。他主编的"6+8"丛书，即"中国文化元典关键词研究"丛书（六种）和湖北省学术著作出版专项资金资助项目成果"中华字文化大系"丛书（八种）两套学术丛书，是第一个重大项目的代表性成果。第二个重大项目以海内外既有的"中国文论关键词研究"为对象，聚焦其"历史流变"与"理论范式构建"，考察中国文论关键词研究的古典通变与现代新变，归纳其中的范式类型，系统回答中国文论关键词研究何以可能（演化脉络）与何以可为（前行态势）。从"参古定法"与"望今制奇"两个维度入手，尝试在文论关键词研究领域，构建融通古今中外、兼和道器知行的理论范式，为走出后殖民主义的"强制阐释"与专

业主义的"端性思维"提供中国智慧与中国方案。这个项目已在《中国社会科学》《光明日报》《中国社会科学报》发表论文六十多篇，并创办了海内外第一本《关键词》集刊。

李建中教授的中国文论关键词研究，基本观点及学术贡献有三：一是在学界率先提出中国文论的"兼性阐释"并将之应用于文论关键词研究，二是初步建构起元典关键词研究的理论模式，三是在文化及文论关键词研究的实践中归纳出"经史子集"四种话语范式。迄今为止，李教授的中国文论关键词研究已产生较大学术影响并受到学界好评。除学术成果多次获奖外，还有多篇论文被《新华文摘》《中国社会科学文摘》《高等学校文科学术文摘》《人大复印报刊资料》等全文转载；《光明日报》《中国社会科学报》《中国学术年鉴》等有专题报道和学术书评。

二、"武大通识 3.0"引领中国高校通识教育

自 2016 年担任武汉大学通识教育中心主任起，李建中教授与团队成员共同设计、实施"武大通识 3.0"，取得了显著成效。李建中教授提出"博雅弘毅，文明以止，成人成才，四通六识"十六字方针，创设全校通识必修课人文社科经典导引、自然科学经典导引、中国精神导引，组建课程团队并担任人文社科经典导引课程首席专家。三年来，在武大通识教育课程团队的建设上，李建中教授作出了卓越的贡献：李教授主持教师遴选和培训，从全校各专业院系遴选大班主讲教师 57 人（其中教授 19 人）、小班指导教师 112 人和研究生助教 226 人，线上和线下培训累计 20 余次；并组织集体备课两轮共 200 余次，内容包括说课、讲课、录课和评课等。

李建中教授在人文社科经典导引课程中主导了"小班研讨"教学模式的改

革,试行1∶1的大班导读+小班研讨,并为小班研讨设计了四种方式:学术会议式、学术辩论式、PPT展示式和艺术呈现式。多样化的小班研讨,提升了本科生的批判思维、语言表达和团队合作能力,锻炼了研究生助教的组织能力和科研能力,指导教师也得以从中孕育学术灵感、涵养博雅情怀。可以说,人文社科经典导引课"小班研讨"的改革尝试,真正实现了本科生、教师和研究生助教的三方受益。

"武大通识3.0"在李建中教授的领导下不断进步,得到了国内教育界同仁的广泛认可。2018年11月出席湖北省高校本科教育工作会议的全省60多所本科院校校长、教务处处长现场观摩武大两大导引课程。2020年11月,李建中教授领衔的课程团队被评为"湖北省普通本科高校优秀基层教学组织"。2022年9月,"成人·知天·铸魂:人文精神、科学精神和中国精神三位一体的通识理念及实践"(排名第二)获国家级教学成果二等奖和省级教学成果特等奖。

作为武汉大学通识教育品牌,李建中教授主持的三大导引课程及教材在海内外引起较大反响:浙江大学、电子科技大学、湖南师范大学、中国地质大学、西北工业大学、江汉大学、中国人民解放军陆军学院等高校,先后来武汉大学调研并学习三大导引的课程设计及教材编撰;电子科技大学、贵州医科大学、重庆工程学院、华中农业大学、江汉大学等高校已引进三大导引课程。2021年5月,大学通识教育联盟年会在武汉大学举行,来自全国120多所高校的400多位代表相聚珞珈山,观摩武汉大学的16个通识课堂,高度评价"武大通识3.0"。

三、课堂改革:师生同创"青春版"

李建中教授不仅承担繁重的科研任务,而且坚持每学期为本科生授课。主讲中国文论经典的诗性魅力获评国家级精品视频公开课，主讲的中国文化概论、人文社科经典导引入选首批国家级一流本科课程。主编《中国文化概论》获中国大学出版社图书一等奖，马工程重点教材《中国文学理论批评史》（副主编）获首届全国优秀教材奖。主持"青春同创，人文化成：中文类专业教学模式的深度转换"获国家级教学成果二等奖和省级教学成果一等奖。

李建中教授的教学改革理念，一言以蔽之，曰"师生同创青春版"。所谓"青春版"，即教师将传统人文学科中的现代价值创造性地转换出来，以有智慧、有性情、有趣味的方式传授给青年学子。所谓"同创"，一是师生教学相长，共同发掘出古代文论的现代价值及当下意义；二是引导学生，通过师生对话、课堂辩论、诗性文论的创作等方式，使中国古代文论的诗性言说方式真正进入青年学子的日常生活。为此，李建中教授提出要变"三写"为"三创"，变革"听写、抄写、默写"的传统教学模式，鼓励学生"有点创新、来点创意、多点创造"。

2011 年 1 月，在 2010 级对外汉语专业必修课中国文化概论的期末考试中，李教授中精心设计了一份"新奇考卷"：学生自拟一套中国文化概论课的期末考试试卷，包括 5 个名词解释、4 个简答和 2 道论述题。考题要求覆盖《中国文化概论》教材一至七章以及导论和结语的内容并有轻重主次之分。只拟考题，不作回答。考试结束之后，同学们反应强烈，李建中教授也在批阅试卷的过程中，惊喜地发现学生们在自拟试题中所展示出来的创造性思维和开阔的视野。李建中教授的新奇考卷在全国引起较大反响，《光明日报》《湖北日报》《楚天都市报》以及新华网等主流媒体对此事均有报道。

在中国文学批评史课堂上，李建中教授还尝试用"学术辩论"的方式展开教学改革。他根据课程内容设计出四道辩论题："发乎情要不要止乎礼义——质疑《诗大序》""言尽意与言不尽意——以庄子为中心""文章：经国大业与雕虫小技——从曹氏兄弟说起""心画心声总失真吗？——关于元好问的一首论诗诗",然后组织四个辩论队,开列参考书。同学们课外充分准备,课堂上辩才无碍、唇枪舌剑、语妙辞谐。课后,全班同学将各自的辩论内容写成学术论文,辑为《中国文论四辩》一书,李建中教授自费印制,学生人手一册。2012年3月19日《光明日报》对此事有专题报道。

传统的课堂教学,是教师一站到底,属于"单向传授";而李建中教授尝试的"新奇考卷"与"学术辩论"改革,将"单传"创造性地转换为"共创":师生共同创造出学术成果,创造出青春版古代文论。

四、师者仁心：抢救学生守国

在文学院,在珞珈山,大家都在讲述李建中教授和他的学术团队"拯救学生守国"的故事。2008年年底,中国文学批评史专业博士生喻守国患尿毒症住进中南医院,李建中教授心急如焚,夜不能寐。尿毒症病人的治疗(透析、换肾和后期护理等)费用昂贵,而喻守国的父母是鄂西山区以种地为生的农民,数十万元的治疗费对于这样的贫困家庭来说无异于一个天文数字。

为了拯救自己的学生,李建中教授积极组织自己的硕、博士研究生,给病人以心理的和现实的救助;同时四处奔走,求助自己在媒体工作的朋友报道此事,以引起社会的关注。湖北卫视、《长江商报》等多家媒体先后报道。李建中教授自己也慷慨解囊,前后捐款数万元。文学院的老师和学生,武汉大学的老师和学生,还有珞珈山外的好心人,纷纷捐款,捐款总额达三万余元。

2009年5月初,在经历了长达半年的透析治疗之后,喻守国成功地完成了肾移植手术。对于喻守国而言,战胜病魔而顽强地活下来已经是一个奇迹;而他还要创造另一个奇迹——完成学业。在喻守国抱病撰写博士论文的日日夜夜,李建中教授一边精心指导,一边提心吊胆。他安排学生轮流值班,密切关注喻守国的身体状况。一个风雨交加的冬夜，值班同学报告喻守国昏迷不醒，家住校外的李建中教授和妻子尹医生一道，立即赶到樱园学生宿舍，教授驾车，医生急救，将喻守国送到医院。2011 年 5 月，喻守国取得博士学位并入职高校，现已晋升高级职称。2014 年春节，喻守国专程到武汉给导师拜年，带来他对恩师的感激，也带来他晋升副教授的喜讯。李教授给喻守国讲苏轼的《上梅直讲书》，讲苏轼的"夫子之所与共贫贱者，皆天下之贤才，则亦足以乐乎此矣"，虽富贵与权势"何以易此乐也"，他对喻守国说，我要感谢你，感谢学生给老师带来的快乐。

李建中教授兼美科研教学，关键词研究成果斐声海内外，"武大通识 3.0"引领中国高校通识教育，师者仁心为弟子树立人格楷模。在高校执教四十多年，李建中教授的受业弟子中，本科生数千人，研究生逾百人，真可谓"桃李满天下"。对于李建中教授的众多弟子而言，受益于李老师的"师者仁心"，受业门下是一种虽艰辛却不乏愉悦的幸运。

附注：

2023 年 11 月 20 日下午，由湖北省社会科学界联合会主办的湖北省第三届"最美社科人"发布仪式在湖北广播电视台举行。武汉大学文学院李建中教授等十人被授予第三届湖北省"最美社科人"称号。"遨游中华元典，扎根通识美育。鲲鹏有梦，一生钟爱堪载；骐骥追光，'三七'使命作则。珠玑句句，连缀人文标尺；师心灼灼，烛照珞珈品格。"这是组委会给李建中教授的颁奖词，也恰是其执教五十年的真实写照。

述

评

心哉美矣：李建中教授文艺心理学研究述评

袁　劲

2018 年，李建中先生在与芬兰赫尔辛基大学黄保罗教授的对谈中自陈："我的学术研究可以用三个关键词来概括，第一个关键词就是'文心'，文心有两个含义，既是《文心雕龙》的简称，同时也是'文学心理学'的简称，就是用西方心理学方法来处理传统文学理论的材料，去发现一些新的东西。"①本文述评的对象，主要指第一个关键词"文心"的第二义，即"文学心理学"或曰"文艺心理学"研究。当然，李建中先生的文艺心理学系列研究，以汉魏六朝为论述重心，而汉魏六朝文艺心理学又以《文心雕龙》为"总归"②，故《文心雕龙》与文艺心理学两个"文心"又彼此呼应，相得益彰。

从第一篇论文《论灵感的静态特征》（《中南民族学院学报》1986 年第 4 期）到第一部专著《汉魏六朝文艺心理学》（北岳文艺出版社，1992 年），"文心"作为李建中先生治学历程的"第一个关键词"，曾化身为"文艺心理学""人格""心态""情结""意识"等不同面向，在 1986 年至 2000 年前后的 50 余篇论文与10 余部著作中充分彰显。这种"用西方心理学方法来处理传统文学理论的材

① 黄保罗、李建中：《关键词研究的理论模型与实践路径——跨文化视域下文化关键词研究的学术对话》，《长江学术》2018 年第 4 期。
② 李建中：《汉魏六朝文艺心理学》，北岳文艺出版社 1992 年版，第 3 页。

料"的系列研究，同刘伟林《中国文艺心理学史》(三环出版社，1989年)，皮朝纲、李天道《中国古代审美心理学论纲》(成都科技大学出版社，1989年)，朱恩杉、周波主编《中国古代文艺心理学》(山东文艺出版社，1997年)，王先霈《中国文化与中国艺术心理学思想》(湖北教育出版社，2006年)、燕良轼《中国文艺心理学思想史》(上海教育出版社，2019年)等著作共同构成中国文艺心理学研究本土化的重要一环，也为中国文学批评史研究提供了心理学的新视角与新方法。

一、从"心理"到"人格"：
文艺心理学系列研究成果概述

从1985年考上华中师范大学中国文学批评史专业，到1999年入选"荆楚青年人文学者文丛"，李建中教授将自己前十四年的治学历程一分为二："前七年主要用心理学的方法研究汉魏六朝文论，后七年用人格心理学的方法研究魏晋文学。"①这"前七年"(1985—1992)和"后七年"(1992—1999)的成果分别以《汉魏六朝文艺心理学》(北岳文艺出版社，1992年)和《魏晋文学与魏晋人格》(湖北教育出版社，1998年)两部专著为代表②。在此期间，相关著作还包括获得首届湖北图书奖提名的《李建中自选集》(华中理工大学出版社，1999年)，多次登上"风入松"和"国林风"全国畅销图书排行榜的《弗洛伊德：爱欲人格》(长江文艺出版社，1996年)、《乱世苦魂——世说新语时代的人格悲剧》(东方出版社，1998年)，以及主编的《中国传统文化人格丛书》与《西方智

---

① 李建中：《李建中自选集·后记》，华中理工大学出版社1999年版，第408页。
② 李建中：《文果载心　余心有寄——我的治学历程》，《理论月刊》2000年第1、2期合刊。

哲人格丛书》(长江文艺出版社，1996年)。另有50余篇系列论文发表于《文学评论》《文艺理论研究》《学术月刊》《学术研究》《社会科学战线》《读书》《文史知识》《华中师范大学学报》《四川大学学报》《苏州大学学报》等期刊，其中有10余篇被《中国文学年鉴》《文史知识》与人大复印报刊资料《中国古代、近代文学研究》《中国哲学研究》等全文转载或摘编。

在世纪之交的学术札记《文果载心　余心有寄——我的治学历程》中，李建中先生透露，之所以将"文艺心理学"和"人格心理学"方法运用于中国传统文化与文学研究，原因有二。除了在硕士阶段受到曾祖荫、周伟民和王先霈三位导师(尤其是王先霈先生)的影响①，还可溯及早期的阅读史——在读研究生之前，李建中先生就对西方心理学和美学感兴趣，"读过不少西方心理学史和流派的书，并系统地研读过弗洛伊德和荣格"②。我们可以在《论灵感的静态特征》《需求与满足——论文学活动中的拓扑心理学》与《弗洛伊德：爱欲人格》等早期著述中，发现作者广博而深入的西方心理学阅读经验史。

《论灵感的静态特征》在常见的"迷狂"灵感说基础上另辟蹊径，通过考察"灵感"的静态而非动态特征，区分了"灵感"与"迷狂"的异同，"将'灵感'从'迷狂'中拯救出来"。③ 文章征引了贺拉斯、普希金、巴尔扎克、契诃夫等人的相关论说，同柏拉图"不得到灵感，不失去平常理智而陷入迷狂，就没有能力创造，就不能做诗和代神说话"与德谟克利特"没有一种疯狂式的灵感，就不能成为大诗人"的传统动态认识展开对话，以动与静相结合的方式丰富了

① 曾祖荫、周伟民、王先霈先生分别用美学的、比较文学的、心理学的方法研究古代文论。

② 李建中：《文果载心　余心有寄——我的治学历程》，《理论月刊》2000年第1、2期合刊。

③ 李建中：《论灵感的静态特征》，《中南民族学院学报》1986年第4期。

"灵感"的理论内涵。与前者的商榷旧说不同，《需求与满足——论文学活动中的拓扑心理学》将德国心理学家勒温"紧张—移动—平衡"学说、蔡格尼克"不能完成的工作"效应、奥芙金娜"代替满足"现象、霍普"欲求水准"实验等拓扑心理学知识，创造性地运用到文学活动的分析之中，归纳出作家"心理需求"的三层次，即发泄个体情感、寻求社会认可与完成"自我实现"。① "他山之石，可以攻玉"，李建中先生还将西方心理学的理论与方法，同中国传统学术的"知人论世""觇文见心""观澜索源""擘肌分理"相结合，从中国文论典籍中发掘、整理与阐扬中国本土的文艺心理学思想。例如，《中国古代鉴赏心理学论纲》用鲁道夫·阿恩海姆"力的式样"说，解读嵇康《声无哀乐论》所描述的"躁静专散"与"高埤单复"。② 又如，《自卑情结与悲剧意识——司马迁悲剧心理探幽》从自卑情结、悲愤的移情、死亡意识等现代心理学视角，剖析司马迁写作《史记》的悲剧意识。③ 此外，《晚清小说理论中的心理学思想》(《中南民族学院学报》1988 年第 3 期)、《论魏晋六朝作家"文心"与"人心"的分裂》(《文学评论》1989 年第 5 期)、《论魏晋六朝的畅情美学——站在非性文化的角度》(《华中师范大学学报》1989 年第 6 期)、《古典文学研究的心理学视角》(《古典文学知识》1990 年第 6 期)、《从品评文人到精析文心——汉魏六朝文艺心理学概述》(《社会科学研究》1991 年第 2 期)等系列文章的写作，还为此后《汉魏六朝文艺心理学》的成书奠定了基础。

从"文学心理学"向"文学人格学"的转向，发生在 1993 年。据李建中先生透露，这一年，因东方出版社约稿《世说新语时代的人格悲剧》，加之长江文

---

① 李建中：《需求与满足——论文学活动中的拓扑心理学》，《批评家》1987 年第 5 期。

② 李建中：《中国古代鉴赏心理学论纲》，《学术研究》1994 年第 5 期。

③ 李建中：《自卑情结与悲剧意识——司马迁悲剧心理探幽》，《唐都学刊》1995 年第 4 期。

艺出版社邀请其主编"中国传统文化人格丛书"，遂开始尝试用人格学的方法研究中国古代文化与文学。①

前一成果《乱世苦魂——世说新语时代的人格悲剧》于1998年由东方出版社出版，通过"乱世千愁""酒中百态""徘徊去就""终当为情死""心共口敌""雅俗同体""才性异区""狂狷者的孤独""有意无意之间""奚为哉？奚乐哉？""心之忧矣，永啸长吟"十一章，诗意地讲述魏晋人格的悲剧发生及其所内蕴的艺术精神。有鉴于"世说新语时代人格悲剧中的心共口敌、雅俗同体、才性异区、狂者亦慎，以及人格主体在'有意无意之间'的徘徊，对'奚乐奚为'的玄想，每时每刻都在我们的现代生活中重演"②，作者还在结语中提出"人格疗救与人格重铸"的时代命题。

"人格疗救与人格重铸"亦属于李建中先生主编"中国传统文化人格丛书"的题中之义和用心所在。1996年，刘怀荣《忠烈人格》、闵定庆《俳优人格》、陈洪《隐逸人格》、魏崇新《狂狷人格》、张仲谋《贰臣人格》、李建中《臣妾人格》、陈广宏《游侠人格》、王玉德《宦竖人格》一套八册，由长江文艺出版社出版。有评论指出，该丛书"既对传统文化人格进行认真清理，又为当代社会转型与人格重铸提供了可资借鉴的思想资料和精神资源"③。其中，李建中先生自己撰写的《臣妾人格》，分为上编"臣妾人格面面观"的概述，和下编九位"为臣者"与十位"为妾者"的分说。其中，"为臣者"又可归为"称帝—称臣"（勾践、南唐二主）、"强谏—曲谏"（伍员、范蠡）、"有恒—无恒"（冒襄、冯道）、"为人—为文"（曹植、潘岳）四种类型，两两对应。"为妾者"亦包括"贤惠柔

---

① 李建中：《文果载心　余心有寄——我的治学历程》，《理论月刊》2000年第1、2期合刊。

② 李建中：《乱世苦魂——世说新语时代的人格悲剧》，东方出版社1998年版，第234～235页。

③ 李建中：《文果载心　余心有寄——我的治学历程》，《理论月刊》2000年第1、2期合刊。

顺"(李夫人、卫子夫、甄氏、韦贤妃)、"独立共享"(独孤伽罗、杨玉环、马秀英)、"驾驭敌视"(贾南风、武则天、慈禧)等三大类，每类又下设三小类①。在结构上，该书长于整合力和逻辑性："全书二十章，虽然时空跨度大(囊括了近三千年的中华文明)，涵盖面很宽(对君王将相、后宫嫔妃、才子佳人等各类人群均有涉猎)，却形散神不散，作者运筹帷幄，统驭全局，在框架设计、材料择取、学术论证等方面，无一不贯串着一根以人格为向导的红线，充分展现了作者治学之认真，逻辑之严谨。"②在论题上，中国传统文化里"臣妾人格"的概括，还被运用到现当代小说分析之中③，并引发今人的持续深思："我们走出'臣妾与帝王'的时代已经一个世纪了，作为一种社会等级或身份的'臣妾'早已不复存在，但作为人格缺陷的'臣妾心态'却并未寿终正寝。……在古代，还能说是时代的悲剧；在今天，则只能说是人性的悲剧了。"④正如2009年修订版⑤《阴阳之间——臣妾人格》的结语"现代臣妾的人格疗救"所言："今天，作为职业或身份的'臣妾'早已不复存在，但在现代都市，在霓虹灯和透光彩装饰的楼阁后面，依然有'以色事人'者；在官本位阴影笼罩下的权钱交易中，甲方乙方正在互为臣妾；而当金钱与权力成为时人眼中的'现代君主'时，匍匐于它脚下的灵魂便不可避免地沦为无性别差异的现代

---

　　①　譬如，"贤惠柔顺"型下设"以色事人""以惠事人""以贤事人"，"驾驭敌视"型包括"悍""霸""威"。

　　②　殷昊翔：《人格自足千古——评李建中〈中国传统文化人格丛书〉》，《长江学术》2010年第4期。

　　③　参见廖斌：《论杨少衡"党校"小说系列：兼及近期官场小说的限度与可能》，《西南科技大学学报》(哲学社会科学版)2011年第5期。

　　④　董玲：《臣妾的悲剧》，《武汉晚报》1997年4月16日第6版。

　　⑤　新版一套六册，包括李建中《阴阳之间——臣妾人格》、陈洪《高山流水——隐逸人格》、张仲谋《忏悔与自赎——贰臣人格》、魏崇新《卓立特行——狂狷人格》、闵定庆《谐谑之锋——俳优人格》、王玉德《奴性与病态——宦竖人格》。

臣妾。"①

与"中国传统文化人格丛书"形成古今、中西呼应的是"西方智哲人格丛书"，包括《智慧人格：苏格拉底 柏拉图 亚里士多德》(向培风)、《理性人格：伏尔泰》(肖雪慧)、《纯粹人格：黑格尔》(苏宁)、《神话人格：荣格》(冯川)、《荒谬人格：萨特》(李杰)、《爱欲人格：弗洛伊德》(李建中、尹玉敏)、《反抗人格：卡夫卡》(阎嘉)、《孤独人格：克尔凯郭尔》(林和生)一套八册。马尔库塞曾言："人格是文化理想的承担者。"②在李建中先生看来，智者用人格担当起文化理想，又在文化理想的践行中建构起伟大人格。具体到"爱欲升华者"弗洛伊德，"爱欲、爱本能"(eros)作为弗洛伊德精神分析学说的内核，构成"潜意识(爱洛斯本能)"和"性冲动(爱洛斯冲动)"两个基本命题。本着这一认识，《弗洛伊德：爱欲人格》一书"把弗洛伊德的人格理论称之为'爱洛斯人格理论'，把弗洛伊德终其一生所致力于改造、重建的人格模式称之为'爱洛斯人格'"③，并在"绪论：爱洛斯，永恒的话题""摘下你的面具""冰山下的神秘""爱洛斯模式——跨世纪的奇迹""爱洛斯——人格之源""俄狄浦斯——人格之流""白天与黑夜的梦——人格之蔽""焦虑——人格之碍""柳暗花明——人格之升华""爱洛斯，美之根柢""打开柜门""人格大师的人格""走出'爱洛斯'""结语：关于爱洛斯的跨世纪思考"等分章中，系统评述了弗洛伊德，以及荣格、阿德勒、弗洛姆、马尔库塞等人的心理学思想。2013 年，该书另题《弗洛伊德：爱欲与升华》由东方出版社再版。李建中先生主编的"中国传统文化人格丛书"与"西方智哲人格丛书"，连同曾经策划但未能出版的"中

---

① 李建中：《阴阳之间——臣妾人格》，东方出版社 2009 年版，第 210 页。

② 赫伯特·马尔库塞：《审美之维》，李小兵译，广西师范大学出版社 2001 年版，第 32 页。

③ 李建中、尹玉敏：《弗洛伊德：爱欲人格》，长江文艺出版社 1996 年版，第 3 页。

国近现代人格丛书"①，以"他山之石"与"本土之玉"并重的理论视野，"参古定法"而又"望今制奇"，增进了国人对古今中外人格及人格学的认识。

不妨说，李建中先生的文艺心理学研究，以汉魏六朝为中心(肇始于《淮南子》而总归于《文心雕龙》)，向后延伸至李贽、金圣叹、王国维的心理与人格，往外扩展到弗洛伊德、荣格、阿德勒、弗洛姆、马尔库塞等现代心理学思想，在古与今、中与西的立体时空中，揭示了众生"心理"与"人格"的"其异如面"。

二、观水观澜:
文艺心理学与人格心理学的两部代表作论析

孟子云:"观水有术，必观其澜。"(《孟子·尽心上》)如前所述，《汉魏六朝文艺心理学》与《魏晋文学与魏晋人格》是李建中先生文艺心理学与人格心理学研究的两部代表作。前者23万字，系国内首部文艺心理学的断代史，又题《心哉美矣——汉魏六朝文心流变史》，于1993年由台北文史哲出版社出版。后者22万字，在国内率先以人格学的方法研究魏晋文学。

先看《汉魏六朝文艺心理学》。该书系著者师从四川大学杨明照先生时所作的博士学位论文，写成于攻读博士学位的第五学期②。上编十五篇为"史

---

① 据悉，"中国现代文化人格丛书"从中国现代复杂多变的文化人格中归纳出六种类型，各以三至五位代表性的文化名人予以说明。其构想为一套六册:《愤世人格》(陈独秀、鲁迅、傅斯年、张承志等)、《风流人格》(郭沫若、郁达夫、徐志摩、三毛等)、《幽默人格》(林语堂、钱锺书、赵树理、老舍等)、《隐遁人格》(周作人、丰子恺、沈从文、汪曾祺等)、《狂欢人格》(王朔、王小波、卫慧、韩寒等)、《庸常人格》(苏青、王安忆、池莉、阿城等)。

② 杨明照:《汉魏六朝文艺心理学·序》，北岳文艺出版社1992年版，第1页。

论"，分两汉、魏晋、南北朝三个时段。作者于每一时段先是概观其历史文化背景和文艺心理学特征，再依次探讨《淮南子》、司马迁、王充、汉代诗赋辞论，曹丕、阮籍与嵇康乐论、陆机、葛洪，《世说新语》、南朝画论、钟嵘、《文心雕龙》等专人、专书抑或专题中的文艺心理学思想。下编六篇为"范畴论"，由四论(总论、作家论、创作论、鉴赏论)和六对范畴(心物、才性、哀乐、动静、表里、品味)构成。这种上编"史论"与下编"范畴论"的设计，赓续了《文心雕龙》"上篇以上，纲领明矣"和"下篇以下，毛目显矣"的成功做法。确如著者所言，"史论"是"从历史的角度，领略'文心'的动态流变"，而"范畴论"则是"换一视角，把握'文心'的静态建构"①。该书核心观点有四：其一，中国古代文艺心理学这门新学科的根本特征是哲学"心论"与文艺学"文论"的交叉，即"文心的哲学"；其二，中国古代文艺心理学的纲领是"心物"；其三，汉魏六朝文艺心理学的大致历程是"由品评作家才性到精析为文用心"；其四，汉魏六朝文艺心理学史在两汉形成、魏晋展开、南北朝成熟，汉魏六朝文艺心理学理论以"心物"为总论，以"才性"论作家，以"哀乐、动静，表里"论创作，以"品味"论鉴赏②。

因其选题、论域、结构和观点皆有新意，《汉魏六朝文艺心理学》问世后广受好评。杨明照先生指出，《汉魏六朝文艺心理学》将中国古代的文艺心理学视为"文心"的哲学，"抓住了问题的关键"，并且上编"史论"与下编"范畴论"的结构方式，还契合了中国古代文学理论"史论评结合"的民族特色，"一纵一横，较好地解决了历史述评与理论探讨的结合问题，使得全书既有历史感，又有理论深度；既有微观的辨析，又有宏观的概括"③。该书出版不久，即有邹元江撰写书评《哲学眼光：文艺心理学研究的理论视界——评李建中

---

① 李建中：《汉魏六朝文艺心理学》，北岳文艺出版社1992年版，第234页。
② 参见李建中：《汉魏六朝文艺心理学》，北岳文艺出版社1992年版，第1~6页。
③ 杨明照：《汉魏六朝文艺心理学·序》，北岳文艺出版社1992年版，第2~3页。

〈汉魏六朝文艺心理学〉》，概括出"揭示'心物'关系所具有的能动反映特征"
与"从心理学角度探索中国古代文艺本体论问题"两个显著特征，并称许该书
"作为中国古代文艺心理学断代史的率先之作，其学术价值显然已超出了论著
本身。著者以其现代人深厚丰富的个体'文心'与古代凝重质朴的'文心'相碰
撞，赋予了古老的'文心'以现代意义"①。蒋述卓在《八十年代以来中国古典
文论研究略评》中认为该书"上编为史论，从《淮南子》论到《文心雕龙》，其中
论玄学心理与阮嵇乐论、《世说新语》的文学心理理论也饶有新意，下编为范
畴论，立'心物篇''才性篇''哀乐篇''动静篇''表里篇''品味篇'等六篇，
也很别致，独具一格"②。

　　该书部分章节曾以论文的形式发表在《学术月刊》《学术研究》《思想战线》
《社会科学研究》《四川大学学报》《华中师范大学学报》等刊物上，并被《中国
文学年鉴》《人大复印报刊资料》《文史知识》等转载与转摘。需要指出的是，李
建中先生在《汉魏六朝文艺心理学》出版后，还发表了《心哉美矣——中国古文
论的艺术心理学价值》（《唐都学刊》1993 年第 3 期）、《魏晋人的"哭"——读
〈世说新语·伤逝〉》（《名作欣赏》1993 年第 3 期）、《中国古代美学家的"生存
问题"》（《文艺理论研究》1994 年第 1 期）等文章。这些"接着说"，从时段、对
象、主题与方法等层面拓展了汉魏六朝文艺心理学的论域，在杨明照先生指出
的长期以来相关研究"既缺乏当代性与现实感，也缺乏中外交流和各学科的相
互浸透"③等薄弱处继续发力。

　　就影响力而言，《汉魏六朝文艺心理学》还被《文艺心理学大辞典》（湖北人
民出版社，2001 年）、《二十世纪中国古代文论学术研究史》（北京大学出版

---

　　① 邹元江：《哲学眼光：文艺心理学研究的理论视界——评李建中〈汉魏六朝文艺心理
学〉》，《东方丛刊》1995 年第 2 期。
　　② 蒋述卓：《八十年代以来中国古典文论研究略评》，《文学遗产》1996 年第 3 期。
　　③ 杨明照：《汉魏六朝文艺心理学·序》，北岳文艺出版社 1992 年版，第 1 页。

社，2005 年）、《中国新时期文艺学史论》（北京大学出版社，2008 年）、《20 世纪中国古代文论研究史》（山东教育出版社，2008 年）、《中国美学三十年——1978 至 2008 年中国美学研究概观》（济南出版社，2010 年）、《20 世纪中国古典文学学科通志》（山东教育出版社，2012 年）、《中国文学批评史学术档案》（武汉大学出版社，2012 年）等知名的工具书、学术史所引用或著录。时至 2019 年，《探究隐秘世界的努力：中国当代文艺心理学研究反思》一书仍高度评价《汉魏六朝文艺心理学》之于中国古代文艺心理学体系建构的重要贡献：

> 从中国文化重视"心"本体角度立论，通过"心物"关系的讨论，探索中国古代文艺心理学的民族特质，指出中国古代文艺创作和文艺作品之间的关系。它从"气""情""心"等核心范畴入手，揭示创作主体在艺术创作中的作用。这部书重视艺术起源的发现，建构了中国文学的本体论框架，即从"感物而动"开始，经由"心画""心声""文心"等过程，借由才情、才性达到"心物一体""心物同构"的境界。《汉魏六朝文艺心理学》并不是套搬西学的模式，而是从中国古代文论自身特质出发，为中国古代文艺心理学的建构做出了努力。①

再看《魏晋文学与魏晋人格》。该书是李建中先生在苏州大学钱仲联先生门下攻读中国古代文学博士学位的论文②，曾先后获得 1996 年国家社会科学基金立项资助和 2000 年武汉市社会科学优秀成果奖。据封底简介，该书注重魏晋时代文学与人格的相生相济："本书在民族心灵史与古代文学史的双重背景下，追寻魏晋文学的人格生成，演绎魏晋人格的诗性建构。魏晋文学是魏晋

---

① 田忠辉：《探究隐秘世界的努力：中国当代文艺心理学研究反思》，北京师范大学出版社 2019 年版，第 212~213 页。

② 李建中：《李建中自选集·后记》，华中理工大学出版社 1999 年版，第 406 页。

人格的诗性显现，魏晋人格是魏晋文学永远的神韵，文学的人格化与人格的审美化最终铸成魏晋文学与人格的永恒魅力。"

　　全书两编十三章。上编"观澜而索源"，在"庄学渊源""党人玉碎""邺下悲慨""竹林徘徊""金谷歧路""兰亭玄渚""悠然见南山"七章中追寻"魏晋文学的人格生成"，提出这一过程在汉儒人格范型"中断"的前提下，"历经'邺下—竹林—金谷—兰亭—南山'之地理移位，以及与之相表里的'孕育—徘徊—焦虑—消释—重铸'之心理流变，最终形成委运大化、真率冲淡的人格范型"①。下编"擘肌分理"，以"风姿特秀""生死之间""出处同归""一往有深情""狂慎一体""虚静与躁动"六章，辨析"魏晋人格的诗性建构"，关注"在'生命意识—处世哲学—情感特质—伦理观念—心态祈向'等不同层面全方位展开，从而酿成'生死—出处—情性—狂慎—静躁'的对峙与统一"②。

　　如果说现代学科意义上的"文艺心理学"可与传统诗文评的"文心"互鉴，那么，源于拉丁文的"人格"同样可以借助俗语之"面具"与文言之"行有格"来理解。著者于绪论指出，与具体的"情感""情结""心态"有异，"人格"是"包括了外在的气质、风度、容止、行为和内在的哲学—美学理想、精神境界、伦理观念，以及人生各阶段与人格各层面的心理趋向与冲突"的整体性的真实自我。③ 据此而言，从"心理"到"人格"，其论域除了心理学内涵，还关涉伦理学的价值确认，并隐含审美学的超功利品质。④ 该书以"魏晋人格"反观"魏晋文学"，主要发现有二：其一，"从根本上说，魏晋人格是一种悲剧性发生，她的文化—心理价值与哲学—美学内涵，正在这具有悲剧意味的心态矛盾、人格冲突中铸成"；其二，"魏晋文人超越其人格冲突的主要途径或行为方式是

---

① 李建中：《魏晋文学与魏晋人格》，湖北教育出版社1998年版，第5页。
② 李建中：《魏晋文学与魏晋人格》，湖北教育出版社1998年版，第5页。
③ 李建中：《魏晋文学与魏晋人格》，湖北教育出版社1998年版，第3页。
④ 李建中：《阴阳之间——臣妾人格》，东方出版社2009年版，第216页。

审美创造与哲学思辨"。①

　　《魏晋文学与魏晋人格》曾得到博士学位答辩委员会章培恒、吴功正、钟元凯、王永健、王英志②，导师钱仲联与鉴定专家胡明等知名学者的褒奖。钱仲联先生在审阅书稿后，曾欣然用骈文写下评语："题新文益新，创解妙谛，层现叠出。融合美学心理学于一冶，继承变化传统、中外而自成一家。既越出旧时刘师培、黄人诸家之藩篱，又不落鲁迅、胡适诸家之窠臼。读此如觅魏武、陈王、嵇、阮、潘、陆、王羲之、陶潜诸家为之拥彗，刘勰、萧统诸贤为之前驱，海西诸哲驾飙轮而相从。而作者则御奇肱之飞车，俯瞰星球新世纪，驰骋纵横，所向披靡。摩挲老眼，睹此异才，得未曾有，不徒兴譬如积薪后来居上之叹也。"③胡明先生在"鉴定意见"中评价该书"从'人格视角'切入中国中古文学中最璀璨辉煌、最有人文魅力的一段，无论史实的缕述、人物的观照、作品文本的解析、审美心理的寻绎和文化理想的追索都在'人格分析'这个特定手段与研究支点下呈现更接近本质的内容，并由此提出更接近历史真实的结论性意见。……尤其值得一提的是，这个严肃纯粹的学术选题是在近乎诗化的笔墨文字中完成的"④。

　　该书出版后，邹其昌在书评中将其特色概括成三点：一是"对'人格'涵义的准确界定和创见性阐释"，二是"在民族心灵史和古代文化史的广阔背景下，追寻中国古代文学的人格生成，演绎古代文学家人格的诗性建构，并由此扩展为对整个华夏传统文化人格的系统研究"，三是"对中国传统文化人格范型有

　　①　李建中：《魏晋文学与魏晋人格》，湖北教育出版社1998年版，第4页。
　　②　李建中：《李建中自选集·后记》，华中理工大学出版社1999年版，第406页。
　　③　李建中：《李建中自选集·后记》，华中理工大学出版社1999年版，第406~407页。
　　④　转引自邹其昌：《心灵与建构——评李建中〈魏晋文学与魏晋人格〉》，《华中师范大学学报》(人文社会科学版)2001年第1期。

其自身的特殊的基本评价"。① 还有论者指出，"以《魏晋文学与魏晋人格》为标志确立的文学人格学理论体系不仅开辟了一片广阔的学术领域，而且为当代人格重铸提供了思想材料，精神资源和史鉴"②。由是之故，《魏晋文学与魏晋人格》成为该领域的重要著作。刘运好编著《新时期中国古典文学研究述论·先秦—六朝》(商务印书馆，2006 年)将其列入"新时期先秦两汉魏晋南北朝文学研究论著要目"，汤一介、胡仲平编《魏晋玄学研究》(湖北教育出版社，2008 年)亦将其列入"20 世纪魏晋玄学研究主要论著目录"。高华平《魏晋玄学人格美研究》(巴蜀书社，2000 年)、阮忠《中古诗人群体及其诗风演化》(武汉出版社，2004 年)、高文强《佛教与永明文学批评》(湖北教育出版社，2006 年)、秦秋咀《魏晋玄学与文学情性观》(湘潭大学出版社，2021 年)等后续研究，均参考了《魏晋文学与魏晋人格》一书。

三、观澜索源：
从文艺心理学著述看关键词研究法的孕育

倘若不囿于前述"前十四年"的治学经历，而是纵览"五十年"的执教生涯，我们将不难发现，以关键词为方法系统研究中国传统文化与文论，是李建中先生文艺心理学研究、中国文论诗性特征研究、中国文学批评文体研究、元典关键词研究、中国文化的兼性智慧研究，包括通识教育研究等学术成果的共同标识。"振叶以寻根，观澜而索源"(《文心雕龙·序志》)，可以说早在李建中先

---

① 邹其昌：《心灵与建构——评李建中〈魏晋文学与魏晋人格〉》，《华中师范大学学报》(人文社会科学版)2001 年第 1 期。

② 喻守国：《文学与人格的双向探寻》，《长江日报》1999 年 10 月 19 日第 14 版。

生精雕"文心"阶段，"关键词"便被自觉或潜意识地应用于运思和行文之中了。

先看"立一篇之警策"与关键词之遴选。大到一个课题，小至一篇文章，甚至是一次餐叙①，都需要有恰切且新颖的关键词。作为学位论文关键词的"文心"与"人格"，毋庸赘述。这里提请注意的是李建中先生"人格三书"的三个关键词——"爱欲""臣妾"与"狂悲"。

在"西方智哲人格丛书"的体系下论说弗洛伊德，本可以是"力比多"，也可以是"压抑"与"升华"，还可以是"意识、潜意识"抑或"本我、自我、超我"。但《弗洛伊德：爱欲人格》开门见山，选取"爱洛斯"作为关键词，并解释道："Eros，写成汉字是'爱洛斯'或'厄洛斯'；译成中文是'爱欲'或'爱本能'。在弗洛伊德的精神分析学'词典'中，'爱洛斯'（eros）是一个关键词。"②这是因为，弗洛伊德精神分析学说的两个基本命题"潜意识"和"性冲动"皆以"爱洛斯"为内核，故可分别称之为"爱洛斯本能"和"爱洛斯冲动"——前者系人格结构的要素，后者为人格流变的能源，"二者一静一动、一横一纵地构成弗氏人格理论之整体与精髓"③。

与相对陌生的外来语"爱洛斯"不同，"臣妾"本系妇孺皆知的常词。但《臣妾人格》一书指出其多义性："它既可以指某一类人，亦可以指某一种等级，还可以描述一种心态，也可以定义一种人格。"④当然，在"中国传统文化人格丛书"的议题下，李建中先生重点阐发的是作为一种人格的"臣妾"，及其在"社会—政治""文化—心理""文学—美学"三个层面上的冲突。经此揭示，"臣妾"就不只是历史剧中的"臣妾"抑或"微臣""贱妾"，还因"帝苑""皇宫"

---

① 近年来，李建中先生还成功地将"关键词"运用于师友聚餐——献、酢、酬、应等环节皆需要用关键词，且要"查重"。

② 李建中、尹玉敏：《弗洛伊德：爱欲人格》，长江文艺出版社1996年版，第1页。

③ 李建中、尹玉敏：《弗洛伊德：爱欲人格》，长江文艺出版社1996年版，第3页。

④ 李建中：《臣妾人格》，长江文艺出版社1996年版，第3页。

式的现代营销，"官本位""一把手"式的政治传统，乃至"遵命""歌德"文学的存在，而关乎"现代意识"和"人文精神"。

从《乱世苦魂——世说新语时代的人格悲剧》到《魏晋人：弄狂以流悲》，著者将《魏晋文学与魏晋人格》下篇"生命意识—处世哲学—情感特质—伦理观念—心态祈向"的分析框架，通变为"生命意识→伦理观念→处世哲学→人生理想"①，并将宗白华先生所谓"最苦痛的时代"②，具象化为一般人的"心共口敌，言与行异"，人中名士的"趋雅逐俗、雅俗同体"，名士中艺术家的"人与文异、才与性离"，以及种种人格悲剧及其冲突后的"狂慎一体"。③这种魏晋人格悲剧式的"乱世苦魂"与"弄狂以流悲"，一言以蔽之，曰："狂悲。"

再看"操纲领以整毛目"与关键词之类分。作为方法的关键词研究，不只是要找到关键的词，还要呈现关键词与常词、关键词与关键词、元关键词与重要关键词和一般关键词的体系性。此点在有关"文心"与"人格"的"范畴论"或"关键词群"中有迹可循。

例如，《汉魏六朝文艺心理学》的下编"范畴论"。"心物"可谓该书的元关键词，"统辖着作家、创作、鉴赏三大心理，犹如一根红线，在上编贯穿于'史'的发展，在下编将诸多'范畴'凝为一个有机整体"④。作家论之"才性"、创作论之"哀乐""动静""表里"、鉴赏论之"品位"属于重要关键词。至于"才性"之"离异""合同""互适"与"舒其愤""骋其情""长歌当哭""蚌病成珠"

---

① 李建中：《乱世苦魂——世说新语时代的人格悲剧·引言》，东方出版社 1998 年版，第 4 页。

② 宗白华：《美学与意境》，人民出版社 1987 年版，第 183 页。

③ 李建中：《乱世苦魂——世说新语时代的人格悲剧·引言》，东方出版社 1998 年版，第 4 页。

④ 李建中：《汉魏六朝文艺心理学》，北岳文艺出版社 1992 年版，第 4 页。

"文不逮意"等，相当于一般关键词。这种"元关键词—重要关键词—一般关键词"体系与"章—节"目录的潜在对应，可视作《中国文学理论批评史》（高等教育出版社，2016年）以文论关键词结撰全书（用"绪论"揭示"元关键词"，用"节"和"小节"标题列举"核心关键词"与"重点关键词"）之体例创新①的先声。

再如，《魏晋文学与魏晋人格》的下篇"魏晋文学的诗性建构"。如果说上篇"人格生成"部分所勾勒的"邺下—竹林—金谷—兰亭—南山"之地理移位和"孕育—徘徊—焦虑—消释—重铸"之心理流变，还只是具有地标性的专名与生成史的不同阶段，那么，下篇"诗性建构"部分提炼出的"生死—出处—情性—狂慎—静躁"五个关键词，实可谓魏晋文学与魏晋人格在"生命意识—处世哲学—情感特质—伦理观念—心态祈向"等不同层面的概念标识。"生死""出处""情性""狂慎""静躁"均属于中国传统文化及文学的"大问题"，两字一对、五词成组的对峙与统一，不但分别切中各个论域的肯綮，而且合力彰显魏晋文学与魏晋人格的"清风峻骨"②。

又如，《臣妾人格》对于"臣""妾""臣妾"以至"中国传统文化人格"的分说。第一个层次是九位"为臣者"与十位"为妾者"的列传。第二个层次是"称帝—称臣""强谏—曲谏""有恒—无恒""为人—为文"的"为臣者"四类（两两对应）与"贤惠柔顺""独立共享""驾驭敌视"的"为妾者"三类（三类又各有三小类）。第三个层次是"中国传统文化人格"视域下的"臣妾人格"：可类分"高洁者如'忠烈''狂狷''隐逸'有自己的人格，卑下者如'臣妾''俳优''宦竖'也

---

① 参见李建中：《〈中国文学理论批评史〉的理论特色和方法论价值》，《中国文学研究》第二十九辑，复旦大学出版社2017年版，第14~15页。

② 李建中：《李建中自选集·后记》，华中理工大学出版社1999年版，第408~409页。

有自己的人格"①；亦可对比，"慷慨赴死的'忠烈'与逍遥方外的'隐逸'，率性而行的'狂狷'与以色事人的'臣妾'，慕义重气的'游侠'与指鹿为马的'臣竖'……其人格的内质与外貌都是大不相同的"②。第四个层次化繁为简，将若干人格类型统归为儒道两家："不管中国古代文化人格类型可能有多少种，都可以将它们划分为两大类：儒家人格与道家人格。"③据此，儒家的"忠君""忧道"与道家的"自然""自由"，分工而又互补。"人格"一词，既是"9+10"的列传，又是"4×2"与"3×3"的分说，还是"3∶3"的配对抑或"1∶1"的统归。

最后看"发其关键，直睹堂奥"与关键词之阐释。如前所述，从第一篇论文《论灵感的静态特征》对"灵感"之静态意涵的揭示，到第一部专著《汉魏六朝文艺心理学》对"文心"的系统宣扬，再到《魏晋文学与魏晋人格》与"人格三书"（《弗洛伊德：爱欲人格》《臣妾人格》《乱世苦魂——世说新语时代的人格悲剧》）对"人格"的生动解诠，李建中先生的文艺心理学研究有效地阐释了"文心""人格""灵感""臣妾"等一系列关键词。以方法论之，全语料的分类辨析、跨语际的比较溯源和重语用的联想感悟，在相关著述中已初见端倪。

全语料的分类辨析，见诸《魏晋文学与魏晋人格》对建安七子"文气"的分疏。该书从《三曹资料汇编》（中华书局，1980 年）附录二"建安七子"辑评中摘取关键词，绘制成《建安七子文气分类表》④：

① 李建中：《臣妾人格》，长江文艺出版社 1996 年版，第 14 页。
② 李建中：《阴阳之间——臣妾人格》，东方出版社 2009 年版，第 221 页。
③ 李建中：《阴阳之间——臣妾人格》，东方出版社 2009 年版，第 216 页。
④ 李建中：《魏晋文学与魏晋人格》，湖北教育出版社 1998 年版，第 51 页。

建安七子文气分类表

气之体	文类气型	人格特征	文辞风格
清气	文体举气：高妙	信含异气 才疏意广 负气不屈 志大论高 英伟豪杰 先达 党锢余烈 遒文壮举	理为胜辞 杂以嘲戏 气扬采 飞烈丈夫之风 高雄 词理宏达 气骨苍然 豪气直上 其气犹壮 放言豪荡 至性极悲 激昂慷慨 气旺 卓荦遒亮
	孔笔璋健：	鹰扬河朔 壮有骨鲠 奋其怒气	隽 壮 健 词若江河 浃洽生动 亭泓萧放 健少之词 辞气俊爽 停蓄 顿挫 纯乎质切 自己无言
	元思瑜速：	书记翩翩，自足乐也 管书记之任，有优渥之言	为曲既捷，音声殊妙 毕露筋骨 简书如雨，强力敏成 间有奇语 质直悲酸
齐气	伟怀长文抱质：	恬淡寡欲 箕山之志 彬彬君子 少无宦情 不沽名高 不求苟得 淡然自守 惟道是务 名义厚道	辞义典雅 多素辞 时有侧怛 质甚清老 语气低婉 平实 用意忠厚 含蓄有余味 雍容静穆
	德和班而不壮：	有述作之意，其才学足以著书 流离世故，颇有飘薄之叹 学优以得文	雅驯 吞吐低徊 宛转深至 含蕴 浅浅语，自然入情 节短韵长
逸气	仲遒宣与：秀	遒：独步于汉南 举笔似宿构 躁锐 颖出而才果 才思逸发	文若春华 思若涌泉 发端必遒 思健功圆 有变风之思 华藻灿然 词章纵横 沉郁顿挫 局面阔大
		秀：遭乱流寓，自伤情多 才优于气 其言诚仁人	靡密 愀怆之词 文秀质赢 声韵常缓 伤甚曰悲 清而丽 思深言静 悲而不壮
	公壮干与：赢	壮：壮而不密 有逸气 颇经奇 气褊 言壮情骇 真骨凌霜 高风跨俗 壮而不悲	思健功圆 质直如其人 体以骨胜
		赢：未遒 赢莫甚于公干	顾盼之姿 缠绵悱恻

　　在《典论》存世语料有限的情况下，该方法尽可能地汇集后人对建安七子人品(人格特征)与文品(文辞风格)的论析，有助于辨析曹丕"文气说"所涉"二体""三气""七类"等概念。正是在尽可能搜集全语料的基础上，著者才能在"众说纷纭"的"逸气"与"齐气"之辨中，提出综合性的看法，并发现历代评价中王粲和刘桢"刚柔兼有"的症候。

　　跨语际的比较溯源，以"心理""文心""人格"三个关键词最为典型。《汉魏六朝文艺心理学》为了论证"文心"就是中国古已有之的"心理学（的智慧）"，特意在朱光潜"取得杰出成就的悲剧家……在心理科学还未流行之前就已是最深刻的心理学家"的基础上"接着说"："对于中国古代文论和文论家，我们可以说同样的话。且不说浩如烟海的经史子集之中，蕴藏着'大量心理学的智慧'，仅就古代文论典籍而论，其心理学的思想资料和例证，便难以穷尽。"①尤其是《文心雕龙》的"心哉美矣"，"其言内之意是说：'心'这个词很适宜作书名；其言外之意则暗示：'心'这个器官在文学创作中作用重大——言内言外，都有着文艺心理学的意味"②。"文心"古已有之，其再发现有赖于"文艺心理学"的映衬。不见于古代汉语的"人格（personalit）"，被移用作分析魏晋文学与魏晋人格，还涉及中西语义对接的问题。一方面，源于拉丁文的personality原意是"面具"，这一溯源有助于理解其所指兼具"外在形象"与"内在结构"。另一方面，汉语传统中的气质、风度、容止、行为之"格"，还决定了"人格"有别于"人品"或"心态"，并伴随着"理想"与"现实"的冲突。③ 如邹其昌所言，"这一界定内涵着两个相互依存、相互统一的维度，即外在的气质、风度、容止、行为与内在的哲学—美学理想、精神境界、伦理观念以及人生各阶段及人格各层面的心理趋向和冲突。正是对'人格'的这种独特理解，获得了重新审视中国古代文学乃至整个中国传统文化的最佳视界及效果"④。

　　重语用的联想感悟，在《魏晋文学与魏晋人格》对"归"与"回家"的论说中可见一斑。在李建中先生看来，魏晋文学与魏晋人格整体呈现为"邺下—竹

---

　　① 李建中：《汉魏六朝文艺心理学》，北岳文艺出版社1992年版，第1页。
　　② 李建中：《汉魏六朝文艺心理学》，北岳文艺出版社1992年版，第1页。
　　③ 参见李建中：《魏晋文学与魏晋人格》，湖北教育出版社1998年版，第2~3页。
　　④ 邹其昌：《心灵与建构——评李建中〈魏晋文学与魏晋人格〉》，《华中师范大学学报》（人文社会科学版）2001年第1期。

林—金谷—兰亭—南山"之地理移位，"孕育—徘徊—焦虑—消释—重铸"之心理流变，并在"生命意识—处世哲学—情感特质—伦理观念—心态祈向"等不同层面展开"生死—出处—情性—狂慎—静躁"的对峙与统一。不过，在结语部分，著者并没有以"南山""重构""心态祈向""静躁"收束全文，反而是另拈出一个"归"字。这是因为，在人格生成的意义上，"南山之于陶潜，是生存方式之归，是理想人格之归，是生命之归，是精神之归"①；在诗性建构的层面，"惟独陶潜之赋'归'，既是抒写理想，亦是叙述事实。……陶潜之'归'，归到了实处"②。更重要的是，李建中先生在"心远斋"阅读陶渊明时，悟出了字里行间的归心、归意与归情："一是与'仕'相对的'守拙归田园'，二是与'生'相对的'乘化以归尽'。前者是对生存方式的选择，是可见性行为；后者则是对生命的感悟，是形而上思考。"③勃兰兑斯在《十九世纪文学主流》"引言"中感慨："文学史，就其最深刻的意义来说，是一种心理学，研究人的灵魂，是灵魂的历史。"④从"邺下"到"南山"的空间之"归"，从"孕育"到"重铸"的心路之"归"，加之历经一番生死、出处、情性、狂慎、静躁之后体悟到的"终当归空无"，共同召唤出《魏晋文学与魏晋人格》乃至"魏晋文学与魏晋人格"的关键词：归。于是，想"回家"的著者，与"思归"而又"无归"的魏晋士人实现了心意相通——刘勰云"觇文辄见其心"，陆游谓"书卷多情似故人"，庶几在此！

---

① 李建中：《魏晋文学与魏晋人格》，湖北教育出版社1998年版，第269页。
② 李建中：《魏晋文学与魏晋人格》，湖北教育出版社1998年版，第270页。
③ 李建中：《魏晋文学与魏晋人格·后记》，湖北教育出版社1998年版，第276页。
④ 勃兰兑斯：《十九世纪文学主流》第一分册《流亡文学》，张道真译，人民文学出版社1980年版，第2页。

人文之元：
李建中教授中国文论诗性特征研究述评

李　锋

　　李建中教授对于中国文论诗性特征的研究，代表了当今中国文论研究的一个重要方向，在他的引领下，出现了吴中胜、李小兰、唐明生等一批以传统文论诗性特征为研究对象的学者，并形成了一系列成果，较有代表性的有李建中的《古代文论的诗性空间》(湖北人民出版社，2005 年) 和《中国古代文论诗性特征研究》(武汉大学出版社，2007 年)、吴中胜的《原始思维与古代文论诗性特征研究》(中国社会科学出版社，2008 年)等。实际上，李建中对文学与方法论诗性特征的注意，可以追溯到 20 世纪 80 年代他对文艺心理学、人格学的研究，如他在《试论陶诗的人格精神》一文中提出，陶渊明"'采菊东篱，躬耕南山'的生存方式，与'质性自然，任真自得'的人格理想，在诗性与审美的层面，达到了完满的契合"①。在《〈庄子〉人格理想与魏晋文学的人格起点》(《华中师范大学学报》1998 年第 5 期)一文中，他探讨了《庄子》人格理想对魏晋人格诗性建构的巨大影响。另外他所著的《汉魏六朝文艺心理学》(北岳文艺出版社，1992 年)、《心哉美矣——汉魏六朝文心流变史》(台北文史哲出版

---

①　李建中：《试论陶诗的人格精神》，《华南师范大学学报》(社会科学版)1997 年第 6 期。

社，1993 年）等多部专著中，都涉及文学和文论中的诗性特征问题。到了世纪之交，以《中国古文论诗性特征剖析》(《学术月刊》1998 年第 10 期）为标志，李建中的研究由文艺心理学逐渐聚焦到传统文论的诗性特征，并在 21 世纪的第一个十年里取得了丰硕的成果，除上述专著外，他还先后发表有《辨体明性——关于中国古代文论诗性特征的现代思考》(《华中师范大学学报》2001 年第 2 期）、《原始思维与中国古代文论的诗性特征》(《文艺研究》2002 年第 4 期）、《反（返）者道之动》(《文学评论》2004 年第 4 期）、《文备众体：中国古代文论的言说方式》(《文艺研究》2006 年第 3 期）等几十篇论文。综观李建中的诗性特征研究，主要是从传统文论的发生、思维和言说三个维度展开的。

一、振叶寻根、观澜索源：诗性特征的发生学考察

中国文论的产生与中国传统文化尤其是先秦的诸子元典有着千丝万缕的联系。正如朱东润所言："凡一民族形成之时期，其哲人巨子之言论风采，往往影响于其民族精神，流风余韵，亘千百年。故于此时期中，能深求一代名哲之主张，于其民族文学之得失，思过半矣。"①正是基于这种认识，李建中对传统文论诗性特征的研究，一开始就将重点放在传统文论与先秦元典的关系上，提出传统文论接受了先秦元典的"文学性"特征，并将其发扬光大，经历了由寄生到弥漫的过程："滥觞期的中国文论没有自己的批评文体，其批评话语只能寄生于文化典籍的各种文本之中。"②而先秦元典，无论儒、道、墨、法，各家著作均具有浓厚的文学性特征。"《文心雕龙·宗经》：'扬子比雕玉以作器，

---

① 朱东润：《中国文学批评史大纲》，上海古籍出版社 2001 年版，第 4 页。
② 李建中、阎霞：《从寄生到弥漫——中国文论批评文体原生形态考察》，《华中师范大学学报》(人文社会科学版)2004 年第 5 期。

谓五经之含文也.'不仅是'五经含文',先秦的诸多文化典籍,其言说方式或多或少都是'含文'即包含有文学性的。抒情言志的《诗经》《楚辞》自不待言,记言记事的《尚书》《春秋》《左传》以及纵论天下道术的周秦诸子,均有各自的文学性言说。"①李泽厚也指出:"真正可以作为文学作品看待的,仍然要首推《诗经》中的国风和先秦诸子的散文。"②中国文论在借由寄生的过程中,将先秦经典的文学性特征全盘接受,使这个"宁馨儿"在诞生的第一声啼哭中,已经有了诗性的调子。

综观世界文学批评的发生史,不难发现各国的文学批评都经历了寄生的过程,如柏拉图的《文艺对话录》就是将他的文学理论寄生于"对话体"这种文学文体之中。但是,随着批评意识的自觉,批评文体逐渐脱离寄生状态,成为独立的文体。如西方文论在柏拉图的弟子亚里士多德时就已完成这一独立过程,亚氏的《诗学》从体裁、语体、风格各方面看,都是严格意义上的文学理论文体。与此形成鲜明对比的是,中国文论不仅没有摆脱原有的寄生状态,而且将这种寄生状态由先秦的零星存在,扩大到后来的弥漫于各体之中,如两汉的序传体,魏晋的骈偶体,唐宋的诗体、散文体,明清的评点体等。伴随着弥漫生长的过程,先秦经典所赋予的诗性精神不惟没有丝毫削减,反而愈加彰显。"先秦文化典籍的文学性,直接孕育了先秦文论批评文体的文学性;而先秦文论的文学性,又成为后世文论批评文体之文学性生成的文化之根与精神之源。"③

除了从宏观的角度讨论先秦元典对中国文论的影响,李建中还进行了个案

---

①　李建中:《古代文论批评文体的文学性生成》,《三峡大学学报》(人文社会科学版)2006年第4期。

②　李泽厚:《美学三书》,安徽文艺出版社1999年版,第61页。

③　李建中:《古代文论批评文体的文学性生成》,《三峡大学学报》(人文社会科学版)2006年第4期。

的分析。从先秦经典对中国文论影响的角度出发，他将《周易》与中国文论相联系，指出："易有太极，始生两仪。幽赞神明之易象及元气浑一之太极，即为人文之元，也是中国文化的诗性之源。因此只有回到《周易》，才能真正寻到中国诗性文论的文化之根。"①具体而言，《周易》对中国文论诗性特征的影响体现在三个方面：一是诗性文论的本体之"道"，源于易之太极的自然本元性和原始混沌性；二是诗性文论的思维之"方"，源于易由两仪、四象而太极的整体、直觉和象征性体认；三是诗性文论的言说之"法"，源于易说太极的诗画相谐、言象互济。除此之外，从中国文论对先秦经典接受的角度出发，李建中以《文心雕龙》为例，认为："老子的'道可道，非常道'，在刘勰的文学思想之言说中可赋予全新的含义：道可以被言说，但必须以非同寻常的言说方式。"②即吸收道家自然而然的感悟方式，并通过整体性地感受世界，建立起万物同构的世界图景，从而使人文之道与自然之道合二为一，自然之道所具有的诗性，也因为这种同构关系而呈现于人文之中，所以刘勰说："夫以无识之物，郁然有采，有心之器，其无文欤？"道之文决定了人之文存在的必然性，人之文成为道之文诗意的隐喻。

二、鸟迹代绳，文字始炳：诗性思维的文化人类学研究

在考察先秦经典诗性特征对中国文论影响的过程中，随着研究的深入，李建中开始思考，先秦经典中的诗性特征如何形成，又何以在传统文论中有如此强大的生命力。他认为，这源于原始人类的思维方式，即诗性思维。诗性思

① 李建中：《〈周易〉与中国文论的诗性之源》，《江海学刊》2006 年第 1 期。
② 李建中、李立：《道可道，如何道——刘勰文学思想的本原之"道"与言说之"道"》，《中国文化研究》2010 年第 3 期。

维，又被称为原始思维、神话思维，它是原始人类面对世界时所特有的思维方式。诗性思维最大的特征是认为"万物有灵"，并采取直感的、体悟的方式去对待自然万物。维柯在《新科学》中将其称为"诗性智慧"："诗性的智慧，这种异教世界的最初的智慧，一开始就要用的玄学就不是现在学者们所用的那种理性的抽象的玄学，而是一种感觉到的想象出的玄学，像这些原始人所用的。这些原始人没有推理的能力，却浑身是强旺的感觉力和生动的想象力。这种玄学就是他们的诗，诗就是他们生而就有的一种功能。"①实际上，诗性思维是所有文明在原初阶段所共有的思维方式，但是在西方，这种思维早在古希腊时便已开始衰落，而中国文化中却较多地保留了这种思维方式。"以儒、道两家为例。在孔子创立儒学之前，'儒'作为一种职业，与原始宗教及神学有着密切的联系……原始儒学的思维及语言方式之中依然留存着原始文化的痕迹。比如《论语》和《孟子》比德的人格诉求，其思维特征是任何概念都粘附着一个具体事物，或以物喻人(比)或以物起情(兴)，其心理实质是神话思维所特有的以己度物、物我同一。道家学派的原始感觉远盛于儒家，庄子的'寓言+卮言'更是神话思维在文明时代所绽放出的奇葩。"②先秦元典对诗性思维的保留，无疑使寄生于这些典籍之上的中国文论也深受熏陶，并养成了其诗性思维的特征。

李建中认为："中国古代文论是人类进入文明时代之后的精神形态，但她的诗性特征却是由中国古代早期文化的诗性智慧(即原始思维)所铸成。"③并从诗性隐喻的以己度物、诗性逻辑的想象性类概念、诗性文字的以象见义及象形会意等三个方面，讨论诗性思维与原始思维的关系。所谓诗性隐喻，即原始人类认识一切都从自我出发，以强烈的"生命一体化"意识来理解和表述外物，

---

① 维柯：《新科学》，朱光潜译，人民文学出版社 1986 年版，第 161~162 页。
② 李建中：《反(返)者道之动——古代文论研究的文化人类学视野》，《文学评论》2004 年第 4 期。
③ 李建中：《原始思维与中国古代文论的诗性特征》，《文艺研究》2002 年第 4 期。

简言之，就是"以己度物"。这种思维方式在中国文论中表现得非常明显，传统文论中的很多概念，如气、体、骨、神等都是将文学理论人格化、生命化，在具体运用中，也常常表现出此类特征。如《文心雕龙·风骨》云："辞之待骨，如体之树骸；情之含风，犹形之包气。"将辞之骨、情之风喻为人体的骨骼和气息，这是典型的以己度物。所谓诗性逻辑，按照维柯的话说，即是"制造出某些范例或理想的画像(ideal portraits)，于是把同类中一切和这些范例相似的个别具体人物都归纳到这种范例上去"①。这种将某一实体的特性作为范例，并将与之有相似特性的物体都归于其类的思维方式，被称为想象性类概念。在中国文论中，这样的类概念随处可见。如"道"本是实体，指道路，《说文》："道，所行道也。"经验世界中道有诸多特征，如道之两端(起点与终点)，道之边限(轨与界)，道之走向，行道之方；在文论之中，这些特征就由形而下转向形而上，由"道之两端"而有"本源""本体""终极"之义，由"道之边限"而有"准则""规范"之义，由"道之走向"而有"运行""规律"之义，由"行道之方"而有"技艺""技巧""技法"之义，"道"亦由此成为诸多类概念的代名词。所谓诗性文字，就是强调用形象而非概念进行表述，这种表述方式是以己度物和想象性类概念的产物。由于原始人类缺乏抽象思维，其在表述的过程中，习惯以人的形象、情感来比拟言说对象。如将太阳升起说成"太阳爱着黎明"，将太阳落下说成"太阳老了或死了"。这种富于情感、想象和诗意的表达，在中国文论中表现得尤为鲜明。在被喻为文学自觉期的六朝时期，我们看到哪怕最富有理论色彩的文论著作仍然到处可见诗情的流露。陆机的《文赋》谈到写作冲动的兴起，有"悲落叶于劲秋，喜柔条于芳春。心懔懔以怀霜，志眇眇而临云"之句；曹植在议论批评家的资格问题时，则云："盖有南威之容，乃可以论于淑媛；有龙渊之利，乃可以议于断割。"司空图的《二十四诗品》作为这

---

① 维柯：《新科学》，朱光潜译，人民文学出版社1986年版，第103页。

种诗性表述的代表之作，用二十四幅画面淋漓生动地形容、描述二十四种诗歌风格，成为"中国古代文论的'诗眼'和'画境'"①。

三、文果载心，余心有寄：诗性言说的现实意义揭示

"说什么"（言说内容）和"怎么说"（言说方式）是李建中从古代文论中提取的两个关键词，他认为，长期以来，学界过于关注"说什么"而忽略甚至有意打压"怎么说"。然而，随着时代的变迁，古代文论中的"说什么"，"其相当部分的内容在今天已经失效或部分失效……正是因为中国文论的'说什么'在当代文化生活中的部分失效，导致了文论界的'失语'焦虑；而'失语'焦虑又催生出文论界对中国文论'说什么'的过度研究，以至于将'说什么'（文论话语之建设）视为中国文论现代转换的枢机或关键"②。李建中指出，从 20 世纪 80 年代就开始讨论的中国文论的现代转换至今还未见显著成效，其中重要的原因之一就是对于"说什么"的过度关注，而忽略了"怎么说"。因此，要解除中国文论的"失语"焦虑，实现中国文论的现代转换，只有重新树立起对"怎么说"尤其是传统文论"怎么说"的关注。

李建中提出，中国古代文论的诗性言说，主要体现在文体样式、话语风格和范畴构成三个方面。通过对传统文论文体样式的历时性梳理，可以发现先秦的文论由于没有专属自己的批评文体，只能寄生于当时各种体式的文化典籍之中，成为诸子阐发大义时的副产品。这种言说方式，虽然阻止中国文论产生严格意义上的独立文体，并从根本上淡化了中国文论的文体意识，却培养了中国

---

① 李建中：《原始思维与中国古代文论的诗性特征》，《文艺研究》2002 年第 4 期。
② 李建中：《中国文论：说什么与怎么说》，《长江学术》2006 年第 1 期。

文论自由、灵动的言说传统。及至六朝，刘勰、陆机等批评家，虽然有明确的文论意识，但在言说方式上，却舍"论说"而取"骈""赋"，体现了他们对传统文论诗性言说的自觉体认。唐宋以降，文论言说更是广取各种文学文体为己所用，既有韵文体的论诗诗，也有散文体的诗话、词话、小说评点等，批评家可以根据自己表达的需要，选择最适合、最擅长的文体。就话语风格而言，除了前已言及的重视意象性外，中国文论还非常注重话语的体悟性、朦胧性，追求言有尽而意无穷的境界。相比于西方文论的文必尽其理，中国文论反其道而行之，不仅在文体上选择以诗论诗，而且在言说方式上也以诗之语言、诗之格调来论诗、品诗，严沧浪云："不涉理路，不落言筌者，上也。"就范畴构成而言，中国文论对范畴之言说，都不是依据抽象的玄想，而是植根于经验。《文心雕龙》对每一个理论范畴都要"释名章义"，但这种阐释的过程，丝毫没有概念式的枯燥，而是充满诗意。如解"神思"，说"寂然凝虑，思接千载；悄焉动容，视通万里；吟咏之间，吐纳珠玉之声；眉睫之前，卷舒风云之色"；解"体性"，说"才由天资，学慎始习，斫梓染丝，功在初化，器成采定，难可翻移"。这样的解释，不仅解得圆满、解得透彻，而且完全是心得之论、经验之谈，既引人顿悟，又发人深思。

传统文论在言说方式上的独特多彩，反而映显了当代文论批评的平庸苍白。"20 世纪的中国文论大体走上了一条从政治化、哲学化到工具主义、理性主义的路径，诗性言说的理论传统基本上被中断。"①当代的中国文论在欧风美雨的侵袭下，丧失了自己的传统。在技术理性或科学主义几乎成为惟一标准的今天，批评家要么无视本民族的文化语境，热衷于对进口的各种主义、流派进行似是而非的诠释；要么在职称业绩等"数字化"管理的压力下，制作在言说方式上单一、枯涩甚至冷漠的论文。"一篇书信体的《报任安书》或《与元九书》

---

① 李建中：《中国文论：说什么与怎么说》，《长江学术》2006 年第 1 期。

胜过多少篇核心或权威期刊的论文？一部骈体文的《文心雕龙》或随感式的《沧浪诗话》又胜过多少部国家级或省部级出版社的巨著？"①李建中认为，只有回归传统文论的诗性言说，中国当代文论才能重新培植起自己的文化之根，才能实现中国文论的现代转换。

诗性发生，是中国文论肇始之初心；诗性思维，是中国文论思想之核心；诗性言说，是中国文论为文之用心。这三者心心相印、和谐跳动，共同造成了中国文论充满诗意的生命。李建中凭借着敏锐的学术眼光和极大的学术热忱，从这三个角度展开了对传统文论诗性特征的研究。而之所以选择"诗性"作为研究的中心，一方面是由于他认识到这是中国文论的灵魂所在，另一方面也是由于他自己有着深深的诗性情怀："我做学问是很投入的，不仅投入时间而且投入情感，我真诚地将一千多年前的中古文人视为我的知己，同他们一起哭泣一起欢歌，而绝不能够冷静地将他们仅视为一种研究对象。于是，做学问对于我来说就不仅仅是写写文章出出书，而成了一种生存的方式或曰存在的理由。"②

（原题《李建中中国文论诗性特征研究蠡测》，发表于《天中学刊》2012 年第 1 期）

① 李建中：《中国文论：说什么与怎么说》，《长江学术》2006 年第 1 期。
② 李建中：《文果载心 余心有寄——我的治学历程》，《理论月刊》2000 年第 1、2 期合刊。

得其环中：
李建中教授中国文论批评文体研究述评

李　远

纵览李建中教授四十余年的治学历程，可用五个关键词来概括，按时间先后顺序为："文心""诗性""文体""文化"与"兼性"。而"文体"无疑是其中颇为重要，或可谓最为根本的一个关键词，因为无论何种研究，都无法回避"怎么说"（言说方式）的问题，因其"具有本体论价值并具有超文类、超时空的实践品质"①。所以，李建中教授的"文心""诗性""文化""兼性"研究中，其实也不断完善、实践着自身的文体学研究。

关于中国古代文体学的研究，论著不可谓不多，如褚斌杰《中国古代文体学概论》（北京大学出版社，1990 年）、童庆炳《文体与文体的创造》（云南人民出版社，1999 年）、吴承学《中国古代文体形态研究》（中山大学出版社，2000年）、郭英德《中国古代文体学论稿》（北京大学出版社，2005 年）等。而李建中教授的中国古代文论批评文体研究，能够跳脱出上述研究，自成一家之言，实为"非苟异也，理自不可同也"②。李建中教授融通文体学研究的三条路径

---

① 李建中：《中国古代文体学的本体论价值》，《中南民族大学学报》（人文社会科学版）2011 年第 5 期。

② 范文澜：《文心雕龙注》，人民文学出版社 1958 年版，第 727 页。

（语言学路径、文艺学路径和文学史路径），从而振叶以寻根，观澜而索源，"于滥觞处追溯文体学的理论谱系，于根核处昭明文体学的本体论价值，于文体演变中解读文体理论的历史及当下之用"①。

　　李建中教授中国古代文论批评文体研究的成果，集中呈现于《批评文体论纲》（武汉大学出版社，2013 年）和《體：中国文论元关键词解诠》（中国社会科学出版社，2014 年）两部专著中，此外还有二十余篇关于文体学研究的论文。在贯穿其治学生涯的文体学研究历程中，李建中教授形成了自身鲜明的研究观点和研究风格，主要体现在以下三个方面：一是在本体论意义上建构中国古代文体学，是为"尊体"；二是考察中国古代文论批评文体的诸种形态，是为"原体"；三是通过文体演变揭示中国古代文体学的现代转型与当代价值，是为"破体"。通过上述三点，李建中教授深切把握批评文体研究之道，进而达到庄子所说的"得其环中"之状态。

一、中西互通：中国古代文体学的本体论建构

　　王国维在《宋元戏曲史》中指出："凡一代有一代之文学：楚之骚，汉之赋，六代之骈语，唐之诗，宋之词，元之曲，皆所谓一代之文学，而后世莫能继焉者也。"②楚辞、汉赋、六朝骈文、唐诗、宋词、元曲、明清小说之重心，并不在于朝代之更迭，而是在于文体的流变，所以或可说：凡一代有一代之文体。由此可见，中国批评文体有其自身理论传统。现代语境下的中国批评文体研究，则与西方现代文论的语言学转向有着密切联系。因此，李建中教授的批

---

　　①　李建中、李小兰：《批评文体论纲》，武汉大学出版社 2013 年版，第 307 页。
　　②　王国维：《宋元戏曲史》，上海古籍出版社 1998 年版，第 1 页。

评文体研究，先论述批评文体研究的西学背景，再归纳中国古代文论批评文体的固有理论传统，以期在中西互通、古今通变的层面建构中国古代文论批评文体的本体论。

19世纪前后，西方的哲学家、文艺理论家分别从不同角度观察、研究文学与社会的关系，从而使社会历史批评逐渐成为当时流行的批评方法。19世纪30年代至60年代，以别林斯基、车尔尼雪夫斯基、杜勃罗留波夫为代表的俄国革命民主主义批评家，将文学批评与政治活动密切联系在一起，使社会历史批评成为重要的文学批评方法之一。此时的西方文论，更多指向文学的外部研究。20世纪初期，西方文论发生了转向，由文学外部研究转向文学内部研究，"向内转"使得语言以及与语言相关的文体学问题成为文学批评研究的核心内容。李建中教授以韦勒克《文学理论》一书为切入点，从文体学的价值、文体学的方法、文体学与修辞学三个不同维度，论述了"文学是语言的艺术"这一重要命题，而上述观念与方法，则为中国古代文论批评文体研究提供了一种互视与互释。李建中教授指出："这种文体学(文体分析)的方法在中国古代文论中屡见不鲜。"①钟嵘在《诗品》中"溯流别""品高下"、刘勰《文心雕龙·序志》中"释名章义""选文定篇""剖情析采""锤字炼句"、严羽《沧浪诗话》中的"诗体"一章，无不是在对作品的语言作系统的分析。李建中教授归纳了文体学研究的五大方法，一是对作品的语言作系统性研究，二是对作品的语言作个体性研究，三是对"体貌"(文体风格)作从小到大的研究，四是文体的"类型分立"研究，五是对文体的原始类型与发达类型之间的关系进行研究。由此，李建中教授建构起"擘肌分理，唯务折衷"②的文体学研究方法，化解和规避了文体学研究路径(语言学路径、文艺学路径和文学史路径)"三水分流"的局

---

① 李建中：《文学是文体的艺术——汉语文体学理论重构与韦勒克文体学思想》，《学术研究》2013年第5期。

② 范文澜：《文心雕龙注》，人民文学出版社1958年版，第727页。

限与不足。正如学者钱志熙所说："立足我们已有体裁研究的立场，吸取西方的文体学观念及其研究方法，突破静止描述、分类的体裁研究方式，建立一种动态、立体的文体学研究格局，是深化中国古代文体学的重要途径。"①可以说，李建中教授的文体学研究，正体现了上述观点，从而打破了文体学研究内涵萎缩、简单化、表面化的诸种问题。

李建中教授指出，20世纪西方文论的语言学转向，与俄国形式主义、英美新批评以及语言结构主义等批评流派关系密切，而上述批评流派对中国古代文论批评文体研究产生了深远的影响。俄国形式主义代表人物什克洛夫斯基曾说："艺术永远是独立于生活的，它的颜色从不反映飘扬在城堡上空的旗帜的颜色。"②可以看出，什克洛夫斯基强调文学研究的独立性，强调"纯"的文学研究，而文体学研究也应当是这样一种独立性的"纯"的研究。俄国形式主义强调文学语言的"陌生化"，突出语言的本体论地位，可以说，"陌生化"的过程就是文体变革的过程，即用新的文体取代旧的文体，是为"破体"。而正是在"破体"的过程中，语言激活了思想，推动了文学批评的不断发展。与俄国形式主义强调"破体"不同，新批评流派的奠基人兰色姆注重"辨体"，他在《诗歌：本体论札记》中辨析了"事物诗""柏拉图式的诗"和"玄学诗"三种诗体，通过文学内部（不同的文学文体）和文学外部（文学文体和科学文体）的文体辨析，将文学语言提升到文学研究的"本体论"高度。正如陆机在《文赋》中谈到"体有万殊，物无一量"③，中国古代文论亦有着悠久的"辨体"传统，《文心雕龙》《二十四诗品》《沧浪诗话》《文章辨体序说》《文体明辨序说》中均有对文体

---

① 钱志熙：《论中国古代的文体学传统——兼论古代文学文体研究的对象与方法》，《北京大学学报》（哲学社会科学版）2004年第5期。
② 什克洛夫斯基：《文艺散论·沉思和分析》，转引自什克洛夫斯基等：《俄国形式主义文论选》前言，方珊等译，生活·读书·新知三联书店1989年版，第11页。
③ 陆机著，张少康集释：《文赋集释》，人民文学出版社2002年版，第99页。

的辨析。正如李建中教授所说，我们当下对文学语言的重视，其中不乏新批评的理论影响。无论是捷克结构主义还是法国结构主义，都强烈关注文学作品的语言形式，李建中教授认为，"无论是对语言自身的凸显，还是对语言诗性功能的阐发，都需要在结构中确认，在结构中完成"①。而语言的诗性功能，正是由此得到确认和重视。

在归纳和梳理汉语文体学研究的现代西学背景时，李建中教授时刻不忘立足中国立场，以一种平等、对话、互释的方式达到"中西互通"之状态。例如，在论述韦勒克强调应当研究词汇学、词源学和音韵学时，李建中教授自然而然联想到《文心雕龙》中的《练字》《丽辞》《章句》《指瑕》《声律》《乐府》等篇章；在论述俄国形式主义"（语言）表达比思想和情感更重要"的观点时，则与《文心雕龙·知音》中"春台之熙众人，乐饵之止过客"②相比较。通过上述方式，李建中教授实现了"以西释中""以西论中""以西证中"的论述效果，力图打破当下以今绳古、以西绳中、强为牵合的理论困境，展现出中国古代文体学独特的理论魅力。

在中西互通的基础上，李建中教授厘清并归纳了中国古代文论批评文体的固有理论传统，在汉语词源学的"體"（生命本体论）、原始儒学的"体要"（语言本体论）和先秦易学的"体"与"用"（实践本体论）三个层面建构其本体论价值。③ 通过对"體"之"源""原""元"的三义阐释，揭示主体意识之重要。可以说，原始儒学的"体要"和先秦易学的"体"与"用"，均需在"體"的统领之下展开，并建构以"體"为根株、以"言"为主干、以"用"为华实的中国古代文体学

---

① 李建中：《汉语文体学研究的现代西学背景——基于文体与语言之关系的考察》，《社会科学》2013 年第 12 期。

② 范文澜：《文心雕龙注》，人民文学出版社 1958 年版，第 715 页。

③ 李建中：《中国古代文体学的本体论价值》，《中南民族大学学报》（人文社会科学版）2011 年第 5 期。

理论谱系。

　　如前文所述，"辨体"，是中国古代文体学中十分重要的一个关键词，也是李建中教授批评文体研究中的重要内容。从《周易》的"鼓天下之动者存乎辞"，到儒家的"慎辞"，从《庄子》中的"三言"（寓言、重言、卮言）到佛教的"终日言，而未尝言也"，儒道释三家均有对语言问题的关注。"文备众体""备且精矣"是中国古代文论的重要特征，随着文学的不断发展，文体的区分也更加精细，正所谓"文愈盛，故类愈增；类愈增，故体愈众；体愈众，故辨当愈严"①。无论是文体类型的划分、文体性质的说明、文体演变的归纳，抑或是文学选集的定篇、文学风格的鉴赏，都与"辨体"有着千丝万缕的联系。正是沿着"原体—昭体—辨体—变体"的路径，中国古代文体学理论谱系"毛目显矣"。由此，李建中教授在中西互通、古今通变的基础之上，探讨批评文体的生成、发展、演变、衰亡、新生，建构起完善而丰富的中国古代文体学的本体论，实现"尊体"之目标。

二、沿波讨源：中国古代文论批评文体形态的生成与流变

　　《文心雕龙·序志》有言："若乃论文叙笔，则囿别区分。"②这里论述的便是文体类型学的研究，但若细分，则可分为文学文体研究和批评文体研究。前者已有大量相关研究成果，但对于后者，仍有待归纳和整理。要想研究中国古代文论批评文体形态的生成与流变，就必须振叶寻根，观澜索源，回到先秦的语义场当中，分析批评文体的早期形态及演变，是为"原体"。

---

　　① 吴讷著，于北山校点；徐师曾著，罗根泽校点：《文章辨体序说 文体明辨序说》，人民文学出版社 1962 年版，第 78 页。

　　② 范文澜：《文心雕龙注》，人民文学出版社 1958 年版，第 727 页。

李建中教授认为，古代文论批评文体可称之为"无体之体"，这并不意味着古代文论批评文体没有自身专属的批评文体，而是说古代文论批评文体博采众体、融通众体，而这也造就了古代文论批评文体的自由，从而涌现出文备众体、风格迥异的古代文论批评著作。先秦时期，诗、乐、舞呈现出三位一体的特征，而文学批评则是寄生于"文化"或"文学"之中："'批评'以句子的形式存在于文化著作(经、史、子、集)之中，在成为文化著作一部分的同时，又可以独立出来作为文学批评的语录或要言。"①先秦时期许多重要的文学批评概念，如"诗言志""兴观群怨"等，均寄生于先秦时期的文学、历史、哲学等典籍当中，体现着先秦批评文体在文、史、哲三者之间的互渗与融通，此为先秦批评文体的寄生性特征。而《庄子》的"言不尽意说"、《荀子》的《乐论篇》，则弥漫于《庄子》《荀子》两部著作中。与"寄生"的只言片语相比，"弥漫"的篇幅更长，逻辑性更强。

随着文学批评活动的发展，文学批评文体也随之发生嬗变，不再"寄生""弥漫"于典籍之中，而是借用他者文体作为自身批评文体。例如，《史记》中的《太史公自序》便是借史传体生发出"发愤著书"的文论思想；王充的《论衡·超奇》篇借子书体展现作者批评的文论思想；《毛诗序》借序传体论述"讽谏说"的文论思想。由此，古代文论批评文体借助已有的文体形式，实现了自身的生长与发展。

魏晋南北朝时期是文学自觉与独立的高潮时期，古代文论批评文体走向成熟与独立的同时，也不断凸显其文学性。例如，《文心雕龙》与《文赋》并没有选取"论说"之体，而是采用"骈文"和"赋"这两种文学性文体，这与古代文论的思维方式和诗性言说密切相关。正如李建中教授所追问的那样："丽辞时代

---

① 李建中、闫霞：《从寄生到弥漫——中国文论批评文体原生形态考察》，《华中师范大学学报》(人文社会科学版)2004年第5期。

的文论家明知文各有体，为什么还要用文学文体来书写他的理论著作？"①因为这些文学批评家无法拒绝文学文体的"诱惑"，不愿放弃自身所拥有的"文体自由"。而正是这样的"文体自由"，才能让古代文论的批评文体不断"破体"，在诸多文学文体和批评文体间肆意游走，实现诗性与逻辑的统一，从而构成古代文论诗性言说之特质。而后的论诗诗和诗话，则实践着"诗必诗人论之"（刘克庄《跋刘澜诗集》）的观点，更是体现了文学创作主体与批评主体、文学文本与批评文本的合二为一。至元明清时代，赵彦卫"文备众体"和真德秀"备且精矣"的论说，为我们展现出古代文论批评文体博采众长、肆意生长的盛大场面。

"文体自由"的价值何在？李建中教授指出，文体自由的获取和拥有，有利于批评风格的形成。正如刘勰在《文心雕龙·序志》中论述曹丕、曹植、应玚、陆机、挚虞、李充等人的文论著作时，给予了不同的风格评价，而这些评价与他们所使用的批评文体，以及他们作为批评主体的个性气质均密切相关。由此，文学创作主体与批评主体的合一，文学文本与批评文本的合一，带给读者的便是理论与审美的双重愉悦，同时也促进了中国古代文论批评文本的发展、变化与繁荣。而这一"文体自由"的意识也深切影响着中国近现代的文学批评文本的选择，如李长之的"传记式批评"、沈从文的"印象式"批评、李健吾的"随笔体批评"，均承续了中国古代一直以来的"批评文体自由"之传统，同时也展现出创作主体不同的个性气质。

然而，当下的学术研究有着严格的规范和要求，长久以来的"批评文体自由"传统早已不复存在，就连笔者所撰写的这篇拙文，也不得不符合相应的格式要求，否则便难以付梓与读者顺利见面。所有的批评文章和批评论著，都被

---

① 李建中：《破体：中国文学批评的文体传统及演变规律》，《襄樊学院学报》2007年第3期。

戴上了厚重的镣铐与枷锁，这无疑阻碍了古代文论批评文体在当下的传承与创新，因而我们也再难发现如李长之《鲁迅批判》、沈从文《沫沫集》、李健吾《咀华集》这样优秀而文体自由的文学批评论著。如要实现中国古代文论的现代转换，可能首要目标就是要恢复自古以来的"批评文体自由"之传统。

上述种种不由得让我们反思，判断文学批评论著、文体论著优劣的一条尚未明确提出的标准，或与二者之文体有着密切的联系。倘若现代的文学批评研究者、中国古代文体学研究者深得古代文体论之奥义，进而将自身论著书写得"风清骨峻，篇体光华"①，又何来覆瓿之忧呢？所以，当下的批评文体呼唤自由，当下的文体学研究者，也需要批评文体之自由。

反观之，李建中教授的《批评文体论纲》(武汉大学出版社，2013年)和《體：中国文论元关键词解诠》(中国社会科学出版社，2014年)两部专著，可谓深得"批评文体自由"思想之精髓。例如，在归纳批评文体意识的理论形态时，李建中教授拈出"宗经以尊体""贵文以尊体""爱美以尊体"三个标题，体现出形式之统一、论述之典雅。再如行文过程中，李建中教授将"诗性言说"以"润物无声"的方式，深深熔铸进自身的论著，试举两例：

> 文学这片本该是最富诗意的绿洲，却在遭受工具主义和功利主义的侵袭。刚刚摆脱"政治奴婢"之地位的文学和文学理论，一转身又去做了金钱的臣妾。文学批评的主体与对象，已沦为甲方与乙方，财迷迷，慌张张，没有了人格，更远离诗性。②

> "处昏上乱相之间"的庄子，无时无刻不在想超越这污秽混浊的尘世；

---

① 范文澜：《文心雕龙注》，人民文学出版社1958年版，第514页。
② 李建中：《體：中国文论元关键词解诠》，中国社会科学出版社2014年版，第65页。

"得意忘言"的庄子，无时无刻不在想超越这不能传意不能诣道的语言。①

与那些"千人一面""千面一体"的理性言说的论著相比，李著显得灵动恣睢、风清骨峻、珊珊可爱、浑然不似枯燥、板滞的理论著作，倒像是一部散文随笔，令人读来毫无隔膜、生涩之感。正如沈从文先生所言，"写评论的文章本身得像篇文章"，李建中教授的两部著作，可称为"批评批评文体之文章"。李建中教授也正是用自身的文体批评实践，垂范着"文备众体"的批评文体自由。

三、通古启今：中国古代文论批评文体的现代转换

笔者曾邀请李建中教授为华中师范大学文学院 2018 级本科生作题为"《文心雕龙》的兼性智慧"的讲座，其间有学生提问：《文心雕龙》是否具有工具性的意义？中国古代文论在今天是不是还能发挥自身的功用？

第一个问题比较容易回答，《文心雕龙》中提出"俗鉴五弊（贵古贱今、贵远贱近、崇己抑人、信伪迷真、深废浅售）、雅者六观（位体、置辞、通变、奇正、事义、宫商）的文学鉴赏和文学批评之方法，以及"擘肌分理，唯务折衷"的思维方式，至今我们仍在具体的文学批评实践中自觉或不自觉地使用。

第二个问题则比较难回答，因为其中涉及中国文论的现代转换之问题。我们无法否认，由于"变体"的存在，随着历史的发展，古代文论中的一些内容（"说什么"）在当下已经失去论说的价值，例如，在文学伦理教化功能日渐式微的今天，儒家文论中的"教化说"的论说空间受到挤压；古代的一些文体（如

---

① 李建中：《批评文体论纲》，武汉大学出版社 2013 年版，第 99 页。

章、表、诏等)也逐渐消亡，被遗忘在历史的故纸堆中。我们身处"互联网+"时代，文体更迭的速度与古代相比，有过之而无不及，例如曾经风靡一时的"短信文化"和"手机短信体"，随着智能手机的更新换代和即时聊天工具的出现，已经逐渐湮没在历史的长河中。正是因为中国文论中的一部分(无论是思想上的还是内容上的)在今天的日常生活中已经失效，才引起学界对于中国文论"失语"的焦虑。

如何化解中国文论"失语"的焦虑，完成中国古代文论的现代转换？李建中教授指出，目前学界关于"中国文论现代转换"这个问题尚未找到行之有效的解决方法，其中一个原因便是对"说什么"的过分关注。有鉴于此，李建中教授提出"怎么说比说什么更重要"这个命题："中国文论的'怎么说'，因其对中国文论之独特言说方式及思维方式的承载和表达，有着较强的超时空的生命力、实现现代转换的潜在活力以及针砭现代学术病症的疗救能力。"[1]

中国古代文论有着强调"说什么"(言说内容)的悠久传统，如儒家强调"言之有物"，反对"巧言令色"。而当"说什么"处于聚光灯照射的舞台中央时，"怎么说"(言说方式)自然会被忽视、被冷落。学者王汎森在《执拗的低音：一些历史思考方式的反思》一书中，对"低音"一词作了界定，其中的一种概念是"被近代学术及思潮一层又一层复写、掩蔽、遮盖、边缘化或属于潜流的质素"[2]，与"说什么"相比，"怎么说"类似于"低音"，一直处于被掩蔽、遮盖和边缘化的境地，因而有必要使之重回舞台中央，重新回到我们的研究视野当中。

其实，中国文论亦有着悠久的"怎么说"的传统，而这一传统与中国文论的诗性言说特征有着密切的关系，诗性特征使文论家可以自由选择批评文本的

---

① 李建中：《中国文论：说什么与怎么说》，《长江学术》2006年第1期。

② 王汎森：《执拗的低音：一些历史思考方式的反思》，生活·读书·新知三联书店2014年版，序第2页。

文体，从而达到文学创作主体与批评主体的合一，文学文本与批评文本的合一。20世纪八九十年代以来，中国的文论家从西方文论引入各种方法，移植于中国文学批评之中，但遗憾的是，西方文论的思想与方法并未能与中国文学批评完全契合，至今我们没有出现中国的马尔库塞，也没有出现中国的詹姆逊，只能"跟着说"，而不能"自己说"。其实，早在20世纪40年代，朱自清先生在谈到"中国文学批评史"这一名称时，便对此现象作出论说："'文学批评'一语不用说是舶来的。现在学术界的趋势，往往以西方观念（如'文学批评'）为范围去选择中国的问题；姑无论将来是好是坏，这已经是不可避免的事实。"①有鉴于此，李建中教授指出，中国文论的现代性理应建立在自己的诗性传统之上，凸显并践行自身的言说方式、思维方式和生存方式。可以说，李建中教授的文体学研究，正体现了中国文论的"怎么说"。正如上一节所指出的那样，李建中教授努力做到"破体"："破"当下"规范化""模式化"的学术研究之体，重塑"批评文体"的诗性特质，再现"批评文体"的文体自由。

中国古代文论批评文体的现代转换，或体现在以下两个方面：一是古代批评文体的复苏，使中国文学批评文体重获文体自由；二是以古代文体学观念去观照当下的文学作品和文学批评，重塑古代文论批评文体话语的有效性。

李建中教授指出，钱锺书的《谈艺录》和《管锥编》，分别用"诗话体"和"札记体"写作，对全面否定中国古代文论的文体传统这一观点作出反驳；近年来《郭沫若集外序跋集》《巴金序跋集》《朱自清序跋书评集》《鲁迅序跋集》《叶圣陶序跋集》的相继问世，一方面承续《毛诗序》《史记·太史公自序》《文心雕龙·序志》之批评传统，另一方面又为"序跋体"的发展注入了新质；李长之的《孔子的故事》《司马迁之人格与风格》《陶渊明传论》《道教徒的诗人李白及其痛苦》《韩愈》《鲁迅批判》均采用传记体批评，可称之为古典批评文体的现

---

① 朱自清：《朱自清古典文学论文集》，上海古籍出版社2009年版，第541页。

代"复活"。上述种种，均显示了中国古代文论批评文体所具有的强大生命力以及在今天继续存在和使用的可能，从而打破当下"千人一面""千面一体"、枯燥板滞的学术论文与学术专著体，重塑中国文学批评的文体自由。

随着"互联网+"时代的到来，网络批评文体作为一种新兴的批评文体，发展十分迅猛，如何对这种新兴的批评文体进行分类和辨析，就显得尤为重要。李建中教授将之分为"六体"，分别为"点击体""琼瑶体""咆哮体""知音体""红楼体"与"梨花体"①。而在解释这"六体"时，我们不可避免地要回到中国古代文体学，借助相关概念加以阐释。例如，在解释"点击体"与"琼瑶体"时，前者精约而后者繁缛，便可用《文心雕龙·体性》加以阐发："精约者，核字省句，剖析毫厘者也。繁缛者，博喻酿采，炜烨枝派者也。"②而对"咆哮体"的豪放与"知音体"的婉约，我们也自然可以回到关于宋词两大风格流派——"豪放"与"婉约"的论述："柳郎中词，只好十七八女孩儿，执红牙拍板，唱杨柳外晓风残月；学士词，须关西大汉，执铁板，唱大江东去。"③由此观之，中国古代文论批评文体在面对新兴的批评文体时，仍具有"释名章义"的重要作用。

我们必须承认的是，由于"变体"的加速出现，中国古代文论批评文体在"互联网+"时代，将不可避免地将失去自身部分的作用与价值，但其中所蕴含的言说方式、思维方式和生存方式，依旧能为当下的文学批评理论与文学批评文本，提供丰富的思想和理论资源。

吴讷在《文章辨体序说》中说："文章以体制为先。"④无论任何时代，"文体"都是一个我们无法忽视和回避的问题，因为我们面临着"终日言"的现实景

---

① 李建中、殷昊翔：《凡客的咆哮：新媒体时代的批评文体》，《学术论坛》2012年第4期。

② 范文澜：《文心雕龙注》，人民文学出版社1958年版，第505页。

③ 俞文豹撰，张宗祥校订：《吹剑录全编》，古典文学出版社1958年版，第38页。

④ 吴讷著，于北山校点；徐师曾著，罗根泽校点：《文章辨体序说 文体明辨序说》，人民文学出版社1962年版，第14页。

况。令人欣喜的是，越来越多的学者意识到应还批评文体以自由。2021 年，学者丁帆在《文学报》发表题为《让评论文章更有鲜活的文学色彩》的评论文章，其中谈道："把学术文章当作散文随笔来写，既是一种文体的尝试，又是一种对文学本身的尊敬。"①2024 年，学者朱国华的新著《天花乱坠》(上海文艺出版社，2024 年)出版，以演讲、致辞之文体探讨文学、生命、道德等宏大主题，从而与传统的学术写作形成一种张力关系，引人深思。而李建中教授的中国古代文论批评文体研究，以及几十年如一日的批评文体的自由实践，不正是为重塑批评文体的自由而努力吗？我们有理由相信，批评文体自由的时代，一定会到来。

---

① 丁帆：《让评论文章更有鲜活的文学色彩》，《文学报》2021 年 5 月 27 日，第 7 版。

拓衢路，置关键：
李建中教授元典关键词研究述评

孙盼盼

作为中国文化与文论研究领域的领军人物，李建中先生主持的两大国家社会科学基金重大招标项目——"中国文化元典关键词研究"（2012 年）与"中国文论关键词研究的历史流变及其理论范式构建"（2022 年），不仅深刻体现了其深厚的学术造诣与前瞻性的研究视野，更为中国文化及文论研究开辟了新的路径与方向。在"中国文化元典关键词研究"项目中，李建中先生以其独到的学术敏锐度，深入挖掘并阐释了中华元典中的关键词。他通过词根性、坐标性、转义性的多维度考察，不仅揭示了这些关键词在元典中的原创意蕴，还探索了其在现代语境下的新释与激活，为中国文化的阐释焦虑与路径错位提供了有力的修正方案。该项目取得丰硕成果，不仅构建了元典关键词研究的理论范式，还出版了一系列学术专著，为中国文论研究贡献了宝贵的智慧财富。① "中国文论关键词研究的历史流变及其理论范式构建"项目，则是在前者基础上的进

---

① "中国文化元典关键词研究丛书"，包括李建中教授的《元典关键词研究的理论范式》，袁劲副教授与吴中胜教授的《元典关键词研究的思想与方法》，刘金波编审与张金梅教授的《儒家元典关键词研究》，高文强教授、王杰泓教授与李艳萍博士的《道家元典关键词研究》，罗积勇教授、杨帅博士、刘丽玲博士的《墨家元典关键词研究》，赵国华教授的《兵家元典关键词研究》。

一步深化与拓展。李建中先生带领团队，从历史流变的角度审视中国文论关键词的演变过程，旨在构建起一套具有中国特色的文论关键词研究理论范式。他强调要贯通古今，破解以西律中的"强制阐释"与专业主义的"端性思维"，以"兼性理论"与"兼性阐释"为核心，重构中国文论关键词的解释体系。随着关键词研究的成果越来越多，所涉及的领域越来越广，所探讨的问题越来越深入，所具有的地位越来越重要，故而"关键词"与"三大体系"（学科体系、学术体系、话语体系）之关系也开始受到学界关注。① 这一项目的启动，不仅体现了李建中先生对中国文论自主知识体系建构的深刻思考，更为后学提供了宝贵的学术资源与启示。

一、"字启词韵，词通文道"：探索元典关键词的创生路径

在人类文明的历史长河中，轴心时代是对意义世界进行深刻探索和建构的关键时期。华夏文明亦不例外，其辉煌的篇章镂刻于殷商西周至春秋战国的时空脉络之中。这一时期，六经与诸子百家的经典文本，成为构筑华夏文化精神世界的基石，而先秦元典中的关键词，则是这一文化建构不可或缺的语义源泉。② 特别是，《韩非子》中的"解老""喻老"篇章，深度剖析了《老子》的核心理念，展现了关键词研究的早期典范；南宋陈淳的《北溪字义》，则可视作宋代儒学关键词研究的典范之作。清代学者戴震在其《与是仲明论学书》中精辟论述："经之至者道也，所以明道者其词也，所以成词者字也。"③其《孟子字

---

① 李建中：《关键词建构三大体系》，《关键词》2024 年第 1 辑。

② 李建中：《关键词研究开启中华文化现代意义世界》，《中国社会科学报》2014 年 6 月 4 日第 4 版。

③ 戴震：《与是仲明论学书》，《戴震集》，上海古籍出版社 2009 年版，第 183 页。

义疏证》，正是对《孟子》关键词的深刻阐释，揭示了"字以通词，词以通道"的路径，这既是对乾嘉学派治学方法的精练总结，也是对关键词生成路径的生动描绘。步入现代，关键词研究自20世纪初便已成为学术探索的重要领域，郭绍虞、张岱年、钱锺书等学者，通过对关键术语的细致考辨与义理疏通，为这一领域奠定了坚实的基础。李建中先生在前人基础上进一步阐发，提出词在尚未触及道之精髓前，仅为普遍词（常词），唯有在深刻揭示并传达"道"之奥义后，方升格为关键词（术语），如同一段漫长而曲折的旅程，充满了学术的辩难、思想的碰撞、误解的澄清与深意的阐发。从轴心时代跨越至当今时代，中华元典中的关键词犹如一条绵延不绝的纽带，将古今智慧紧密相连。这一过程正是关键词创生路径的生动展现，也是中华文化生生不息、历久弥新的生动注脚。

关键词蕴含着丰富的理论生命力，其语义变迁勾勒出一条清晰而复杂的轨迹，既可能经历岁月的磨砺而逐渐衰老乃至最终消逝，也可能在创新中焕发新生，甚至实现自我超越与再生。关键词的理论生命，正是元典不朽生命力的直接体现。要深入探索中国文化的精髓——"道"，关键词便成了一把不可或缺的钥匙，引领我们解读中华元典中那些核心、重要且富含观念性与思想性的"字"或"词"。审视20世纪以来的关键词研究，李建中先生概括了学界既有的三大研究范式：一是"标准答案、一锤定音"的辞典式，追求权威与确定性；二是"语料汇抄、词义类聚"的类书式，注重资料的全面与分类；三是"范式归纳、体系构建"的范畴式，力求构建系统的知识体系。① 尽管这些模式各有合理性，却往往忽略了语义变迁的动态过程与实时性，缺乏一种能够深入阐释其生命力的思维框架。在此背景下，雷蒙·威廉斯在《关键词：文化与社会的词

---

① 李建中：《关键词研究开启中华文化现代意义世界》，《中国社会科学报》2014年6月4日第4版。

汇》中提出的"历史语义学"观念，为我们提供了全新的视角。他强调，不仅要追溯词义的历史根源及其演变轨迹，更要关注这些词汇在当前历史语境下的"现在"风貌，即其如何在当代社会中持续影响并塑造着我们的文化与思维方式。为了全面揭示中华元典关键词的原创意蕴与现代价值，我们必须采用一种深刻且动态的方法，通过那些关键的"字"或"词"，不仅追根溯源，挖掘其深厚的文化底蕴，更要钩深索隐，探索其在现代社会中的新生命与新意义。

元典关键词宛如文化基因中的词根，深潜于历史长河之中，又如同坐标点明确呈现于学术地图之上，更在转义的流转中焕发新生，它们不仅是轴心时代华夏文明生生不息、语义繁衍的根源所在，也构成了中外文化和谐共生、差异共存的独特话语基础。李建中先生在融会贯通传统方法的基础上，创新性地提出了"生命历程法"。这一方法的诞生，标志着研究路径与策略的革新，勾勒出元典关键词从起源、发展到转型的完整生命轨迹，深刻揭示了这些关键词在中国文化元典中蕴含的蓬勃生命力与深远影响力。李建中先生所倡导的"生命历程法"，既是对中华元典深厚底蕴的深切追慕，旨在传承小学、经学、子学及史学等传统文化精髓；又勇于跨越学科界限，广泛吸纳阐释学、语言哲学、文化语言学、认知语言学等现代学术养分，展现出开放包容的学术视野。[1] 他基于词根的原初性、坐标的定位性以及转义的创造性，构建出一套极具创新性的阐释框架，不仅展现了中国文化关键词从古典生成到现代激活的演变历程，还精准地把握了它们在历史时空中的定位与语用价值的呈现。李建中先生指出中国文论关键词之词根性考察可分为三大步骤：一是依据传世的"五经"文本并参照出土的卜辞金文，辨析并厘定关键词之原初释义；二是检阅后经典时代以汉学诂训和宋学章句为代表的经义疏证，梳理并勘订关键词之经学解诠；三

---

① 李建中：《关键词研究开启中华文化现代意义世界》，《中国社会科学报》2014 年 6 月 4 日第 4 版。

是勾连从经部到集部的文献通道，识鉴关键词之经义根性在集部之诗文评中的诗性绽放。① 这一思路的提出，不仅彰显了中国文化关键词的深厚历史底蕴与现代生命力，更为我们提供了一个全新视角去审视和理解这些关键词在文化传承、交流与创新中的重要作用。李建中先生通过其卓越的学术贡献，为我们揭示了关键词作为文化桥梁的独特魅力，以及它们在促进中外文化交流与融合中的不可替代性。

陈寅恪先生有言"凡解释一字，即是作一部文化史"②，深刻揭示了语言文字背后蕴含的广阔文化深度与历史脉络。如何全面而深刻地诠释关键词的观念性、思想性和价值性，李建中先生以其独到的学术洞察力和深厚的学养，对上述"三性"进行了卓有成效的实践与探索。③ 首先，在"词根性"层面，李建中先生以诸子百家与文化元典为基石，深入挖掘元典关键词的原始语义、出处及语用环境，不仅追溯了关键词的文化源起与辞源释义，更细致地剖析了基础词根与核心词语之间错综复杂的关系网络。这一过程，犹如穿梭于历史的织锦之中，每一根丝线都承载着丰富的文化信息，编织出一幅幅生动的文化图景。其次，在"坐标性"维度上，李建中先生以理论生命与演绎过程为坐标轴，系统梳理了元典关键词在不同历史时期和文化语境中的赓续、传承与新变。他既从纵向角度，按照时代脉络进行深入的梳理，揭示了关键词随时代变迁而演进的规律；又从横向角度，跨越学科界限，对关键词在不同学科领域中的表现与影响进行了全面阐释。这种纵横交错的阐释方式，使得元典关键词的文化价值得到了更加立体和全面的展现。最后，在"转义性"方面，李建中先生以现代

① 李建中：《经学视域下中国文论关键词之词根性考察》，《武汉大学学报》(人文科学版)2014年第1期。
② 葛信益，启功整理：《沈兼士学术论文集》，中华书局1986年版，第202页。
③ 李建中：《中华元典关键词的原创意蕴与现代价值——基于词根性、坐标性和转义性的语义考察》，《江海学刊》2014年第2期。

文明与多元文化的广阔视野为背景，探讨了关键词在融合新变和转型过程中所展现出的独特魅力，并揭示了中国文化所面临的挑战与机遇，积极探索关键词在冲突、交流与融合中语义会通与功能激活的可能性。《词以通道：轴心期中国文化关键词的创生路径》①、《键闭与开启：中国文论的关键词阐释法》②、《洪范九畴，彝伦攸叙：批评史书写的新范式》③等文章系统地阐述了元典关键词的阐释方法与路径，为学界贡献了一套跨文化、跨学科及跨语境的阐释框架。

元典关键词作为中国文化的璀璨标志与独特符号，在跨越地域界限的文化对话、深度交流及和谐融合中，扮演着至关重要的角色，它们如同桥梁，连接着古今中外的智慧与思想。刘勰《文心雕龙·章句》中那句"人之立言，因字而生句"④，精辟地指出了文字作为文学创作与批评基石的不可动摇地位。语言的民族特性，尤其是汉语言的独特韵味与深邃内涵，不仅是我们学习、研究汉语的根本基石，更是我们探索文学奥秘、构建中国文学理论体系不可或缺的出发点。汉字，这一拥有悠久历史的表意文字体系，不仅是时间的见证者，更是中国文化意蕴的广阔载体。特别是那些源自轴心时代、深深扎根于文化元典之中的汉字，它们如同微缩的宇宙，蕴含着全息性的特征。这些关键词仿佛是中国文化的密码，轻轻解锁，便能窥见其中蕴含的丰富信息与文化精髓，让人在品味中感受无尽的韵味与深邃。李建中先生深谙中国文化的语言精髓，他巧妙地运用汉字思维这把钥匙，开启了对文论观念的深度阐释之旅。围绕关键词的

---

① 李建中：《词以通道：轴心期中国文化关键词的创生路径》，《社会科学战线》2013年第4期。

② 李建中：《键闭与开启：中国文论的关键词阐释法》，《甘肃社会科学》2016年第1期。

③ 李建中：《洪范九畴，彝伦攸叙：批评史书写的新范式》，《北方论丛》2017年第1期。

④ 范文澜：《文心雕龙注》，人民文学出版社1958年版，第570页。

语根、语境及语用三大要素，他勇于假设，严谨求证，创造性地提炼出汉字批评的"三位一体"路径：追根溯源，探寻关键词的文化根基与原始意义；问境寻理，分析关键词在不同语境下的微妙变化与深层含义；致用实践，探讨关键词在当代文化语境中的实际应用与价值体现。① 这一路径的提出，为中国文化及文论研究提供了新的方法论指导。

近代以来，中国历经了积贫积弱的特殊历史时期，这一背景加之当前中西话语体系中存在的总体失衡现象，使得部分学者在理论探索上陷入了迷茫，错误地将追随西方潮流视为通往世界舞台的捷径，从而在一定程度上忽视了自身文化的深厚底蕴与独特价值。然而，在中西文论跨越界限的对话与交流中，汉字的独特特征与思维方式所引领的路径，展现出了更为坚实的"本体阐释"自主性。这提示我们，对于文化关键词的阐释，必须根植于本体文化的深厚土壤之中，坚守民族的立场与方法论原则。汉字，作为中国文化的基石，其思维方式、内在观念与本位精神贯穿于文化关键词的诞生、演变与实践之中，共同编织成中国文化的内在逻辑与独特理路。深入探索汉字的意蕴世界，我们不难发现：语根，作为汉字构建的基础，是追寻中国文化之"根"的钥匙，引领我们追溯历史的深邃与文化的源远流长；语境，则构成了汉字运用的广阔场域，通过探问中国文化之"境"，我们能够理解关键词在不同文化背景下的独特含义与价值；而语用，则是汉字功能的具体体现，要求我们在当代社会语境中激活中国文化的生命力与创造力，实现传统文化的现代转型与价值重构。② 李建中先生深刻洞察了这一点，他提出词根、语境与语用三者之间存在着一种内在的批评轨迹，即由"追根"以明其源，由"问境"以知其变，最终由"致用"以行其实。这一思路为我们重建具有中国特色的文学理论体系提供了有力支持。他主

---

① 李建中：《汉字批评：文论阐释的中国路径》，《江汉论坛》2017 年第 5 期。
② 李建中：《汉字批评：文论阐释的中国路径》，《江汉论坛》2017 年第 5 期。

持的元典关键词研究项目，正是对这一探索的具体实践。通过"三位一体"的汉字批评思路，结合民族文化的深厚底蕴与批评实践的丰富经验，李建中先生及其团队正奋力书写着文论阐释的新篇章，努力探索中国文论在当代世界的重建之路，为中华文化的传承与发展贡献着智慧与力量。

　　中国文论规避"强制阐释"的路径之一，在于向"汉字批评"的回归，这要求我们在文论阐释的实践中，重新拥抱汉字思维、强化汉字意识、坚守汉字本位。李建中先生通过阐述"追根""问境"及"致用"的学理精髓，不仅展现了关键词研究的独特智慧，更为中国文论阐释开启了新视野、新气象，收获了丰硕的理论成果。首先，中国文论的根基深植于古文字之中，因此文论阐释必须溯本求源，探索字义的根柢与文化渊源。从形、声、义的多维度出发，进行细致的语根诂训，精准诠释语义的原生形态、衍生轨迹、再生机制及其生生不息的生命力。在这一过程中，辨析本义与他义之间的博弈或格义关系，成为理解文论精髓的重要一环。其次，汉语作为表意文字，其意义随语境而变，高度语境化的特性决定了中国文论阐释对文本的高度重视。我们需依据文学及文论文本，重返语义生成的现场，通过敷陈事理与摄举文统的相互映照，厘清中国文论的理论内涵与逻辑体系。这种对文本的深度解读，有助于我们更准确地把握文论思想的精髓与脉络。再者，汉语之所以拥有强盛的生命力和长久的生命力，关键在于其常用常新、与时俱进的特性。就中国文论的语用而言，其跨越时空的通变能力，使得文论思想能够历久弥新，不断焕发新的生机。在文论阐释中，我们需重视语用的生命活力，于会通适变中重新认识中国文论的语用价值，揭示其深厚的历史意蕴与现代价值。李建中先生深刻揭示了中国文论与汉字之间的内在联系，中国文论根植于汉字语根、鲜活于语境变化、通变于语用实践，这一独特的生态决定了文论阐释的必由之路：在"追根""问境""致用"的有机结合中，探索并创生出一条具有中国特色的文论阐释路径。

二、"宏纲引领，机要精研"：探析元典关键词的义理基石

刘勰《文心雕龙·神思》有云："枢机方通，则物无隐貌；关键将塞，则神有遁心。"①此言中，"关键"与"枢机"之妙喻，恰似创作想象之门户，其义理与关键词所蕴含的观念特征不谋而合，共同揭示了文学创作的深邃奥秘。中国文化之元典关键词，犹如璀璨星辰，遍布思辨与实践的广袤天地，蕴含着丰富多元、博大精深的"大观念"，这些观念如同一股清流，有望缓解中西文论交流中的"阐释焦虑"，矫正"路径错位"，促进双方更深层次的理解与对话。李建中先生深谙此道，他提出中国文论中的"大观念"，兼具时间的深邃与空间的辽阔，既展现出延展无边的广度，又蕴含着掘进不止的深度；既是智慧之光的思辨闪耀，也是实践之土的坚实烙印。在李建中先生构建的元典关键词研究框架内，"大观念"之"大"，可从三个维度加以阐述：其一，"命大"，意指这些观念拥有超越时代的理论生命力与思想灵魂，它们历经沧桑而不朽，穿越古今而恒常，如同不灭的灯塔，照亮着文学探索的航程。其二，"幅大"，强调这些观念在覆盖面上的广泛性与在纵深度上的深刻性。它们如同经纬交织的巨网，经纬天下，深入骨髓，既涵盖了文学理论的方方面面，又触及了文化心理的核心要义，实现了对文学现象与本质的深刻把握与全面揭示。其三，"力大"，则彰显了这些观念在指涉力与影响力上的强大。它们如同强大的磁场，吸引着各类文化元素与文学现象，形成繁复交织、生生不息的文学生态。② 这些观念以其独特的张力与魅力，跨越学科界限，成为推动文学发展与文化进步

①　范文澜：《文心雕龙注》，人民文学出版社1958年版，第493页。
②　李建中：《中国文论大观念的语义根源——基于20世纪"人"系列关键词的考察》，《文艺研究》2015年第6期。

的重要力量。

《诗经·大雅·文王》中"周虽旧邦,其命维新"①,深刻阐述了传统文化("旧邦")在时代变迁中持续焕发新生("新命")的哲理。这一智慧启示我们,在探讨中国文论时,亦需秉持推陈出新之精神,以关键词为钥匙,开启文论大观念的新篇章。关键词,作为枢机性、概要性或精粹性的语言符号,在中国文论中构筑了"人""道""文""气""象""体""通义"等宏大而深邃的观念体系。通过总结李建中先生的学术经验,我们得以重新审视并激活元典关键词的内在生命力,深入挖掘其精神内涵,并探索其在近代乃至当代社会的适应性转换。李建中先生的研究,不仅是对元典关键词的简单梳理,更是对这些关键词背后深厚文化底蕴的深刻挖掘与重新诠释。他倡导以"追根""问境""致用"为路径,厘清 20 世纪以来文论阐释的复杂脉络,批判性地审视以往研究中可能存在的单向溯源与视域盲区。在此基础上,他尝试进行语义重溯与观念重建,为探索元典关键词的语义根源开辟了新颖而富有成效的道路。这一过程,实质上是一种由汉字批评返回"通道"的深刻解诠。因此,"元典关键词研究"在中国文论的现代阐释中,不仅是对象的选择,更是方法的创新,为我们提供了从根源出发,理解并激活文论传统的有力工具。

自轴心期以降,文论阐释的历程便是一场深刻而持久的"人"之观念建构与意识凝聚的旅程。甲骨文,作为中华民族文字文明的滥觞,被李建中先生视为追溯中国文论大观念之根源的"原点"。在这一视角下,甲骨文不仅是符号的堆砌,更是古人对自我认知与万物关系的表达。许慎《说文解字》将"人"提升为"天地之性最贵者也"②,通过象形的方式展现了人类作为万物之灵的独特地位。徐中舒《甲骨文字典》中对"人"字的解读,以其侧立之形勾勒出人类

---

① 阮元校刻:《十三经注疏》,中华书局 1980 年版,第 503 页。
② 段玉裁:《说文解字注》,上海古籍出版社 1981 年版,第 365 页。

形态的朴素描绘。值得注意的是，徐中舒还提及了"天""大""夫"等字，它们同样以人形为基础，但姿态各异，或正立，或带有某种神圣意味，反映了古人对人与宇宙、自然关系的不同理解。① 此外，"女"字所呈现的跪坐形态，更是女性社会地位与生活方式的直观体现，共同丰富了"人"这一概念的内涵。② 类似地，"文""化""天"等甲骨文形体也展现了身体意识的深刻烙印，它们通过人形的变异与组合，传达出更为复杂的文化、哲学信息。这种基于身体意识的汉字构造方式，不仅体现了古人对自我与世界的独特感知，也为汉字批评提供了丰富的解读空间。李建中先生洞察到这一现象背后的同源性，提出这些以人形为基础的甲骨文构成了一个关于"人"的同族系列。我们不能孤立地看待每一个字，而应注重它们之间的内在联系与演变轨迹。汉字批评不仅仅是对单个汉字的解析，更是一场对文化基因、历史记忆与民族精神的深度挖掘。

"人"之一字，既是理论的奠基者，又是观念的诠释者，其深远影响跨越了文化界限，成为文论交流的桥梁与纽带。在中国文论的广阔天地里，"人"作为核心大观念，孕育出了一系列关键词汇，如人文、人性、人情、人学、人道主义、人的文学、人民文学等，这些词汇不仅丰富了中国文论的内涵，也体现了中国人对"人"这一存在本质的深刻思考与独特理解。③ 李建中先生认为先秦文论元典之中，"人"是最重要最根本的关键词。④ 他指出，"人"系列关键词的生成与演变，既伴随着对传统观念的破坏性拆解，也蕴含着建设性的重构与创新。这一过程中，既有学术争鸣的理性探讨，也不乏激烈批判的火花碰

---

① 徐中舒主编：《甲骨文字典》，四川辞书出版社 1989 年版，第 3~4、875、1140、1179 页。

② 李建中：《中国文论大观念的语义根源——基于 20 世纪"人"系列关键词的考察》，《文艺研究》2015 年第 6 期。

③ 李建中：《中国文论大观念的语义根源——基于 20 世纪"人"系列关键词的考察》，《文艺研究》2015 年第 6 期。

④ 李建中：《先秦文论元典之"人"义重释》，《文艺理论研究》2019 年第 3 期。

撞，共同推动了中国文论的不断进步与发展。自轴心期以来，中华元典对"人"的深入建构与多元拆解、精细诂训及广泛语用，构成了"人"之文论大观念的深厚语义根基。这一根基从知识谱系的梳理、文化心理的剖析，直至文化无意识的挖掘，多层面、多维度地制约了 20 世纪中国文论"人"系列关键词的发展轨迹，既提供了规训与启发的力量，也引领了新变与创新的方向。20 世纪的文论史，无疑是一部以"人"为大观念主导下的演变史。其间，既有西方文学理论东渐的外来影响，也有汉语词根转义或再生的内在动力，两者相互交织，共同塑造了中国文论的新面貌。① 李建中先生将"人"系列关键词视为中国文论阐释的独特路径，其原生状态的探索、沿生脉络的梳理以及再生能力的激发，构成了中国文论观念史和思想史的重要组成部分。

李建中先生创新了文化关键词的研究方法，贡献了一系列具有开创性的研究成果，其中《體：中国文论元关键词解诠》尤为引人注目。该书不仅是对中国文论关键词——"体"的首次系统性文艺学解读与语义学诠释，更是对中国文论传统与现代交融、东方与西方对话的一次深刻探索。在《體：中国文论元关键词解诠》中，李建中先生精心辑录了他自 21 世纪以来围绕"体"所撰写的系列论文，这些论文广泛涉及文体学、批评理论、历史文献等多个领域，如《汉语文体学研究的现代西学背景——基于文体与语言之关系的考察》深入剖析了汉语文体学在全球化背景下的现代转型②；《龙学的困境——由"文心雕龙文体论"论争引发的方法论反思》则通过对"文心雕龙文体论"的论争，反思了文论研究中的方法论问题③；《刘勰"体乎经"的批评文体意义》则细致阐释

---

① 李建中：《中国文论大观念的语义根源——基于 20 世纪"人"系列关键词的考察》，《文艺研究》2015 年第 6 期。

② 李建中：《汉语文体学研究的现代西学背景——基于文体与语言之关系的考察》，《社会科学》2013 年第 12 期。

③ 李建中：《龙学的困境——由"文心雕龙文体论"论争引发的方法论反思》，《文艺研究》2012 年第 4 期。

了刘勰文论思想中"体"的独特价值与批评文体意义①。李建中先生认为，文学本质上是文体的艺术，而中国文论对"体"的重视，可追溯至先秦元典中的"辞尚体要"之论。他进一步指出，"体"的源头深植于先秦五经及诸子典籍之中，这些经典不仅构建了中国文化的根基，也为中国文论"体"的观念提供了丰富的思想资源。通过"蹈水之道"这一比喻，他形象地阐述了"体"在文学创作与批评中既需形而下之锤炼，又需形而上之言说的双重特性。李建中先生巧妙地将身体之"体"的概念引入文学之"体"的探讨，指出两者之间存在深刻的内在联系。他强调，中国文论大观念中的"体"，不仅关乎文学作品的形式结构，更蕴含着深刻的哲学意蕴与审美追求。在节奏、韵律、造型以及动静、张弛、刚柔等审美特征上，"体"的解诠展现出一种跨学科的相通性，它既是文学创作的核心要素，也是文学批评的重要标尺。

李建中先生将"体"确立为中国文论元关键词，不仅追溯了"体"之语义的深远根源，还重构了其在文论领域的理论谱系，撰写了一部关于"体"的文化史、观念史和思想史，沿着"尊体""破体""原体"层层递进。在上编"尊体"部分，李建中先生致力于重建批评文体意识，通过对古代文论中"体"的细致梳理与深入分析，揭示了文体在文学创作与批评中的重要地位，强调了对文体传统的尊重与传承。这不仅是对古代文论精华的继承，更是对当代文学创作与批评实践的指导与启迪。② 中编"破体"则是对中国文学批评史嬗变规律的深刻认识。李建中先生敏锐地捕捉到文论史上"体"之概念的发展与演变，通过对比不同历史时期、不同学派对于"体"的理解与运用，揭示了文论发展的内在逻辑与外在动因。这一过程中，他既肯定了文论史上的创新与突破，也指出了

---

① 李建中：《刘勰"体乎经"的批评文体意义》，《清华大学学报》（哲学社会科学版）2009 年第 7 期。

② 李建中：《體：中国文论元关键词解诠》，中国社会科学出版社 2014 年版，第 3~118 页。

其中可能存在的问题与局限。① 下编"原体"则是对"體"之生命与风骨的重塑。
在李建中先生看来，"體"不仅仅是一个文论概念，更是中国文化精神的象征。
他通过对"體"的深入阐释与挖掘，展现了其蕴含的哲学思想、审美追求与文
化底蕴，从而赋予了"體"新的生命力与风骨。这一过程不仅是对"體"本身的
升华与超越，更是对中国文化精神的弘扬与传承。② 在元典关键词研究的义理
经验及中西文论语言学转向的学术背景下，李建中先生凭借深厚的学术功底与
敏锐的学术眼光，识"体"、辨"体"、悟"体"，为中国文论的现代阐释开辟了
一条路径。若从关键词的层面梳理中国文论的理论谱系，则"以'體'为本"的
阐释观念无疑将成为我们不可或缺的指南。

阐释学，这一源自西方的批评理论，在"西学东渐"的历史洪流中，跨越
重洋，根植于中国的学术土壤，衍生出独具特色的汉语阐释学。李建中先生不
仅实践了元典关键词的研究，更在此基础上创造性地提出"通义"理论，为汉
语阐释学的建构贡献了宝贵的思想与方法。"通义"一词蕴含了丰富的内涵与
层次。当"通"作为动词时，"通义"融合了"会通"与"变通"的双重意蕴，强调
了在阐释过程中既要融会贯通不同思想与学说，又要灵活变通以适应具体情
境；当"通"作为名词时，"通义"则被赋予了"通达"与"通透"的意味，指向一
种高远的视野与深刻的洞察力，使阐释者能够穿透表象，直达文本的本质与精
髓。③ 李建中先生建构的汉语阐释学，其思想与方法深深扎根于中国传统学术
的两大基石——经学与小学之中。他以"通义"为关键词，构建了一套旨在超
越现实时空限制，探索古典阐释奥秘的阐释机制。这一机制鼓励阐释者秉持

---

① 李建中：《體：中国文论元关键词解诠》，中国社会科学出版社 2014 年版，第
121~239 页。

② 李建中：《體：中国文论元关键词解诠》，中国社会科学出版社 2014 年版，第
243~367 页。

③ 李建中：《通义：汉语阐释学的思想与方法》，《文学评论》2019 年第 6 期。

"会通之旨"，勇于突破界限，追求如《庄子·天下》所述"六通四辟"般的广博视野，如《文心雕龙·论说》所赞"弥纶群言"般的综合能力，以及《通志·总序》所倡导的"深于博雅"般的深厚学养。

然而，达到"会通"并非易事，阐释者须要跨越文字、文献、语境三重障碍。李建中先生指出，阐释的路径在于"通义于词根"，即深入文字之本源，理解其深层含义；"通汇于文献"，即广泛涉猎相关文献，构建系统的知识网络；"通变于语境"，即灵活应对不同语境，使阐释贴近时代精神与文本实际。① 在这一框架下，中国文论中的"评点""诗话""论诗诗"等文体，因其独特的语言本位、跨界思维和互文方式，不仅展示了中国古代文论家高超的阐释技艺，也为汉语阐释学提供了丰富的实践案例与深刻启示。因此，从更深层次上讲，中国文论研究本身便是一种阐释之学，它要求研究者具备深厚的学术功底、敏锐的洞察力以及灵活的阐释策略。而李建中先生所提出的"通义"理论，无疑为这一领域的研究注入了新的活力与方向。

三、"循环往复，意蕴常新"：元典关键词的前沿思考与探索

在 21 世纪全球化加速、文化激烈碰撞的时代背景下，当代西方文论凭借其独特的理论魅力和广泛影响，登上了中国文论阐释的本土舞台。然而，这一过程中也伴随着诸多挑战与问题，如理解上的偏差、机械呆板的套用现象，甚至以讹传讹的恶性循环，导致"强制阐释"的现象屡见不鲜。面对西方文论强势介入所带来的影响，中国文论如何有效转换与自我定位，成为了学术界广泛讨论与关注的焦点。众多学者纷纷呼吁消解"强制阐释"，回归"本体阐释"，

---

① 李建中：《通义：汉语阐释学的思想与方法》，《文学评论》2019 年第 6 期。

以期为中国当代文化的建构与发展探索出一条新路径。李建中先生认为要真正把握中国文化的真谛、探索其魅力、解开其奥秘，必须追溯到文化的源头。这一观点不仅体现了对中国文化深厚底蕴的尊重与传承，也为中国文论的发展指明了方向。在此基础上，李建中先生标举中国文化元典关键词研究，通过"后现代"对"前学科"的回返，巧妙地实现了两者之间的勾连与通约。① 这一研究方法不仅打破了传统学科界限的束缚，还为关键词研究注入了新的活力与深度，形成了巨大的理论张力和广阔的阐释空间。元典关键词作为连接古代与现代、东方与西方的桥梁，不仅提供了关涉学科范畴的前沿思考，还引领我们探索由"方术"（具体方法）向"道术"（根本原理）的深刻转变，实现了从技术层面到哲学层面的跨越。李建中先生的研究实践，不仅是对中国文论传统的一次深刻反思与重构，也是对中国文化现代转型路径的一种积极探索。

中国文化博大精深、源远流长，如同璀璨星辰般镶嵌在历史的长河中，经史子集、儒道墨法、琴棋书画等多元文化的瑰宝，为后世留下了取之不尽、用之不竭的精神财富。这些珍贵的资源，不仅承载着古人的智慧与情感，更深深依附于那些"立德立言，作训垂范"的经典著作之中，体现了中华民族"为纲为纪，经天纬地"的崇高载道意识。在如此丰富的文化遗产面前，我们有必要深入挖掘并认识其背后的元典关键词，这些关键词不仅是理论生命的火种，更是内涵幅度广泛、指涉功能强大的文化符号。它们如同钥匙，能够解锁中国文化深层的奥秘与精髓。李建中先生，作为元典关键词研究的杰出代表，他沉醉于这一领域，以敏锐的学术洞察力和深厚的文化底蕴，阐释着中国文化的独特精神和个性，既探讨其优长，也不避讳其弊端。他主编的《中国文化：元典与要义》上溯语义之源，下析字词之微，致力于重建"大文化""大文论""大观念"

---

① 李建中：《前学科与后现代：关键词研究的前世今生》，《长江学术》2015 年第 4 期。

的理论格局，这一过程既是对传统的欣赏、梳理与总结，也是一次深刻的抽象、归纳与演绎之旅。李建中先生深知关键词研究不能脱离时代脉搏，须充分融合时代主题，以富有思想深度和历史理性的阐释，挖掘中国文论和美学精神的当代意义与价值。他带领团队，会通古今中外的关键词阐释理论，对元典作品进行精心的评注与解读。他的新颖解诠思路，如同一股清新的风，吹散了接受者对中国文化的陌生感与距离感，让他们能够近距离地感受到传统思想的精粹与魅力，深刻理解中国文化的推演背景和嬗变规律。

元典关键词研究，其深远意义不仅在于它直接回应了中国文化建构与发展的核心议题，更在于它深刻探索了现代学科体系下思考与阐释的新维度。这一研究领域跨越了政治学、经济学、艺术学、伦理学等多个学科界限，以关键词为桥梁，连接古典智慧与现代学科理论。每个学科的关键词研究，都根植于其独特的义理基础，既是对古典传统关键基因的提炼与总结，又是对现代学科语义观念的创新阐释，从而清晰地勾勒出学术从"混沌"状态逐步迈向"精细"化发展的轨迹。作为一种高效且深刻的批评手段，关键词研究不仅是叩问真理的治学钥匙，更是蕴含着无限意蕴空间的学术探索。它超越了单一学科的局限，在跨学科、跨语境、跨文化的广阔视域中，开辟了一条全新的研究路径。这一路径鼓励学者跳出传统学科框架的束缚，以更加开放和包容的视角审视学术问题，促进不同学科之间的对话与融合。① 李建中先生深刻阐发了关键词研究的系列设想，特别强调了关键词与意义世界之间复杂而微妙的内在关联。他指出，要全面揭示和阐发这种关联，单纯依赖各自学科的分科释词是远远不够的。相反，我们需要勇敢地跨越学科界限，回到历史的长河中，去追寻轴心期百家争鸣的语义现场，对关键词进行整体性的观照和系统性的阐释。这种"返本开新"的研究方法，不仅有助于我们更深入地理解关键词背后的文化意蕴和

---

① 李建中，胡红梅：《关键词研究：困境与出路》，《长江学术》2014 年第 2 期。

学术价值，更能为现代学术研究注入新的活力和灵感。元典关键词研究的这一"火种"，正以其独特的魅力和广阔的适用空间，点燃着学术研究的热情与希望，不仅能够会通与激发学术研究的意蕴空间，批判与矫正分科治学的"畸形病症"，更是重建文化自信、理论自信的重要途径。

范畴，作为学科结构不可或缺的基石，其形成与发展历经由简至繁、逐步深化的过程，最终汇聚成一座座语义丰富、逻辑严密的理论体系大厦。将学科范畴与中国文化的知识场域紧密相连，不仅是元典关键词研究的逻辑起点，也是我们在传承与创新中坚守正道、勇攀高峰的目标。然而，当前学术界"分科治学"与"分科释词"模式，虽在一定程度上促进了学科的精细化发展，却也无形中筑起了知识壁垒，割裂了学科间的内在联系，导致了理论界限的固化与知识场域的隔阂。面对这一现状，李建中先生通过元典关键词研究，致力于探索学术前沿，会诊学科病症，为治学之道开出良方。他不仅深入挖掘文论关键词背后的文化内涵与学术价值，更以这些关键词为经纬，编织出一幅幅展现中国文论核心观念与话语体系的历史画卷。在这一过程中，他巧妙地跨越了传统与现代、东方与西方的界限，实现了对古典奥义的深刻涵泳与对当代阐释的精准把握。值得一提的是，李建中先生提出了汉语阐释的"三性"理论——"追根""问境""致用"。这一框架有助于我们追溯文化之根、探寻学术之境，将研究成果转化为指导实践的力量，破解学科支离、知识破碎的困境，推动构建具有现代意义的"大文化""大文论""大观念"格局。具体而言，"追根"强调对元典关键词的源头追溯与本义还原，这是理解中国文化精髓与学术传统的关键所在；"问境"则要求我们将关键词置于特定的历史语境与文化背景之中进行考察与分析，以揭示其深层意蕴与广泛联系；"致用"则是指将研究成果应用于当代社会的各个领域之中，实现知识的传承与创新、文化的弘扬与发展。

关键词研究，在彰显汉语阐释独特学科价值的同时，也深刻地体现了从多元视角向语言中心论的思维转向，这一转变对于促进中西文论的语言寻根具有深远意义。语言不仅是交流的工具，更是民族身份、文化特性的重要载体和表现形式。语言思维的差异，从根本上塑造了不同的文化观念，使得语言符号与民族精神之间的同一性成了一种超越表象的深刻联系。在这样的背景下，关键词研究向语言中心论的转变，不仅是对中国文论长期遭受"强制阐释"困境的一种有力回应，更是开辟了一个全新视角来讲述、疏解和会通中华元典的精髓。这一转变的意义在于，它让我们重新认识到，文化深深根植于语言文字之中，而文论的理论思想、思维特征及价值理念，无不与语言中心紧密相连。通过对关键词的深入研究，我们能够更加精准地把握中华文化的内在逻辑和核心价值，在全球文化交流的舞台上发出更响亮的声音。李建中先生在此领域独辟蹊径，倡导并践行了汉语阐释的新理路，通过对"析""释""解"等汉字的深入剖析，不仅揭示了这些汉字本身所蕴含的丰富语义和结构特征，更将其与文献学、语言学、文化学、社会学等多学科相结合，形成了一套"汉字批评"观念、路径及方法。

2017 年 3 月 20 日，李建中先生在《光明日报·文学遗产》"汉字批评"专栏"编者按"中指出，这一创新视角旨在将汉字本身视作一种观念、路径与方法，深度融入文学批评，具体而言，即是将汉字所蕴含的独特意识与思维方式，创造性地应用于文学理论的构建、文学史的演绎以及文学批评的实践中。① 此专栏的设立，不仅为学界提供了一个聚焦汉字魅力的平台，更引领了一股重新审视与挖掘汉字文化价值的思潮。吴中胜的《〈文心雕龙〉的汉字批评》，剖析了古代文学理论巨著《文心雕龙》中汉字批评的独特视角与深刻内涵；② 高文强的《"永明声律论"的佛教因缘》揭示了佛教思想对南朝永明声律论形成的重要影响，展现了汉字声韵观念背后的文化交融；③ 而李小兰的《怎一个"梦"字了

① 李建中：《汉字批评"编者按"》，《光明日报》2017 年 3 月 20 日第 13 版。
② 吴中胜：《〈文心雕龙〉的汉字批评》，《光明日报》2017 年 3 月 20 日第 13 版。
③ 高文强：《"永明声律论"的佛教因缘》，《光明日报》2017 年 3 月 20 日第 13 版。

得》则以"梦"字为切入点，解析了汉字在文学作品中的语义张力与情感寄托。① 上述三篇文章，各有侧重，共同展现了李建中先生学术团队"汉字批评"的精髓——即通过对汉字"形""音""义"的全方位考察，实现对文学作品的深刻解读与独特阐释。这种研究方法，不仅体现了元典关键词研究的主体路径，更蕴含了对汉语阐释理路的深刻反思与重构。李建中先生倡导的"汉字批评"，其意义在于它打破了传统文学研究的界限，将汉字思维巧妙地融入文论阐释，实现了对古典文献"考""疏""述""论"等传统方法的现代性转化与融合。② 通过将元典关键词研究与社会史、语义史、音韵史、文化史以及大众心理等跨学科领域的有机结合，他不仅为古典文学研究开辟了新的视角与路径，更为学界带来了前沿性的思考与启示。

在中国被迫卷入现代化浪潮的历史背景下，中国文论面临着前所未有的挑战：一方面，如何在现代社会的快速变迁中构建符合时代精神的文论体系，同时又不失传统文化的精髓与连续性；另一方面，如何在本土经验的基础上，有效吸收外来文论的合理元素，避免被外来理论同化或被边缘化。自主性，这一中国文论发展的核心议题，成了破解上述难题的关键所在。李建中先生的关键词研究，正是对这一课题的深刻回应与积极探索。他通过对汉语阐释的不懈追求与建构，展现了对中国文论话语体系的深刻理解与尊重，认为元典关键词研究的中国范式不仅自洽自足，而且具有某种普适性意义和价值。③ 他坚持"字以通词，词以通道"的主体意识，强调中国文论话语的词根性、坐标性和转义性，这不仅是对文论语言形式的重视，更是对文论深层文化内涵与哲学精神的挖掘与传承。先秦元典作为中华文化的源头活水，其原始"阐释"已为我们奠定了"关键词"的知识基础，而历朝历代的学者通过义疏、义证及义理的阐释

---

① 李小兰：《怎一个"梦"字了得》，《光明日报》2017 年 3 月 20 日第 13 版。
② 李建中：《汉语"文学"的字生性特征》，《江海学刊》2018 年第 2 期。
③ 李建中：《元典关键词研究的中国范式》，《河北学刊》2020 年第 2 期。

工作，不断丰富和发展了这一知识体系，形成了"阐释的阐释"。今日研究元典关键词，实质上是在进行一场对"阐释的阐释"的再阐释，要求我们在清理既有知识谱系的同时，勇于提出新的观念和方法，挖掘中华元典中的关键词，通过灵活运用"大观念"的阐释理论，建立中国文论独特的概念基础。

综上所述，李建中先生在元典关键词研究领域的治学理路，体现了对中国文论批评理念的探索与汉语阐释本体价值的坚守。李建中先生以其扎实的学问基础、缜密的思维逻辑和不懈的求知精神，深入"道术将为天下裂"的学术渊源，追根溯源，探寻中国文化的脉络与精髓；他又如同"诸子出于王官"的探寻者，钩深索隐，通过详尽的文献梳理与注释解读，揭示了汉语学问的演变轨迹，为关键词研究奠定了坚实的学科基础。李建中先生的学术研究不仅是对中国文论关键词的简单梳理，更是对汉语阐释学理论的深刻贡献与拓展。我们有充分的理由相信，元典关键词研究将成为一把开启传统文化宝库、叩问真理之门、启迪智慧之光的钥匙，期待李建中先生能继续在这一领域深耕细作，引领风骚，为中华文化的繁荣发展注入新的活力与智慧。同时，我们也热切呼唤更多学者投身其中，共同肩负起传承与创新中华文化的历史使命，携手书写中华文化新篇章。

（文章在《以关键词研究开创中国文论新局——李建中教授中华元典关键词研究述评》的基础上有所修订和扩充，参见《天中学刊》2019 年 3 期）

何以成人，何以知天：
李建中教授通识教育研究述评

刘纯友

　　李建中教授执教五十余年，不仅治学成果斐然，门下桃李成群，而且对通识教育也有着深入研究与独到理解。李建中教授对大学通识教育的贡献，既有对大学理念的探讨，又有着丰富的通识教育实践。在理念上紧密聚焦"大学"这一核心关键词，揭橥大学之道的要义与精神；在实践上主持设计并实施、推进"武大通识3.0"，展现中国大学通识教育的武大模式与武大风采。李建中教授的通识教育研究颇具问题意识，既努力破解当代中国大学教育的现实困境，又对数智时代的通识教育发展作出前瞻。李建中教授的通识教育研究，其突出特色在于以"大学"为精神指引、以"元典"为阅读文本、以"关键词"为传习方法和以"成人""知天"为目标旨趣。对于通识教育，李建中教授尝引印在武汉大学三门基础通识必修教材《人文社科经典导引》《自然科学经典导引》和《中国精神导引》扉页上的"知天之所为，知人之所为者，至矣"（《庄子·大宗师》）①一语自表心志，换言之，"何以成人，何以知天"乃是其通识教育理念与实践"一以贯之"的所在、所宗与所归。

---

　　① 郭庆藩：《庄子集释》，中华书局1961年版，第224页。

毫无疑问，通识教育是当代学术界热词，然而"关于通识教育的内涵，在已有文献中的表述是多种多样的，迄今为止尚没有一个公认的、规范性的表述"①，"中国高校大范围实施的通识教育改革始终萦绕着关于'通识'的名称及其内涵的争论"②，揆诸事实，中文语境的"通识教育"一词，既可与 General Education、Liberal Education、Liberal Arts 等英文概念相比照，又与博雅教育、自由教育、素质教育、人文教育、全人教育等概念有相通之处。总体而言，这些术语都是与"专业教育"相对，旨在改善中国高等教育"重专业，轻基础；重科技，轻人文；重做事，轻做人；重技能，轻素质；重共性，轻个性；重理论，轻实践；重课内，轻课外；重灌输，轻参与；重平坦安排，轻自主除障"③的"九重九轻"等代表性弊病。本文所论"通识教育"，指的是理念层面上与专门教育相对，开设于大学本科阶段的基础性必修或选修通识课程与体系，以及与此相关或类似的教育改革与实践。

李建中教授的通识教育研究，可主要概括为三个层面。一是通过重新阐释"大学"一词，诠解、揭示其与现代通识教育的相通之处，并提供精神指引；二是把握关键环节、破解关键难题，设计、实施并推进"武大通识 3.0"，打造通识教育的武大模式；三是直面问题，直击当代大学教育的三重困境，回应数智时代通识教育何去何从之问，具有鲜明的与时俱进之品格。

本文即以此为线索，简略评述李建中教授在这三个方面的成就。

---

① 李曼丽、汪永铨：《关于"通识教育"概念内涵的讨论》，《清华大学教育研究》1999年第 1 期。

② 陆一、徐渊：《制名以指实："通识教育"概念的本语境辨析》，《清华大学教育研究》2016 年第 3 期。

③ 王义遒：《大学通识教育与文化素质教育》，《北京大学教育评论》2006 年第 3 期。

一、重释"大学"：通识教育的精神指引

不同于时贤多将目光聚焦"通识教育"的概念内涵，李建中教授另辟蹊径地以"大学"接引通识教育的精神与境界。"大学"，其现行一般性理解是人受教育的一段经历，位于"高中"之后，属于高等教育，在日常使用中并无深意。然而，若将"大学"视为关键词加以重释，考察其创生与再生，就可以呈现出其作为通识教育的初心与真谛。李建中教授指出，中国古代典籍里的"大学"一词，其核心要义可归结为三个方面：经典、学校与方法。

宋代大儒朱熹所著《四书章句集注》，是元明以后中国科举的权威著作，也是普通读书人的必读书籍。该书是对《大学》《中庸》《论语》《孟子》等"四书"的注释之作，《大学》《中庸》本是《礼记》的一篇，朱熹将其提高到与《论语》《孟子》并列的地位，可见其重视。在"四书"中，朱熹又以《大学》贯首，认为"于今可见古人为学次第者，独赖此篇之存"，"学者必由是而学焉，则庶乎其不差矣"①，将《大学》作为读书的入门之书。其《大学章句序》又开宗明义地界定了"大学"："大学之书，古之大学所以教人之法也。"②"大学之书"，就是《大学》这部经典；"古之大学"，就是作为学校的大学；"教人之法"，则是大学的方法义。

《大学》作为经典，收录于《小戴礼记》中。据《礼记正义》，《大学》并非其原本篇名，据郑玄云："《大学》者，以其记博学，可以为政也。此于《别录》属《通论》。"③可见其原名或为"通论"，而郑玄认为其核心意义是"博学"。无论

① 朱熹：《四书章句集注》，中华书局1983年版，第3页。
② 朱熹：《四书章句集注》，中华书局1983年版，第1页。
③ 阮元校刻：《十三经注疏》，中华书局1980年版，第1673页。

是"通论"还是"博学"，都显示出作为经典的《大学》所追求的乃是博通。朱熹发挥此义，提出"《大学》始教，必使学者即凡天下之物，莫不因其已知之理而益穷之，以求至乎其极。至于用力之久，而一旦豁然贯通焉，则众物之表里精粗无不到，而吾心之全体大用无不明矣"①，所谓"凡天下之物""众物之表里精粗"即为"博"，而"全体大用无不明""一旦豁然贯通"则显为"通"。故而，《大学》这篇经典，其念兹在兹者，就是学问的博通境界。

作为学校的"大学"，主要与"小学"相对。朱熹对此有详细论说：

> 人生八岁，则自王公以下，至于庶人之子弟，皆入小学，而教之以洒扫、应对、进退之节，礼乐、射御、书数之文；及其十有五年，则自天子之元子、众子，以至公、卿、大夫、元士之适子，凡民之俊秀，皆入大学，而教之以穷理、正心、修己、治人之道。此又学校之教、大小之节所以分也。②

"大学"与"小学"的差别主要有三。一是入学年龄，八岁入小学，而十五岁入大学。二是教学内容，小学主要教授洒扫、应对、进退的礼节和礼乐、射御、书数等六艺之类基本功，而大学则重点讲授穷理、正心、修己、治人之道，前者可通过仿效、重复而加以掌握，后者则必须自我感悟才能有所体会。三是教育境界，小学所授的"节"与"文"，多属外在的修饰与装点，而大学所教的"道"，要求人的内心要达到"明""通"之境，要兼具修己与治人两端。作为学校的"大学"，正如《大戴礼记·保傅》所言"束发而就大学，学大艺焉，履大节焉"③，在大学里所要学的乃是"大艺"与"大节"。所谓"大艺"与"大节"，

---

① 朱熹：《四书章句集注》，中华书局 1983 年版，第 7 页。
② 朱熹：《四书章句集注》，中华书局 1983 年版，第 1 页。
③ 王聘珍：《大戴礼记解诂》，中华书局 1983 年版，第 60 页。

就不是简单的礼仪规范与文字知识，而是关乎道德自觉与建功立业，关乎为人与做事的根本问题。因此，"大学"的要义不在于专门性的"专艺"，而更在于根本性、博通性的"大艺"。

"大学"不仅是文本性经典和场域性学校，还是教学之法。朱熹云："夫以学校之设，其广如此，教之之术，其次第节目之详又如此，而其所以为教，则又皆本之人君躬行心得之余，不待求之民生日用彝伦之外，是以当世之人无不学。"①"教之之术"，即大学的方法义，具体来说即"次第节目"。这"次第节目"，就是后世所概括的"三纲八目"，"三纲"是指明明德、亲（新）民、止于至善，"八目"则是指格物、致知、诚意、正心、修身、齐家、治国、平天下。作为方法的大学，其核心目标是"三纲"，其践履方案则是"八目"。李建中教授指出，"三纲八目"的方法论意义有三个方面。一是明其体用，三纲领中"明明德"是体，而"新民"和"止于至善"是用；八条目中的"诚意正心"是体，而"修齐治平"为用。二是明其关键，关键是"诚意"，以"诚意"为中心，所谓"诚于中，形于外"，"君子必诚其意"。须"诚意"方可"明明德"，须"诚意"方可"修齐治平"。三是明其贯通，所谓"当世之人无不学"，"表里精粗无不到"，一旦贯通则"全体大用无不明"②。体用、关键、贯通，均为现代通识教育之关切所在。对通识教育而言，专业教育是"用"，而通识教育则是"体"；通识教育不是通才教育，不是全盘教育，而是对人之为人的关键教育；通识教育所向往的"通"，不是普通和通俗，也不是横通和强通，而是博通、贯通和通达。

现代意义上的"大学"，其原生义是古典"大学"，其再生义则是英语 university 的汉译。对此，清华大学老校长梅贻琦在《大学一解》中曾言："今日中

① 朱熹：《四书章句集注》，中华书局 1983 年版，第 1 页。
② 李建中、朱晓鹏：《大学：中西通识与古今通义》，《华中师范大学学报》（人文社会科学版）2018 年第 2 期。

国之大学教育，溯其源流，实自西洋移植而来，故制度为一事，而精神又为一事。就制度言，中国教育史中固不见有形式相似之组织，就精神言，则文明人类之经验大致相同，而事有可通者。"①梅先生认为现代大学教育的制度渊源来自西方，但精神根源则与古代中国相通。在李建中教授看来，这"就精神言，事有可通者"体现为三个维度或曰三重再生：经典义滋生"元典精神"、学校义衍生"博雅精神"、方法义提升为"会通精神"。

"元典"概念创自历史学家冯天瑜，指"具有本根性和原创性意蕴，又在某一文明民族的历史上长期发挥精神支柱作用的书籍"②，冯先生所界定的元典主要是"五经"和先秦诸子学说，而在广义上说，具备标识文明和学科的代表性论著，都具有一定的元典性。《大学》既是经典，又是元典，承载着元典精神。无论古今中外，"大学"的核心内容都包括研习元典，余英时指出，六经在春秋时便已是贵族教育的基本读物③，蔡元培则说大学乃是"'囊括大典，网罗众家'之学府④，这"大典"就是元典，既包括中华元典，也囊括西方的伟大著作(great books)。在一定程度上，以"四书五经"、"十三经"和先秦诸子学说为代表的中华元典，就是中国古代士人的核心通识课，而在西方，无论是德国的研究型大学、英国的博雅型大学，还是美国的综合型大学，均强调阅读经典，均努力培育学生的元典精神。

从学校层面看，不论是从教学内容还是人格养成来看，古今中西的一流大学都提倡博雅精神。中国学习"六艺"（礼、乐、射、御、书、数）而西方学习"七艺"（语法、修辞、逻辑、算术、几何、音乐、天文），中国大学之推重博

---

① 梅贻琦：《大学一解》，《清华学报》1941 年第 1 期。

② 冯天瑜：《中华元典精神》，上海人民出版社 2014 年版，第 2 页。

③ 参见余英时：《中国文化史通释》，生活·读书·新知三联书店 2012 年版，第 227页。

④ 蔡元培：《蔡元培先生〈北京大学月刊〉发刊词（1918 年）》，《北京大学学报》（哲学社会科学版）2005 年 1 期。

雅精神已如上所述，而西方大学的博雅精神也源远流长。在西方历史上，博雅教育(liberal education)肇始于古希腊，旨在"通过人文学科的知识内容培养学生心智能力"，是一种"促进学生发展的非功利性教育"①。这个术语虽经历了复杂的演变，包括从古希腊术语到古罗马术语(拉丁文术语)又到英语的语种变化，也经历了诸多思想家、教育家如柏拉图、亚里士多德、西塞罗、洛克、纽曼、斯宾塞、赫胥黎、杜威、艾德勒等人的不断阐释，对"博雅精神"的追求与肯定却是一以贯之的。这种"博雅精神"，体现于"心智的培养"②之中，表现为"一方面对于寻根究底和清明理智的精神内核怀有无限的忠诚"，"另一方面又包含了一种对于整全的人来说命运攸关的理性和哲学的冲动"③。

中国文化历来崇尚"通"，宋人郑樵《通志·总序》云："百川异趋，必会于海，然后九州无浸淫之患；万国殊途，必通诸夏，然后八荒无壅滞之忧。会通之义大矣哉！"④中国文化不仅在学术境界上尚"通"，在人格培育上也尚"通"，《论语》所云"君子不器"，即是明证。雅斯贝尔斯也说："学者应该努力把孤立的事件归结到某个整体，他应该追求贯通。"⑤也可见西方大学对会通之重视。对通识教育而言，"会通"不仅是一种精神，还可作为一种方法。金耀基说，"东西方传统的'大学'教育是定性在'通识教育'上的，亦就是说，大学教育即是通识教育"⑥，而会通实已成为现代通识教育的重要方法。这种会通首先体

---

① 陈建华：《论西方的博雅教育传统及其演变》，《南京社会科学》2016年第8期。
② 约翰·亨利·纽曼：《大学的理念》，高师宁等译，北京大学出版社2016年版，第5页。
③ 卡尔·雅斯贝尔斯：《大学之理念》，邱立波译，上海人民出版社2007年版，第84页。
④ 郑樵：《通志》，中华书局1987年版，第1页。
⑤ 卡尔·雅斯贝尔斯：《大学之理念》，邱立波译，上海人民出版社2007年版，第70页。
⑥ 金耀基：《大学之理念》，生活·读书·新知三联书店2001年版，第144~145页。

现为"共同教育"，"这种共同教育将使大学生毕业后无论涉足哪个行业哪个领域都能够有共同教育的背景能够沟通"①，这种共同教育既会通各个专业，又融汇中外经典，建立起共同的知识基础和价值理念。

李建中教授所揭橥的"大学"原生三义与现代转义，为现代大学通识教育提供了精神指引。真正地通识教育是"大学"教育，要成为"大学"，就首先要有堪为"大学"的校园，堪可"大学"的经典，堪称"大学"的方法，而要培育优秀的"大学生"，就必须向其灌溉"大学"的元典精神、博雅精神与会通精神。李建中教授关于"大学"的研究，曾以"大学：通天下之不通"为题在第三届中国通识教育联盟年会作专题发言，又曾在抖音平台直播讲演，观看人数达到40余万，反响热烈，好评如潮。

二、把握"关键"：通识教育的武大模式

司马迁《史记·太史公自序》曾引孔子之言曰："我欲载之空言，不如见之于行事之深切著明也。"②对通识教育而言，"载言"或许并不难，更重要的在于"行事"。金耀基指出，当前通识教育的现状是"一方面，在教育理念上，通识教育的重要性被不断地肯定；而另一方面，在实行中，通识教育的重要性又不断地被淡化，甚至忽视"③，金氏的观察基于21世纪初，但近年来学者仍认为"通识教育的象征意义大于实质意义，并未给学生带来学习经历方面的显著

---

① 甘阳：《大学人文教育的理念、目标与模式》，《北京大学教育评论》2006年第3期。
② 司马迁：《史记》，中华书局2011年版，第2856页。
③ 金耀基：《大学之理念》，生活·读书·新知三联书店2001年版，第144页。

改进"①，可见通识教育改革任重道远，故既要"坐而论道"，更要"起而行之"。李建中教授对通识教育的研究，具有理论和实践的同步性。2016 年 12月，武汉大学成立通识教育中心，由李建中教授担任中心主任。自此，李建中教授一面展开对通识教育的理论研究，一面紧锣密鼓地推进武汉大学的通识教育建设。

　　李建中教授所推动的通识教育改革隶属"武大通识 3.0"。早在 20 世纪 70年代，武汉大学就启动了学分制和课程选修制，开始了通识教育的早期探索。20 世纪 80 年代，武汉大学已有学者开始通识教育的理论探索与课堂实践，20世纪 90 年代，在全面推行素质教育的思想下，武汉大学持续改革通识教育。进入 21 世纪后，武汉大学相继推出了"武大通识 1.0""武大通识 2.0"与"武大通识 3.0"②。"武大通识 1.0"完成于 2003 年，其标志是提出"通专结合"，并将原"公共基础课"改建为"通识教育课"；"武大通识 2.0"完成于 2013 年，其最终形态是划分为七大领域的近千门通识选修课程。"武大通识 3.0"则始于2016 年，具体包含四项内容：一是明确"以成'人'教育统领成'才'教育"的指导思想，二是成立通识教育委员会、通识教育委员会工作组和通识教育中心；三是启动"4—3—660"课程体系，"4"是四大课程模块，"3"是 3 门基础通识必修课程，"660"是 60 门核心通识课程加 600 门一般通识课程。四是实行"大班授课+小班研讨"的授课模式。具体而言，"武大通识 3.0"主要在通识文化、通识课程、通识课堂、通识管理等方面全面展开。

　　通识教育内容丰富，所涉繁杂，颇易令人乱花迷眼，不知从何入手。李建中教授潜心治学四十余年，曾将其研究历程概括为"文心""诗性""文体""文

---

　　①　参见崔乃文：《制度移植的困境与超越——中国研究型大学通识教育改革的路径选择》，《高等教育研究》2019 年第 4 期。
　　②　参见李建中、黄明东主编：《武汉大学通识教育研究报告》，武汉大学出版社 2018年版，第 47 页。

化"和"兼性"五个关键词，每个关键词均意味着一个阶段。阶段虽有变化，重心也或有转移，但贯穿其中的乃是"关键词"，尤其是作为方法的"关键词"。李建中教授善于运用关键词方法，敏锐地遴选、凝练关键词，常常能达到化繁为简、执一御万、提纲挈领而又深入浅出的效果。专业研究如此，通识教育亦然，李建中教授对武汉大学通识教育的设计与实施，既能抓住"关键"之环节，又能破解"关键"之困难，故能收获"关键"之成绩，可谓深得关键之力、深契关键之妙。

要设计武汉大学通识教育的基本架构，就不可能凭空生造，而是建立在广泛调研的基础上。从 2016 年起，李建中教授即率领团队调查研究了耶鲁大学、哈佛大学、芝加哥大学、哥伦比亚大学、斯坦福大学、牛津大学、东京大学等七所国际顶尖大学的通识教育，又深入了解我国"大学通识教育联盟"的北京大学、清华大学、复旦大学、中山大学、浙江大学、南京大学、厦门大学、重庆大学等八所大学的通识教育现状，还考察了香港中文大学、香港岭南大学、台湾地区四校(台湾大学、中原大学、逢甲大学和大叶大学)的通识教育情况，明确了全球视野中的大学通识教育总图景。在校内，李建中教授则与团队成员一起走访了武汉大学六大学部 30 多个学院，发现"武大通识 2.0"存在的问题并提出改进措施。这可谓是"武大通识 3.0"的关键起步，若用关键词概括即"调研"。

"调研"以后，李建中教授抓住的关键则是"理念"。对通识教育而言，一个常见的误区是"片面追求不断扩大通选课的范围和数量"，认为"可供选择的通选课门类越全、课程数量越多，那么通识教育就搞得越好"①，事实上这样做只会导致通识教育流于形式，因为通识课越多，其质量越良莠不齐，而学生也就越不以为意，更重要的是，缺乏一个核心理念的指引，"通识课"与"选修

---

① 甘阳：《大学通识教育的两个中心环节》，《读书》2006 年第 4 期。

课"在根本上也就没有了差别。故而，李建中教授在前期调研的基础上，结合武汉大学及其本科教学文化，提出了武汉大学通识教育的十六字方针：博雅弘毅、文明以止、成人成才、四通六识。具体阐释如下："博雅"是通识教育"成人"理念的基本内涵；"弘毅"则是借武大校训彰显通识教育的根本目标——养成有宏大志向和刚毅精神的君子人格；"文明以止"与"成人成才"是在从文化元典之思想隽语到武汉大学之培养目标的广阔空间，彰显武汉大学通识教育的人格诉求；而"四通六识"则是"养成人格"的具体内容和各项指标："四通"是通古今、通中外、通文理和通知行，"六识"是指渊博的知识、卓越的见识、经典悦读意识、文化批判意识、独立思考意识和团队合作意识①。这个理念的核心在于"成人"，其所辐射的则是一种"大通识"文化观，即"通识教育首先是，最后也只能是一种文化"，"一种兼顾完整知识、自由心灵和高尚人格培养的文化"②。

在这种"理念"指导下，李建中教授规划了"武大通识3.0"的课程体系。"4—3—660"的课程体系，首先将原先的七大领域优化为四大模块，即中华文化与世界文明、科学精神与生命关怀、社会科学与现代社会、艺术体验与审美鉴赏；然后对全校范围内的通识课进行层级划分，分为通识必修课，核心通识课和一般通识课。重中之重者，乃是3门通识必修课，这是武汉大学第一次开设全校性的通识必修课，在国内也属首创。这3门课分别是人文社科经典导引、自然科学经典导引和中国精神导引，又称为"三大导引"，分别培养人文精神、科学精神和中国精神③。

---

① 参见李建中、黄明东主编：《武汉大学通识教育研究报告》，武汉大学出版社2018年版，第72页。

② 参见李建中、黄明东主编：《武汉大学通识教育研究报告》，武汉大学出版社2018年版，第73页。

③ 自2024年秋季学期开始，武汉大学基础通识课新增人工智能导引，变为"四大导引"。

　　"三大导引"的教材设计贯串着元典精神和关键词方法，自然科学经典导引以"科学知识、科学思维、科学方法和科学精神"为关键理念，遴选了古希腊哲学、物理世界、生命科学和科学方法论四方面的 10 本世界经典名著。中国精神导引则重点探讨"道行天下""和而不同""知行合一""仁者爱人""先义后利""爱国统一""自强创新""以民为本""修身克己""不朽大同"十大精神，这十大精神亦可视为十个关键词。人文社科经典导引由李建中教授任首席专家，以"人"为第一关键词，遴选了中外经典 12 部，每部元典又抽取一个关键词，作为讲授和研讨的方向，具体包括：《论语》与仁性、《庄子》与天性、《坛经》与悟性、《史记》与使命、《文心雕龙》与博雅、《红楼梦》与爱恨、《历史》与历史、《斐多》与生命、《审美教育书简》与审美、《论法的精神》与自由、《国富论》与理性、《正义论》与正义。关键词方法的运用，不仅使得"人"这一核心关键词得到凸显，又降低了元典阅读的过于丰富与繁难，同时又不失却中心与目的，堪称建设"通识必修课"的神来之笔。在李建中教授看来，"三大导引"对应的人文精神、科学精神和中国精神是"三位一体"的，对于中国大学通识教育而言，人文精神是"仁"，科学精神是"智"，中国精神是"魂"，人文之"仁"和科学之"智"最终铸为中国之"魂"。整个"武大通识 3.0"教育体系，就是以"成人"为宗旨，以"知天"为追求融通科学精神与人文精神，以"铸魂"为核心引导学生承担民族复兴使命，在历史与现实的交汇处，为中华民族伟大复兴的大业培养有担当、有情怀、有使命感的中国人。

　　建设了课程，编写了教材，接下来就是通识课堂。"武大通识 3.0"的"三大导引"，均采用"大班授课+小班研讨"模式，在大班授课前，还有授课教师的集体备课。"三大导引"的教学团队包含 37 个学院 234 位教师，每两周开展一次集体备课，开课之前有说课、讲课、录课，开课之中有示范课、研讨课、互听课，开课之后有学生评课、督导团评课，并聘请上海文质信息科技有限责任公司进行第三方评价，促进课程持续改进，除此之外，还会不定期举办通识教育午餐会、博雅沙龙、知困沙龙等活动，强化教师的通识教育理念，为大班授课奠定良好基础。小班研讨与大班授课按照"1：1"的比例进行，一次大班授课后便配套一次小班研讨，小班研讨有助教辅助，研讨形式丰富，有学术会议式、学术辩论式、艺术表演式、PPT展示式等多种方式，备受广大学生好评，也是"武大通识3.0"的重要特色。笔者曾作为助教，参与了人文社科经典导引的集体备课、大班授课、小班研讨和通识午餐会等活动，深感其有趣、有料与有益。

　　在通识课堂以外，李建中教授还格外注意通识文化的营造。李建中教授及其同道精心打造了通识教育大讲堂，广泛邀请海内外学术名家和通识教育专家来到武大演讲，目前已举办58场，编辑出版了《经典·科学·人生：通识教育大讲堂(第一辑)》和《审美教育·人文化成：通识教育大讲堂(第二辑)》，为广大师生呈献了通识盛宴。此外，李建中教授还实际负责了"珞珈博雅文库"的建设，"珞珈博雅文库"系武汉大学通识教育的大型丛书，既是"武大通识3.0"的理论探索与总结，又是其实践记录与写照。该文库大致分为五个系列，通识课堂、通识文化、通识管理、通识教材与通识导引，"通识课堂"主要推出基础通识课的优秀结课论文，分为"人文卷"和"自然卷"，目前已出版三辑，依次分别为《何以成人 何以知天》《博雅：中西之间》《与大师对话》，另有《经典的滋养 阅读的改变》和《我的经典》也正待出版。"通识课堂"还推出了两本征文集：《那些年，我们追过的通识课》和《那些年，我们在珞珈山上做助教》。"通识文化"主要是通识教育大讲堂嘉宾的演讲实录，情况如上所述。"通识管理"则是武汉大学通识教育管理智慧的结晶，目前已出版《武汉大学通识教育研究报告》。"通识教材"则是通识课的教材，既包括基础通识课教材如"三大导引"，也包括核心通识课教材如《宇宙新概念》《诺贝尔文学奖作品导读》，还包括一般通识课教材如《流行音乐：从声音到文化》等。"通识导引"则力图以《人文社科经典导引》和《自然科学经典导引》所遴选的22部经典为中心兼及其相关经典，一部经典一本导引，当前已推出《博观雅制：〈文心雕龙〉导引》《诗艺缘情：〈红楼梦〉导引》。自 2018 年文库设立以来，五年时间已相继出版书籍五十余种，可谓硕果累累。有评论称，"珞珈博雅文库"具有"博雅为本""经典为根""导引为叶"和"成人为果"的特征与效果，堪称"博雅教育的中国读本"。①

李建中教授及其同道所推进的"武大通识 3.0"，不仅令校内师生、助教受益匪浅，还取得了良好的社会效应。在校园内，授课教师通过集体备课互相切磋，又在讲授经典之中教学相长；本科学生则在大班授课中亲近经典，在小班研讨中深入经典；研究生助教不仅是武大通识教育的参与者、见证者，同时还是受益者。而在校外，除"珞珈博雅文库"面向社会推广外，李建中教授及其团队还与"央广云听"联袂打造了"武汉大学的人文课"，听众高达百万。"武大通识 3.0"已成为通识教育的武大模式，《人民日报》《光明日报》《中华读书报》《开讲啦(央视)》等媒体均有所报道。② 2024 年 3 月，为加强中部地区高校通识教育交流，实现通识教育研讨、师资培训打通、课程资源共享，由武汉大学、华中科技大学、中南大学、湖南大学、郑州大学、南昌大学共同发起和成立了中部地区通识教育联盟，成立大会在武汉大学召开，再次体现出国内教育界对通识教育武大模式的认可，以及武汉大学通识教育的魅力与影响。

三、直面"问题"：通识教育的与时俱进

"武大通识教育 3.0"不仅是一个名词，更是一个动词。自 2016 年迄今，

---

① 参见李远：《博雅教育的中国读本》，《中国图书评论》2024 年第 7 期。

② 参见李建中、王怀民：《何以成人 何以知天——武汉大学通识 3.0 的核心理念与实践》，《通识教育评论》2019 年第 6 期。

李建中教授在不断完善这个"通识教育的武大模式"。例如，基础通识课原先仅有自然科学经典导引、人文社科经典导引，中国精神导引为后续增补，而在人文社科经典导引内部，为丰富授课内容和为学生适当减负，从 2022 年春季开始，人文社科经典导引课授课内容减少两部经典，而代之以"为什么读经典"和"学术写作入门"。2023 年 9 月，李建中教授在人文导引的集体备课会议上提出，三大导引课程"形式要减压，内容要增压，观念要升压"，"不仅要充分考虑学生的课业压力，合理调整大班授课和小班研讨"，"还要大力加强课程建设，积极引导学生思考，使'博雅通识'的观念深入人心"，对此，苏德超教授称为"人文导引'再出发'"。事实上，不仅人文导引要"再出发"，"武大通识 3.0"也可能需要"再出发"。[1]

为何要"再出发"？因为遭遇了"问题"。"问题"来自两个层面，一是当代大学现状，二是数智时代冲击。李建中教授指出，"工具主义、标答思维和内卷化在当下的大学盛行，恰如'三座大山'躺在自此之彼的途中，造成当下大学教育的种种'不通'"[2]，当代大学通识教育所面临的三大问题就是内卷化、工具主义和标答思维。

内卷化，又称内卷，本为社会学术语，最早由人类学家戈登威泽提出，意指某种文化"当达到了某种最终的形态以后，既没有办法稳定下来，也没有办法使自己转变到新的形态，取而代之的是不断地在内部变得更加复杂"，格尔茨将其引入农业生产领域，认为"内卷化"是指"一个系统在外部扩张受到约束的条件下内部的精细化发展过程"。[3] 黄宗智在研究中国华北的小农经济时，

---

[1]　参见《集体备课 | 第二个五年，人文导引再出发》，武大通识教育公众号，2023 年 10 月 13 日。

[2]　李建中、刘文翰：《大人·大用·大道：大学通识教育的三个关键词》，《大学语文论丛》2022 年第 2 期。

[3]　戈登威泽、格尔茨的观点均参见刘世定、邱泽奇：《"内卷化"概念辨析》，《社会学研究》2004 年第 5 期。

认为农业内卷化的含义是"由人口增长推动的，但在既有技术的水平下，人口压力迟早会导致劳动的边际报酬递减"①。简单来说，"内卷"就是人口增加，投入增加，但收入与效应却会逐渐递减的现象。2020 年，"内卷"一词走红网络，被《咬文嚼字》评为年度十大热词，成为某种时代心声。现在所理解的"内卷"，一般是指"在现有资源没有增加的情况下，参与竞争的人竞相付出更多努力以争夺资源，最终获取资源的人没有增多，但每个人付出的努力都增加了，从而导致个体'收益努力比'下降的现象"②，人类学家项飚称："如果说原来内卷指的是一个重复的、没有竞争的、不能摆脱农耕社会的结构性格局，那么今天的内卷则是一个陀螺式的死循环，我们要不断'抽打'自己，让自己陷入空转，每天不断地自己动员自己，所以它是一个动态的陷阱，非常耗能。在小农社会里面，'内卷'体现为体力上的劳累，但是不会有这种精神上的'折磨'。"③"内卷"体现在大学里，主要表现为过度竞争。比如一门课教师只布置了三千字的作业，但有的学生却写到了一万字，然而文章并不是字越多越好，教师也不会因此给出更高的分数，但却会在学生之间形成压力，从而产生诸多"无效劳动"。李建中教授认为，要破除大学内卷化，就要推动大学生的转型，要让其从学做题到学做人，从读教材到读经典，从被动学习到主动学习，从人生被规划到"我的人生我做主"，换言之，即是培养"大人之学"，所谓"大人之学"，就是教人以德性、教人成君子、教人成大人，"从古至今的教育实例都证明，学生从经典中明白事理，练达人情，成为具有健全人格的人，自然就远离了内卷化的焦虑和恶性竞争，不再被动地接受评价标准，而是主动学习、积

---

① 黄宗智：《华北的小农经济与社会变迁》，中华书局 2000 年版，第 6 页。

② 曹云鹤、陈友华：《内卷：流行根源与社会后果》，《人文杂志》2023 年第 1 期。

③ 项飚：《人类学家项飚谈内卷：一种不允许失败和退出的竞争》，《澎湃新闻》2020年 10 月 22 日。

极探索，做主自己的人生"①。

工具主义是当代大学教育的另一困境。当代社会的普遍风气是功利主义，影响到大学教育，则直接表现为工具主义。工具主义体现在大学里，首先是专业差异被视为专业等级，理工科因经济转化率高，被视为热门专业而趋之若鹜；人文学科因经济效益不佳，则被视为冷门学科而遭遇冷待乃至歧视。通识教育的核心内容，又恰恰是人文经典，因此常被质疑其有用性。另一方面，对于通识课程乃至一切课程，学生间盛行分数主义，能加分、能拿高分就是有用，不能则是无用，有利于绩点的提升则为有用，有降低绩点的风险则为无用。绩点的获取，又关联到保研升学，对保研升学有利的则为有用，无关的则为无用。除了保研升学，如果能服务于就业，那也是有用，否则为无用。总而言之，工具主义就是实利主义，如果能在短期内产生实利，那么就值得追求，否则就不予留意乃至漠不关心。工具主义严重损害了教育的尊严，使得大学沦为一个分数交换和获取的系统，教育成为经济和利益的工具，无法进入学生的心灵深处。工具主义不仅是学生的问题，学校和教师也有其责任，当学校和教师唯分数论时，学生自然会被引导向不良的方向。李建中教授提醒道，每当此时，就应想到通识教育的"大用之学"，要"用自由开放的学风和教学方法，超脱功利之争"，引起学生的自我觉悟，引导学生的人格独立、精神自由与心灵的提升。

标答思维是初高中应试教育遗害。标答思维，就是认为任何问题都只有唯一正确的标准答案。李建中教授指出，标答思维有着三大弊端。其一，看重结论，轻视过程。对通识教育而言，重要的不是答案，而是得到答案的复杂过程，是整个过程背后的思维方式，探索的道路上是过程优先，而不是结果优

---

① 李建中、刘文翰：《大人·大用·大道：大学通识教育的三个关键词》，《大学语文论丛》2022 年第 2 期。

先。标答思维知其然不知其所以然，会使学生丧失探索精神。其二，止步标答，束缚想象。标答思维视"标答"为不证自明，视"标答"为终极结果，因为"标答"代表了分数、成绩、绩点，而不是兴趣、创造、想象，"绩点至上"的标答思维者，自然会满足于"标答"本身，形成思维惯性后会严重束缚想象力和创造力。其三，世界是复杂的，知识和理论也是复杂的，标答思维将复杂的问题简单化，将多元的问题单一化，会影响主体的分析能力和判断能力。标答是封闭的、排斥一切异己的因素，无须对话，只有独白；如果人人都只局限于自己的"标答"，那就没有讨论，只有喧嚣。要超越标答思维，就要重温中国文化的兼性智慧。标答思维的要害，是丢弃了中国传统文化兼收并蓄、兼听则明、兼观万物、兼济天下的传统，而中国人的文化基因里有一种兼和阴阳、兼通天人、兼用儒道、兼怀文质、兼包雅俗，兼融中外古今的兼性思维，可作为通识教育的中国方案。[①]

李建中教授所提出的三大"问题"及其破除之道，要求通识教育必须与时俱进，要能及时、直面现代大学的现状，针对性地改进、完善自身。通识教育在今日，还面临数智时代的冲击，未来的世界会呈现出高度的复杂性、不确定性和急剧变化等特点，通识教育如何应对这种情况？李建中教授作出了及时的回应。

李建中教授认为，数智时代的通识教育要把握三个关键词："人""真"与"能"。对"人"的重新定位、定义与估值，是首要问题。在数智时代，通识教育的第一要义就是要唤醒人的本真，塑造人的博雅。相较而言，以往的专业化教育有三大弊端，一是扼杀学生的通用能力和迁移能力，无法适应社会快速发展；二是因为不具备跨越领域认识世界和改造世界的工具，所以限制了学生的

---

① 参见李建中、刘纯友：《兼：大学通识教育的中国方案》，《黄冈师范学院学报》2022 年第 5 期。

创造力和灵活性；三是学科的过于细分导致背离真知，成为探索真理、推动学术创新的阻碍。数智时代的人才培养应以"人"为最初起点和最终目标，通识教育的核心关注点应在人思维、见识、能力、价值观的增长与完善。数智时代还呼唤着"真"的通识教育，当下大学中存在着三类"伪通识教育"，包括"无所不包式""文体特长式"和"取长补短式"，这三种教育形式均将通识教育与专业教育对立起来，并认为通识教育不过是专业教育的点缀和补充。数智时代的"真"通识教育，包括两个重要的层面，第一个层面是全员普及的、培养学生思维和能力的通识教育。这个层面的通识教育的目标是让所有学生都具备看世界的整体眼光，以及批判性思维、灵活性、学习能力、合作能力（包括人机协同能力）、创造力、行动力、想象力、审美力、领导力等在数智时代至关重要的通用素养和能力。第二个层面是让学生能够深入学习和实践几个领域的知识和技能、培养通才和大师的通识教育①。数智时代的通识教育，还要重视数智技术为通识教育赋"能"，既可为教师的教学研究赋能，如将教师从繁重的重复性工作解放出来，帮助教师向学生提供即时反馈，让教学场景无处不在，协助教师进行研究工作；又可为学生的学习赋能，如为学生提供更个性化、实时互动的学习方式，为学生提供更加便捷、交互式的信息获取方式，能帮助学生更快地实现创意落地，做到知行合一等。数智技术在短期看是冲击和挑战，从长远来看则是馈赠和机遇，数智时代的通识教育，应重视"人"的价值，提倡"真"的教育，用技术自我赋"能"，为未来而教，为未来而学。

　　李建中教授的通识教育研究，理论与实践并进，古今与中西互融，当下与未来并举，其对"大学"的重释为现代通识教育提供了精神指引；对"武大通识3.0"的建设与推进，令通识教育的武大模式蜚声海内外，惠及多方；对当下

---

　　① 参见李建中、王文：《人·真·能：数智时代通识教育的三个关键词》，《写作》2024年第1期。

大学困境的思考与对数智时代的回应，又呈现出与时俱进的品格。李建中教授的相关研究，是当代中国大学通识教育的重要经验与成果，富有启示性与前瞻性，值得学界注意与借鉴。

书

评

哲学眼光：文艺心理学研究的理论视界

——评《汉魏六朝文艺心理学》

邹元江

探讨研究汉魏六朝的文艺心理学，或者扩大地说，探寻追溯中国古代文艺心理学滥觞、嬗变的历史轨迹，不可能脱离对中国古代"心学"的理解和把握，也即是说，不能逾越中国古代的哲学思想来谈论中国古代文艺心理学的历史生成。这不仅仅是因为中国古代文史哲没有严格的分家这种外在的根由，更重要的是中国古代的心理学其内在本质就是"心的哲学"，而交叉于哲学与文学边缘的中国古代文艺心理学则是"文心"的哲学（这"文心"之"文"不仅仅是指"文学"，它也包括古人所说的书、画、乐、舞等）。汉魏六朝几个重要的文艺心理学命题，如才性四本、声无哀乐、言意形神之辩等，同时也是哲学（玄学）命题。李建中《汉魏六朝文艺心理学》正是牢牢把握住了作为"文心的哲学"这一汉魏六朝文艺心理学的基本理论视界，因而，就使得该论著不同于国内一些仅仅将一般心理学原理（主要是苏联的）简单引入文学、文艺学中这类论著（这类论著大多是将一般心理学的原理、概念、范畴来套文学、文艺学的现象，试图从不同侧面来构建一般文艺心理学、作家心理学、创作心理学、鉴赏心理学及中国古代文艺心理学等理论框架），而是按照著者所追求的以"哲学的眼光"，即站在中国古代哲学思想（"心学"）的理论高度，钩沉、规定中国古代关于文艺心理学的一系列独特范畴、概念的形成历史和理论意蕴,试图建立起具有中国特色的古代文艺心理学的理论构架。虽然这构架局限于汉魏六朝,但这一时期无论是对中国哲学、中国美学,还是对文艺心理学,都是极为重要的时期,后代文艺心理学的发展、流变,都根植于这一时期所奠定的坚实基础。一些中国古代文艺心理学的重要范畴,如心物、才性、哀乐、动静、表里、品味等,都在这一时期得以形成、展开和成熟。李建中正是试图通过对这些重要范畴的历史生成线索的抽绎和逻辑发展链条的展开,清晰勾勒出中国古代文艺心理学的历史走向。

正是基于"哲学的眼光"这一理论视界,《汉魏六朝文艺心理学》这部 20 余万字的专著,具有了以下两个方面的显著特点。

第一,揭示"心物"关系所具有的能动反映特征。

"心物"本是中国古代哲学的重要范畴。这种"心"(主体)与"物"(客体)的相互关系,是中国古代哲学的根本问题之一。古代的文艺理论家意识到,正是人心感于外物因而产生了文艺活动及其物化的作品,所谓"凡音之起,由人心生也。人心之动,物使之然也"(《乐记·乐本》),"言,心声也;书,心画也"(扬雄《法言·问神》),"文由胸中而出,心以文为表"(王充《论衡·超奇》)等。文艺是"人心"感于外物的结果,因而研究文艺,首先就要研究文艺家之"心",而文艺家之"心"既具有"心的哲学"的内涵(人之感知、意识、情绪、情感、个性、气质、动机等),又具有文艺家在外物的感应之下所呈现于物化对象(作品)之内的"用心"(包括文艺家哲学层面的心理特征的内化),即所谓"文心"。只有紧紧抓住文艺作品所内化着的创作主体的"用心"(陆机)、"文心"(刘勰),也即只有从感性直观的审美对象上把握其"心灵历史",才能真正触及时代的灵魂。李建中将"心物"确立为汉魏六朝文艺心理学的纲领性范畴,正是基于这样的认识。

所谓文艺对生活的反映,最根本、最重要的是对在一定历史条件下生活着和行动着的人的心灵的反映。从审美的角度来讲，只有具体地、历史地联系着人的心灵的发展去研究文艺的发展，才能真正抓住那活在作品中的美的生命，才能真正欣赏它。而所谓"美的生命"指心灵对生活的感应是能动的，只有"心物"能动的交感，才能使"美的生命"活在作品中。能动的反映论是马克思主义的基本观点。李建中正是看到了古代文艺理论家以其朴实的表述显露出对"心物"的交感所具有的能动的反映特征。揭示这种能动的反映特征，就使我们能更深入地看到汉魏六朝的文艺心理学在对文艺创作和鉴赏的特殊规律问题上已有非常深刻、成熟的认识。这种深刻和成熟，著者认为主要是汉魏六朝的哲学家、文艺理论家敏锐地张扬了主体性特征的缘故。陆机精深剖析"为文之用心"，却乃叹息"吾未识夫开塞之所由也"(《文赋》；葛洪喟叹"文章微妙，其体难识"(《抱朴子外篇·尚博》)；刘勰抱愧"文情难鉴，谁曰易分"，"知音其难哉"《文心雕龙·知音》，这其实正是根于创造或鉴赏主体的个性特征的复杂性。创造主体的能动反映特征，决定着鉴赏主体也必须以能动的接受来揭示其"文心"的奥秘。对主体性特征的揭示实际正是对汉魏六朝"心的哲学"的深刻把握。作为汉代哲学家的刘安和王充，其"心的哲学"的核旨就是"主体性"，这是汉代"人贵论"(人道主义)思想的直接反映。如刘安在《淮南子》里对"心"之能动作用给予了高度重视，从心与形(身)、心与情、心与智这三个不同层面，论述了心的感知功能、情绪(情感)功能和意志功能，并特别推崇"心"超脱于世事外物的"神游"(所谓"游心于虚")。这既是对"心的哲学"核旨的厘定，也是对构成文艺心理学思想的主体性特征的把握。从文艺心理学来说，心与形，心与智，其实都是以心与情为其核心的。"情"是由"形"达于"智"的中介和桥梁。"情"内化在形之中。"情"是"心"交感于"外物"产生艺术创造活动的内在动力。司马迁"发愤著书"，钟嵘"长歌骋情"，陆机"缘情而绮靡"，刘勰"为情而造文"，成为贯穿整个汉魏六朝乃至整个中国古代文艺发生的基本精神，所谓"哀乐之心感，歌咏之声发"。而"哀乐"之情，尤以"哀"(悲怨、愁悴、愤懑等)为创作发生的主要心理动因。陆机说"悲缘情以自诱"(《思归赋》),"哀缘情而来宅"(《叹逝赋》),这也就是李太白所说的"哀怨起骚人"。骚人"托诗以怨"(钟嵘《诗品》),方能"蚌病成珠"。这饱含着创作主体情感的物化之"珠","乃瘁以成明文之珍,因激以致高远之势"(《刘子·激通》)。"瘁"者,病也。"瘁以成明文之珍"即"蚌病成珠"之意。著者认为,"蚌病"能够"成珠",也即"瘁"能"成明文之珍"有三层含意:

其一是"瘁"而生"味"。六朝文论家论诗,以"有滋味"者为上。所谓有"滋味"者,即"穷情写物,最为详切者"(《诗品序》,"繁采寡情,味之必厌"《文心雕龙·情采》),而"情"又以哀怨为主。钟嵘品"古诗"多重"意悲而远"者,如李陵的"文多凄怆",王粲的"发愀怆之词",左思的"文典以怨"等。这就是所谓"哀恫恫之可怀兮,良醰醰而有味"(王褒《洞箫赋》)。

其二是"瘁"而生"采"。陆机说"诗缘情而绮靡",钟嵘亦说"怨深文绮"。他在《诗品》中称曹植"情兼雅怨",称左思"文典以怨"。刘勰亦赞屈原之作"朗丽以哀志""绮靡以伤情"(《文心雕龙·辨骚》)。

其三是"瘁"而生"气"。刘勰论建安文学就说:"观其时文,雅好慷慨,良由世积乱离,风衰俗怨,并志深而笔长,故梗概而多言也"(《文心雕龙·时序》)。钟嵘评刘琨、卢谌也称之为"善为凄戾之词,自有清拔之气"。可见,"气"确乎成为汉魏六朝文艺发生的内在根由。曹丕对"文气"的高度重视已是世人所共知的,它是对孟子"养吾浩然之气"精神在文艺创作活动中的直接承传。而"情"以"气"为先,所谓能动的反映,也正是"气"通过"情"作用于"心"交感于外物。《乐记》说,诗、歌、舞"三者本于心……是故情深而文明,气盛而化神,和顺积中,而英华发外"。阮籍"使气以命诗"(《文心雕龙·才略》),正是因"气盛"而积"情深"作用于心,能动地交感于外物,使创造出的有"味"有"采"之"英华外发"(即物化的艺术审美对象)。

由此观之,"气""情""心"是构成汉魏六朝乃至整个中国古代文艺心理学能动反映特征的内在始基。而"气""情""心"正是中国生命哲学的最核心的范畴。中国古代文艺心理学正是以中国古代生命哲学为根基的。李建中也正是以"心"与"外物"、"气"与"才性"、"情"与"哀乐"来作为建构中国古代文艺心理学范畴论的核心。这正是以马克思主义的能动反映论的"哲学的眼光"，抓住了以生命哲学为核旨的中国古代生命美学关于审美心理的主要特征。

第二，从心理学角度探索中国古代文艺本体论问题。

本体论问题是哲学研究的基本问题。亚里士多德把研究"有之为有"，或者说研究存在本身的学科称为形而上学，也即本体论。本体，就是指终极的存在。中国古代有没有关于文艺本体存在的认识，过去文艺理论研究似少发见。李建中虽"先者难为知"，但其蠡测创获之精神却弥足珍贵。

《乐记·乐本》篇说："凡音之起，由人心生也，人心之动，物使之然也，感于物而动，故形于声……乐者，音之所由生也；其本在人心之感于物也。"《乐记》在这所说的"本"，李建中认为实际上指的是文艺的起源。心物交感而生乐，是对文艺起源的心理学解释。显然，《乐记》所说的"本"虽已具有文艺本体论的理论倾向，但还并没有从本质上追问文艺本体存在何以可能。李建中则试图在汉魏六朝已取得的丰富的文艺心理学成果的基础上，从文艺心理学的角度对中国古代的文艺本体论加以确证。他抓住了五个方面：

①文艺起源于心"感于物而动"。

②文艺是一种高层次的心理活动，文艺作品是物化的"心声""心画"，"文"与"心"（胸襟、情怀）是同质的东西，但"赋家之心""文心"是难以言述和把握的。

③文艺是以创作主体为核心的，而创作主体的"才性"直接决定文艺作品的审美价值。

④创作主体的"才性"通过创作之始"心"（哀乐之情）的感物而动、创作构思中"心"之动静交替，最终都要经由由里及表的"心"之物化表现出来，即以

一定的艺术形式，由充分体现着创造主体个性特征的物化载体感性具体地呈现心物交感的"文心"。

⑤鉴赏过程中审美主体与审美对象达于心物并重、心物同构、心物一体三种审美心理体验状态。

论者对这五个方面的把握，对认识汉魏六朝，乃至对认识中国古代文艺本体论问题都具有重要意义。

西方自亚里士多德"模仿论"始，直到近代康德之前，一直将文艺与科学相混同（西方古代和中世纪把几何学和天文学都划归在艺术类里），一直对文艺的特殊规律缺少深入的认识，一直都在理论知识或道德生活的范围之内寻找一种艺术的原则。直到康德才第一次清晰而令人信服地证明了艺术的自主性，即从本体上发问文艺何以可能，也即确证文艺本体的存在。康德紧紧抓住文艺本体"独创性"的特征，而由创造主体所表现出的"独创性"特征也正是汉魏六朝文艺本体论所关注的核心（所谓"才性"）。康德认为，创造主体通过心意诸能力和审美意象的表达表现出艺术本体的一般特征：自由与必然的统一，言有尽而意无穷等，而这一般特征又都归结为艺术本体的核心宗旨："自由"——"自由艺术""自由游戏"。创造主体的心意诸能力在康德看来最重要的就是想象力，而这也正是汉魏六朝文艺本体论十分关注的（所谓"神思"）。康德所说的审美意象的表达也类同于汉魏六朝对"心画""心声"感性具体形式的呈现探索。至于对审美对象上理性内涵所表现出的感性特征（所谓"言有尽而意无穷"）、自由与必然的统一等艺术本体的一般特征，汉魏六朝文艺理论家也有相当深入的认识。康德作为艺术本体论核旨的"自由"，其实正是创造主体作为人的自觉，它是个性解放的历史成果。而汉魏六朝也正是"人的觉醒"、个性解放的时代，因而才会有对"文的自觉"的追求，才能使对文艺本体存在的确证成为可能。由此可见，早于西方一千多年，中国古代的文艺理论家已从探索"心物"交感所具有的能动反映特征为开端，进而从本体论上全面揭示文艺的独特规律(虽然这种揭示在李建中的论著里还只表现为文艺心理学的视角)。中国古代文艺理论如此早熟这一现象本身就具有十分重要的理论意义。

《汉魏六朝文艺心理学》作为中国古代文艺心理学断代史的率先之作，其学术价值显然已超出了论著本身。著者以其现代人深厚丰富的个体"文心"与古代凝重质朴的"文心"相碰撞，赋予了古老的"文心"以现代意义。文中流光溢彩，新见迭出，发掘出诸多古代文论家思想中直到今天仍富有生命力的东西。在方法论上，著者特别注重历史与逻辑相统一的方法，以史带论，以论统史，力求全面把握研究事物的一切方面，尤其是联系和中介，从事物的发展、运动、变化中观察事物，注意把当时文艺家的全部实践概括到事物的完满的"定义"中。在具体论述中，既注重形而上的思维抽象，也注重形而下的思维具体。如对建安七子的"文气"类型个案研究，对《世说新语》中"文心"与"人心"分裂离异的剖析，对司马迁悲剧意识的移情与诗化、悲剧性格的逆转与升华的探索等这几个章节，都是多有创见的。这表明著者的思维抽象并不是简单地对感性材料的抛弃，而是在对感性材料深入剖析、理解的基础上，更自觉深刻地加以理论升华。这正是列宁特别推崇的科学思维方法①。

当然，中国古代文艺心理学作为尚待进一步开拓的新领域，还有许多理论问题值得更深入地进行探讨。如对"才性"论历史地位的评价问题。包括宗白华在内的一些美学家、文论家都认为，以"才性"为核心的汉代作家心理学，可视为整个汉魏六朝文艺心理学的逻辑起点。李建中也持此观点。从历史事实来看，这个认识是符合实际的。从司马相如的"赋家之心"，《史记》《汉书》的作家品评以及司马迁的"愤书说"，到王充的"超奇论"，刘安、司马迁、扬雄、班固、王逸等人的"屈原论"，都是以"才性"为其理论核心的。李建中认为，魏晋以降，"才性"逐渐完成了自身的演进或超越，而成为一对具有丰富思想

---

① 参见《列宁全集》(第38卷)，人民出版社1986年版，第187页。

内涵的文艺心理学范畴。这个看法也没什么问题。但他进一步说，随着汉魏六朝文艺心理学的日趋完善与发展，"才性论"已完成了它作为"起点"的历史使命，退居次要地位。换言之，汉魏六朝文艺心理学的理论重心，已由作家论转移到创作论，由品评才性转移到精析文心。这个看法似有可商榷之处。

首先，作家论与创作论是否能截然分开。很难设想没有以艺术家为主体的创作论，也很难设想离开了创作如何来谈论艺术家。这二者实际上是同一个问题的两个不可或缺的方面。因而，不能说"精析文心"就是以"品评才性"作为"起点"的历史使命的"完成"，更不能说这是一个由作家论"转移"到创作论的发展过程。

其次，从汉代重"品评才性"到魏晋重"精析文心"，这并不是一个由外到内、由粗到精、由零散到系统的过程，也即，"品评才性"并不仅仅是文艺心理学的"外显特征"，"精析文心"也并不仅仅是揭示文艺心理学的"内显特征"，"精析文心"与"品评才性"是互为依存的。艺术家的才性必然表现在作为显现创作主体才性的对象(作品)里，因此，品评才性须从品评作品入手。而对作品的品评正是精析创作主体的为文之用心，只有真正精析了创作主体的为文之用心，才能真正品评才性。由此可见，"品评才性"与"精析文心"是互为里表的，并不存在一个孰先孰后，孰内孰外，孰精孰粗的逻辑层递关系，对二者的认识具有不可分裂的共时性。也即，作为汉魏六朝文艺心理学逻辑起点的"才性"，其实也是汉魏六朝文艺心理学的逻辑终点，即是说，汉魏六朝所始终紧紧抓住的是作为文艺本体论的核心范畴："才性"(更注重从创作心理学角度确证文艺本体存在何以可能)，而不存在一个外在于创作主体"才性"的创作论。"文心"的"精析"只是创作主体感性具体"才性"的获得和显现。创作论并不就是对作家论在文艺心理学上的"日趋完善和发展"，因为创作论无法脱离作家来谈创作。而且既然说魏晋以降"才性"逐渐完成了自身的演进和超越，成为一对具有丰富思想内涵的文艺心理学范畴，却又说"才性论"已完成它作为"起点"的历史使命，退居次要地位，这也前后相抵牾。既已成为重要的文艺心理学范畴，又怎会退居次要地位呢？作为建立在创作主体"才性"基础上的创作论的单项研究是能够存在的，但将创作论与创作主体"才性"割裂开来，甚至认为创作论是对创作主体"才性"认识的完善和超越，这个命题其实只是一个假问题。值得注意的是，这种将创作论与作家"才性"论割裂开来谈论的状况，似乎已成为我国一些文艺理论研究中的"惯例"。就此，笔者提出存疑，以期就教于方家。

（原文发表于《东方丛刊》1995 年第 2 辑）

交叉撞击的智慧火花

——评《汉魏六朝文艺心理学》

李社教

　　李建中的《汉魏六朝文艺心理学》(北岳文艺出版社)，从心理学角度研究汉魏六朝文论，其最突出的一点，便是其"交叉性"特征。

　　交叉性特征首先体现在其研究方法和角度。方法、角度，往往影响甚至决定着研究的意义。对汉魏六朝的研究，一代一代的学者披沙拣金、探幽索微，成果可谓汗牛充栋。但也正如四川大学教授杨明照先生所言："长期以来的研究，既缺乏当代性和现实感，也缺乏中外交流和各学科的相互浸透。这在很大程度上限制了古代文论研究的视野，妨碍了中国古代文论向更深更广领域发展的势头。"李建中正是有感于此，选择了心理学为突破口。心理学本身是一种交叉性的边缘学科，具有涵括力和穿透力两大优势，运用它来研究汉魏六朝文论，必然有新的发现、新的收获。

　　交叉性还体现在其布局结构上。《汉魏六朝文艺心理学》分上、下两篇，上篇从史的角度纵向研究汉魏六朝文艺心理学思想的源起、演变发展和成熟；下篇从理论角度横向研究"心物""才性""哀乐""动静""表里""品味"这几对汉魏六朝时期文艺心理学思想的主要范畴。历史进程、理论范畴纵横交叉，既凸显了传统的古代文论研究史论结合的特色，又是运用心理学方法涵括力和穿透性两大优势从纵横两个方面深化研究的结果。既有历史感,又有理论深度;既有微观辨析,又有宏观的概括,以"心物"为纲领,突出了交叉性特征。李建中是在"心论"与"文论"的交汇处,发掘古人的文艺心理学思想,而"心物""实质上是交叉在心论与文论的边缘"具有与这一学科相同的性质。"心物"这一概念包含了审美主体、客体及其相互关系的内涵,他用此对文艺之"本"作出了心理学的解释,并分析指出:创作的心理历程,实为心感物而动、动静交替心之物化的心物交感三阶段;鉴赏的心理特征,实为心物并重、心物同构、心物一体三种关系。以心物"为纲领,不仅抓住了汉魏六朝文艺心理学的根本,也使这部著作具有了高屋建瓴的哲学眼光与能动反映论的思想倾向。

作者的"文心"与汉魏六朝"文心"的交叉。李建中正是以汉魏六朝的"文心"为载体,为寄托,用"心"去触摸、探索、交流、对话。它不仅表现在字里行间洋溢着的激情和抒发的感慨,更表现在对汉魏六朝"文心"富有个性特征的理解:对文论家的生存环境、经历、命运与文心理论形成的深入追问。它是作者"文心"和汉魏六朝"文心"的共振。正是这种共振和交叉撞击,才绽开了灿烂夺目的思想火花。

(原文发表于《长江日报》)

文学与人格的双向探寻

——评《魏晋文学与魏晋人格》

喻守国

　　《魏晋文学与魏晋人格》是李建中博士承担的国家社会科学基金项目"魏晋文学与魏晋人格研究"的重要成果。该书从人格的角度去解析魏晋文学的魅力，追寻魏晋文学的诗性生成与建构，是 20 世纪以来魏晋思想研究的第二次高潮中引人注目的学术成就。它表明作者文学人格学理论体系的完成。这本著作在魏晋思想研究和文学人格学研究领域都取得了开拓性的成果。其学术价值和贡献主要体现在以下两方面。

　　首先，为魏晋思想的研究开辟了新领域。

　　1927 年 7 月，鲁迅先生在广州演讲《魏晋风度及文章与药及酒之关系》，表明了对魏晋人"了解之同情"的态度。此后，章太炎、汤用彤、冯友兰、陈寅恪、宗白华等纷纷涌至魏晋思想文化中开辟领地，酿成 20 世纪魏晋思想研究的第一次高潮。80 年代初李泽厚在《美的历程》中追述"魏晋风度"，以此为起点形成了 20 世纪研究魏晋思想史的第二次高潮。在这两次高潮中，哲学、史学、文学、文艺学、社会学界等分别从不同的角度对魏晋思想进行了研究，涌现出了一大批相当有分量的研究成果。

　　《魏晋文学与魏晋人格》以民族心灵史与古代文学史的双重眼光，追寻魏晋文学的人格生成，梳理魏晋文学的诗性建构。作者认为，魏晋文学是魏晋人格的精神投射与诗性显现。魏晋文学的人格生成，在汉儒人格范型"中断"之前提下，历经"邺下—竹林—金谷—兰亭—南山"之地理移位，以及与之相表里的"孕育—徘徊—焦虑—消释—重铸"之心理流变，最终形成委运大化、真率冲淡的人格范型；魏晋人格是魏晋文学永远的神韵与不死的魂灵，魏晋人格远承庄学血脉而近铸玄学内质，在苦痛时代求索对灵魂痛苦的超越之途。魏晋人格的悲剧性发生，在"生命意识—处世哲学—情感特质—伦理观念—心态祈向"等不同层面酿成"生死—出处—情性—狂慎—静躁"等多层次的具有审美特质的对峙与统一，从而赋予魏晋文学以一种人格化的清风峻骨。艺术的人格化与人格的艺术化，构成魏晋文学与魏晋人格的相生相济，并最终铸成魏晋文学与人格的永恒魅力。

作者通过魏晋文学来寻求魏晋人的人格范型，将讴歌魏晋人的人格魅力与探讨魏晋人格的悲剧性结合起来。这就使作者对魏晋思想的研究在一个更高的起点之上，从而取得了超越前人的成果，也为魏晋思想其的研究开拓出一个新领域。

其次，该著是作者文学人格学理论体系的标志性著作。

1996 年，李建中博士策划主持了"西方智哲人格丛书"和"中国传统文化人格丛书"，是其构建文学人格学理论体系的准备。近年来，李建中博士先后发表有关文学人格学研究的系列论文多篇。在这些研究成果的基础上，1998 年作者先后完成《乱世苦魂——世说新语时代的人格悲剧》和《魏晋文学与魏晋人格》两部专著。《乱世苦魂——世说新语时代的人格悲剧》描述了魏晋名士人格悲剧的生成与流变，《魏晋文学与魏晋人格》则在此基础上追寻魏晋人格的诗性生成与建构。这两部专著，尤其是《魏晋文学与魏晋人格》的问世，标志着作者文学人格学理论体系的完成。在这一理论体系的支撑下，作者借鉴西方人格学的理论和方法，分析中国传统与现代人格，在中西人格理论及实践的比较研究中，剖析并臧否本土人格理论与实践，对整个华夏传统文化人格进行系统研究，形成了自己的研究特色。

　　以《魏晋文学与魏晋人格》为标志确立的文学人格学理论体系不仅开辟了一片广阔的学术领域，而且为当代人格重铸提供了思想材料、精神资源和史鉴。近年来，李先生在大学教授中国传统人格与人的现代化课程，受到本科生、研究生的热烈欢迎，在近年传统文化研究中也可说是成就斐然了。

　　　　　　　　　　　（原文发表于《长江日报》1999 年 10 月 19 日第 14 版）

古代文论的历史反思与诗性空间的现代建构

——兼论《古代文论的诗性空间》的创设逻辑

赵崇璧　龚举善

现代文论研究往往暗含一种中西比较与对话的张力，这或许是因为只有在一种更为宽广的参照系中才能更清楚地认识自身的缘故。对古代文论的研究来说，这种张力似乎格外明显，因为它还肩负着重建当代中国文论话语的重任。自中国当代文论失语的焦虑症爆发以来，重新"整理国故"的心态从未如此紧迫。很多人意识到，话语重建还得回归本土文论资源。因为，整个 20 世纪步趋西方的结果是，"当我们在后轴心时代的文化交往中不得不提供本土资源时，我们只能别无选择地回到传统"，否则，"我们拿什么和西方对话?"①李建中新著《古代文论的诗性空间》(下称李著)就是对这种宏大语境遥相呼应的经典个案。这种呼应，回荡着中国当代知识分子的人文情怀与学术使命，延续着王国维以来古代文论现代转换的一线血脉。为此，李著试图"回到中国传统文论完全不同于西方文论的诗性特征"，并渴望以此引领我们走出文论失语的世纪困境。

---

① 李建中:《中国文论的诗性空间》，湖北人民出版社 2005 年版，第 3 页。

一

李著是在百年文论何以在今天"丢失自我"的历史诘问中返观诗性空间的。在他看来，过往的阐释大多习惯性地走上了"他律"之路，这显然不尽合乎中国的国情。其他学者也表示过类似的担忧。曹顺庆等人就认为，这种"他律"带来了中国文论的"失语症"，失语使得我们"在无形中形成了一股崇洋媚西的气氛"。① 其结果，很可能如黄维梁所说："在当今的西方文论中，完全没有我们中国的声音……中华的文评家也无人争取到国际地位。"②不过，古代文论的现代转换重新唤起了我们的信心。李著认为，古代文论可以走向现代，但其间的转换工作决不等于简单的梳理。著者尖锐指出："90年代后期，'古代文论的现代转换'是诸多学术研讨会和诸多学术期刊的热门话题，而发言者谈得最多的，是如何使诗性的、感悟的、散步式的古代文论变得理性、系统和谨严。显然，支撑这一思路的，是欧洲大陆几百年来的理性主义传统。"③如此说来，"这里有一个悖论或误区：一方面是要借助古代文论来恢复已被西方文论所消融了的'自我'，另一方面则是在评价或转换文论传统时因固守理性主义的价值取向而重新丢失了'自我'"。为此，要有效地吸纳文论传统，"真正走出'他律'困境，必须质疑这种理性传统的合理性，必须全面清理并重新评价

---

① 曹顺庆：《东方文论选·序》，四川人民出版社1996年版，第2页。
② 黄维梁：《〈文心雕龙〉"六观说"和文学作品的评析——兼谈龙学未来的两个方向》，《北京大学学报》(哲学社会科学版)1996年第3期。
③ 李建中：《中国文论的诗性空间》，湖北人民出版社2005年版，第4页。

不同于西方的诗性传统"①。换言之，只要我们在"怎么说"上还依赖于西方的理性主义传统，那么我们将无法有效地激活传统，依然无法真正走出失语的困境。

真理的探寻需要一个过程，所以马拉美在《骰子一掷取消不了偶然》里感叹"绝对"的难以捕捉。自伽达默尔以来的当代阐释学思想兴起后，我们发现，任何对对象进行所谓"准确"把握与阐释的企图都是极其危险的。德里达等后现代学说也表明，对象总是处在既是又非的状态中，其意义永不凝定，亦即不断播撒与延异。当下颇为兴盛的经典重读，某种意义上也是方法和精神历险的尝试。近年来，刘小枫等人倾力译介西方"经典与解释"系列，显然也是在寻找一种有效的解经路径。将古代文论与现代思维对接工作虽极其艰巨，李建中仍然开始了这次艰辛的冲浪之旅，以图重新唤起中国古代文论鲜活的生命气息与创造伟力。

但正如我们已经承认的那样，只要暗含中西对话的机制，就会遭遇一种两难的境况。刘若愚写《中国文学理论》时，首先要解决的就是这个问题。他意识到了文论阐释的一种先在的困难——"既然许多中国传统思想是直觉而不是分析的，分析中国传统批评是否是应该的？"他的结论是："综合之前必先分析：若不分析自然橡胶，何以知道综合橡胶的制法？"②刘若愚同时表示，他并非为了分析而分析，而是为"将来的综合做准备"。所谓综合，即"中西批评概念、方法与标准的综合"。显然，在他看来，中西文论的有效综合是可能的。基于此，他坚持一种世界性文学理论的观点，其终极目的在于使渊源悠久而大体上独立发展的中国批评思想获得更大的比较空间，以便"达到最后可能的世界性的文学理论"③。饶芃子的《中西比较诗艺学》也是在这种共通性中来阐释

---

① 李建中：《中国文论的诗性空间》，湖北人民出版社 2005 年版，第 5 页。
② 刘若愚：《中国文学理论》，杜国清译，江苏教育出版社 2006 年版，第 6 页。
③ 刘若愚：《中国文学理论》，杜国清译，江苏教育出版社 2006 年版，第 3 页。

各自的差异性。

　　李著也承认"中国和西方的文学理论及文学批评，有着共同的'诗性智慧'之源"①。只是，在后来的进程中，西方文论更多地走向了逻辑与理性，而中国文论大体停留在本源状态。李著以辩证的眼光指出："文学理论是感性与理性的统一，中国文学理论的现代性理应建立在她自己的诗性传统之上。"②基于此种立场，李著倡导要用"自己的言说方式"来重新理解、阐释古代文论，以寻求并提炼一种普泛性的文学理论。看来，李著更倾向于王先霈所认可的王元化式的学术探究方式："（王元化）在《文心雕龙》创作论八说释义'小引'里说，他的旨趣'主要是通过《文心雕龙》这部古代文论去揭示文学的一般规律'；'释义企图从《文心雕龙》中选出那些至今尚有现实意义的有关艺术规律和艺术方法方面的问题来加以剖析'；'从中探讨中外相通，带有最根本、最普遍意义的艺术规律和艺术方法'，把它和我国传统文论进行比较和考辨，和后来发展了的文论进行比较和考辨。"③这种方式的实质在于将本土资源与世界眼光相融合。

　　经过认真的历史反思，著者强调，"我并不是一概反对文学理论中的科学和理性的思维方式，而是反对那种科学化倾向，反对那种理性唯一、科学至上的态度（这种倾向或态度本身就是'非科学的'）"④。李春青非常赞同这一点，他也认为这种貌似科学的"非科学态度"已经造成了严重后果："应该说，将古代文论知识化是 20 世纪古代文论研究的最大的失误。毫无疑问，中国古代文论是一个丰富、多维的意义系统，然而却不是现代意义（西方意义）上的知识

---

① 李建中：《中国文论的诗性空间》，湖北人民出版社 2005 年版，第 28 页。
② 李建中：《中国文论的诗性空间》，湖北人民出版社 2005 年版，第 12 页。
③ 王先霈：《三十年来文艺学家的中国古代文论研究》，《华中师范大学学报》（人文社会科学版）2007 年第 5 期。
④ 李建中：《中国文论的诗性空间》，湖北人民出版社 2005 年版，第 11 页。

体系，它那种独特的言说方式蕴含着极为丰富的体验与难于传达的审美趣味。而我们的古代文论研究，从一开始就试图用'科学的方法'来解释古代文论，借用外来的名词术语重新为古代文论的范畴概念命名，以西方学术标准为古代文论分类，这就使得古代文论研究的结果与古代文论自身的固有形态与特性相去甚远。"①由此可见，李著反对的是那种祛除或遮蔽诗性本质的阐释方式，而不是思辨或理性本身。也正是这种辩证视界，古代文论的现代阐释才有可能真正超越僵化的中西对比模式。

<h2 style="text-align:center">二</h2>

如何将现代视野与传统资源融合起来以创新现代理论，这是学界翘首以盼的。王先霈在《三十年来文艺学家的古代文论研究》一文中也表达了这种愿望："我们的前人历来有对外来文化、外来理论吸收消化的气魄和能力，这正是我们所应当取法的。从大处着眼，从细处着手，我们可以在理论建构上取得更大的成就。"②这意味着，在整理古代文论资源时，要充分发掘其活性成分，真正做到古为今用，推陈出新。这也是李著努力的方向。

李著在后记中说："用'诗性空间'做我的书名，其学理层面的缘由是要探求中国诗性文论的生命之树为何常青。"③李著认为，"诗性"特质是中国古代文论的生命之根和魅力之源，这在《诗性传统的断裂》《原始思维与古代文论的

---

① 李春青：《20世纪中国古代文论研究的意义与方法反思》，《东岳论丛》2001年第1期。

② 王先霈：《三十年来文艺学家的中国古代文论研究》，《华中师范大学学报》（人文社会科学版）2007年第5期。

③ 李建中：《中国文论的诗性空间》，湖北人民出版社2005年版，第134页。

诗性传统》和《儒道释文化与古代文论的诗性传统》等章节中均有描述。在著者看来，"'诗性'或'诗性智慧'是一个文化人类学概念，语出维科《新科学》，特指原始人类在思维方式、生命意识和艺术精神等方面的特性。诗性智慧作为原始人类各民族共同的思维方式，其特征大体表现在三个方面：一是诗性隐喻的以己度物，二是诗性逻辑的想象性类概念，三是诗性文字的以象见义、象形会意"①。诗性智慧之所以对古代文论建设意义重大，是因为"中国古代文论是人类进入'文明'时代之后的精神形态，但她的诗性特征却是由中国古代早期文化的诗性智慧(即原始思维)所铸成。因此，只有本源性地追寻原始思维对中国古代文化和文论的影响，才能从根本上揭示中国古代文论诗性特征的历史成因及文化宿命，从而给诗性特征以准确的历史定位和理论阐释"②。

在深入分析的基础上，著者指出："有着几千年发展历史的中国古代文论，大体上在三个层面显露出鲜明的诗性特征：作为语言方式的文学性和抒情性，作为思维方式的直觉性与整体性，作为生存方式的诗意化与个性化。"③由此可见，李著不仅关注古代文论"说了什么"，而且关注古代文论"如何言说"以及这种言说的现代意义。这种探究的最终落脚点在于理清并打通言说者的文化人格路径。言说者的言说方式、思维特质及其价值观念与意义取向等，多半处在一种文化深层结构之中，藏匿在言说的背后，但恰恰是它们支配了言说的内容及其特征。

这种批判性建构方法曾为不少学者所采用。王文生意识到一种作为概念或观念支配下的文论与文学史，即理论先行的模式。这种模式习惯于用西方的或某些先在的观念、概念来对中国传统文论或文学进行印证、归纳，从而导致了对中国文论或文学问题的肢解。钱锺书的《宋诗选注》、李泽厚的《美的历程》

---

① 李建中：《中国文论的诗性空间》，湖北人民出版社 2005 年版，第 14 页。
② 李建中：《中国文论的诗性空间》，湖北人民出版社 2005 年版，第 14 页。
③ 李建中：《中国文论的诗性空间》，湖北人民出版社 2005 年版，第 6 页。

等著作便不同程度地存在上述问题。所以王文生说："我们提倡不同文艺经验的结合以创造新的文艺，也提倡不同文艺思想的交流以发展出新的理论，但不能用某种理论体系去规范另一种文艺思想，或把另一种文艺思想强行注入某种理论框架。这如同器官移植一样，把异体器官移入主体，其成功的是异体变成主体的一部分，而意味着异体特质的消溶；不成功的则出现异体、主体相互排斥而导致两个方面的解体。"①显然，一种解体的支离破碎的文论资源，是没有生命力的。唯有在自身根基上形成自我特质，方能唤来传统文论的鲜活气息。

相比而言，宇文所安则发现了另一种概念化的文论与文学史。在他看来，"五四"以后，几乎所有古代文论史都是按内容组构的，这些内容旋即被剥离成观念，从而构成了文论发展与变迁的历史，这是主流批评方式。宇文所安《中国文论：英译与评论》译本序言中说："当时的中国文学批评领域以所谓'观念史'为主流，学者的任务是从文本中抽取观念，考察一种观念被哪位批评家所支持，说明哪些观念是新的，以及从历史的角度研究这些观念怎样发生变化。"②他认为，这种方式虽然不无优势，但往往忽略了观念在具体文本中"是如何运作的"这一关键所在。因为语句要表达的真实意义很可能和其表面意义相差万里，而那些真实的意图往往蕴含在具体运作之中。而且，观念史也容易导致文论文本的僵化。因而，宇文所安以为，"如何理解活的思想仍是一个重要课题，而'观念史'只能告诉我们古人的思想是什么"，要改变这种现状，"一个有前景的方向似乎是站在该领域外面，把它跟某个具体地点和时刻的文学和文化整合起来"。③

---

① 王文生：《二十世纪中国文学研究的回顾与前瞻》，《文艺理论与研究》2007 年第 2 期。

② 宇文所安：《中国文论：英译与评价》，王柏华、陶庆梅译，上海社会科学出版社 2003 年版，第 1 页。

③ 宇文所安：《中国文论：英译与评价》，王柏华、陶庆梅译，上海社会科学出版社 2003 年版，第 2 页。

　　在反对概念化或观念化的努力中，李著似乎转向了更为深层的诗性结构，以图汲取古代文论中的鲜活生气。为此，著者抛弃了以文论内容为中心基点的辐射性研究体系，而是以诗性思维为中心，看重古代文论的诗性言说方式，强调其内在骨架应该是人格精神及其文化价值。而且，李著将中国古代文论的诗性传统，尤其是魏晋文论资源放置在广阔而具体的文化背景中来加以考量，并用力探寻发挥古代资源现代功能的逻辑关联。《魏晋思想文化在现代中国的命运》《文学理论建构的本土文化资源》等篇什，均试图在文化血脉中恢复古代文论的现代生命力。恰恰是这种追求，在李春青看来可能是古代文论研究的最高旨趣，因为"这种研究本质上是一种'对话'，是今人和古人的交流与沟通。通过这种价值的阐发，古人的精神被激活，并且进入到阐释者的言说语境中，因此而成为一种真正的意义建构。这种意义建构是阐释者与阐释对象共同完成的，因此不是理解性的，而是构成性的"①。

三

　　自维科以来，诗性智慧或原始思维的研究实际上开始出现分歧。以马林诺夫斯基为代表的功能学派认为，人类的原始思维方式是比较低级的，它受基本的生活需要所支配。而列维-布留尔则认为，原始思维并非低劣思维，而是一种完全不同于现代思维的方式，它为情感以及某些神秘的表现所左右。列维-斯特劳斯则表示："没有文字的民族的思维方式实际上是，或者说在许多情况中是，一方面不受利益关系的影响，这与马林诺夫斯基的看法不同；另一方面

———————————

　　① 李春青：《20 世纪中国古代文论研究的意义与方法反思》，《东岳论丛》2001 年第 1期。

也可以是理智的，这又不同于列维-布留尔的主张。"①不管怎样，在这些繁复的争议背后，都有其学理背景。那么，李著的学理追求又是什么呢？

如前所述，李著饱含对诗性传统的赞誉。这种赞誉隐含着一种价值取向，即对西方现代理性的高度警惕。著者认为："工具主义与科学主义是相生相伴的。随着现代科学技术的飞速发展，随着人们对工具的依赖程度与日俱增，工具主义的生活态度和科学主义的思维方式正导引着现代人愈来愈远地背离个性化和诗意化的生存。"②应该说，这种判断是准确的，因为工具主义及其制导下的现代生活模式确实不同程度地疏离了诗意化的生存元素。现代工业及随之而来的文化观念正不断挤兑着我们的传统，包括古代文论资源。当然，我们也注意到，在反思西方现代性时，其内在的悖论与外在的张力也给我们留下了不少有益的启示。正如《资本主义文化矛盾》《现代性的五副面孔》等著作所表达的那样，两面性成了现代社会难以克服的二律悖反。工具主义和科学主义亦如此，它一方面作为现代文明的基本性状而成为人类认识与支配对象的必要手段；另一方面，在科学技术与工具理性的极致化发展中，人们深深感觉到，技术与工具不仅仅是一个纯粹被人支配的手段和方式，它往往也支配乃至改变着人的存在方式。自马克思以来，人类实际上已经自觉意识到了现代生产给人的本质所带来的异化现象。现代主义则从另一个角度表明，技术文明带来的结果是，当"一切坚固的东西都烟消云散"之后，人可能会失去"原型"，即不再是人自身了。就中国古代的相关阐释来看，技术理性对于人的巨大的反作用力是可怕的。庄子很早就记述了这样的故事：

> 子贡南游于楚，反于晋，过汉阴，见一丈人方将为圃畦，凿隧而入

---

① 叶舒宪编选：《结构主义神话学》，陕西师范大学出版社1988年版，第80页。
② 李建中：《中国文论的诗性空间》，湖北人民出版社2005年版，第11页。

井，抱瓮而出灌，搰搰然用力甚多而见功寡。子贡曰："有械于此，一日浸百畦，用力甚寡而见功多，夫子不欲乎？"为圃者卬而视之曰："奈何？"曰："凿木为机，后重前轻，挈水若抽，数如泆汤，其名为槔。"为圃者忿然作色而笑曰："吾闻之吾师，有机械者必有机事，有机事者必有机心。机心存于胸中则纯白不备。纯白不备则神生不定，神生不定者，道之所不载也。吾非不知，羞而不为也。"子贡瞒然惭，俯而不对。①

庄子意识到，对人而言，机械不是单纯的物的存在，并非外在于生命的存在，它的存在本身已参与了人类生命的构成。因机械必然导致机心，终使人成为工具性或物性的存在，而失去其自然、赤诚的本真状态，天人合一的宁静状态被技术理性撕裂，从而带来了一种分离与漂泊的历史。

海德格尔把这种状态叫作失去"与本源的亲近"。他在《林中路》等作品中告诉我们，现代现象的基础在于科学，科学的本质就是研究，而"研究的本质在于：认识把自身作为程式建立在某个存在者领域（自然或历史）中"②。科学把世界浓缩成自我设定的图像，这浓缩后的图像其实远非世界本身。事物本来是作为它自身的存在，而非对象性存在，它原本存在于自身的历史中。然而，现代科学理性却将它们淹没于自以为是的对象之中，由此，主体性丧失了，世界分裂了。正因为如此，《艺术作品的本源》渴望通过对艺术作品的"本源"探讨，来寻求一种返归本源（真理）之路。在世界的分裂和主体性的丧失中，荷尔德林的诗或许是海德格尔向往的——虽然充满劳绩，但人却诗意地栖居在这片大地上。"在贫困时代里诗人何为？你说，但他们如同酒神的神圣祭司，在神圣的黑夜里走遍大地。"③在那里，诗是神话，是天地人神交汇之所，堪称存

---

① 郭庆藩：《庄子集释》，中华书局 1961 年版，第 433 页。
② 海德格尔：《林中陆》，孙周兴译，上海译文出版社 2004 年版，第 79 页。
③ 海德格尔：《林中陆》，孙周兴译，上海译文出版社 2004 年版，第 284 页。

在之存在。而今，技术拆毁了神殿，神灵因此隐匿，世界因此陌生，人也因此而失去本真存在。所以，诗人的职责在于看护，包括看护神话。

在本雅明的建构视野中，现代技术使艺术作品被彻底改变了，或者说机械主义时代带来了艺术"光晕"的消散。艺术作品的创造、环境及其生存的历史都是独一无二的，这也是艺术之为艺术的价值所在。然而，在技术复制时代，艺术作品的独特性被可重复性消解了。在一种隐在的市场化中，艺术作品的膜拜价值也被展示价值所取代，艺术因此而变得现实乃至功利，失去了与人的神秘距离。也就是说，在这个艺术灵光消散的时代，艺术实际上被纳入了一种市场规则和大众文化规则，在艺术商品化的过程中，"作者死去了"。如果真是这样，那么相应地，我们是否也可以说"读者死了""批评家也死了"？恰如李著所言，置身这样的语境之中，"文学批评的主体与对象，已沦为甲方和乙方，没有了人格，更远离诗性。对于这种后工业时代的流行病，我以为，中国文论的诗性传统无疑是一剂良药"①。

正是在这样的现代忧虑和严肃的逻辑创设中，李著意识到了诗性传统的极端重要性。著者真诚地认为，只有在诗性的建构中，人与自身、人与对象、人与世界才是整一而不是分裂的，是情感性的而不是理性的，是相生相应、相互渗透的而不是冷漠与功利性的。在一种近乎神秘互渗的诗性精神中，世界、人、文是合一互惠的——生活是诗，诗即生活。人据此重返天人合一的和谐状态，并与"本源"同在。由此可见，与其说李著具有一种理想主义情怀，不如说李著更具有一种诗意化的建构信念。正如施莱格尔兄弟在《雅典娜神殿断章》里要重造世界的诗性与神秘一样，李著渴望用诗性来唤醒远离"本源"的、失去自我的主体意识，用缘自根基的神秘张力来重新黏合主体与文本、人与世界之间的裂缝，来复兴生气勃勃的精神家园。为此，李著对魏晋风骨情有独

---

① 李建中：《中国文论的诗性空间》，湖北人民出版社2005年版，第11页。

钟，因为魏晋士人在人格精神与美学理想方面树立了极高的典范——"艺术的人格化与人格的艺术化，构成魏晋文学与魏晋人格的相生相济，并最终铸成魏晋文学与人格的永恒魅力"①。

进一步探究，李著对魏晋人格精神和诗性情怀的深情眷顾或许另有期待。因为著者意识到，魏晋精神在 20 世纪中国文化的历史进程里，担当了重要角色。显见的表征是，其间魏晋思想的研究出现过两次高峰，分别是"五四"时期和"80 年代"，由此掀起了两次文化转型。这应该不是偶然的现象。或许魏晋风度和这两个转型期有着某种逻辑关联，即"礼崩乐坏"之后的深刻重建。进入新的世纪之后，"作为两次'魏晋热'之内在价值支撑的本世纪中国社会的思想文化转型，是走向新的思想多元，还是重建新的思想权威？我们这些研究魏晋思想的学人当然不能只是'拭目以待'"②。进而论之，在这诗意贫乏的时代，对于文论话语的现代重建，当代学者自然也不能袖手旁观。

（原文发表于《菏泽学院学报》2009 年第 1 期）

---

① 李建中：《中国文论的诗性空间》，湖北人民出版社 2005 年版，第 190 页。
② 李建中：《中国文论的诗性空间》，湖北人民出版社 2005 年版，第 3 页。

用诗性的语言阐释"诗性"

——评《古代文论的诗性空间》

唐明生

我们的国家原本就是一个诗的国度。

林语堂先生说,没有宗教,中国诗聊可代宗教。确实如此,中国的文学自然不须说了,就是中国的文学理论,都是诗的,都是用诗的语言在吟唱。例如中国的论诗之诗、论文之赋本身就是文学作品,就是诗的;历朝历代的诗话、词话、曲话、小说评点就是用诗的语言在洋溢着自己的智慧和激情;就连中国最具思辨色彩和逻辑特征的《文心雕龙》,它的言说方式也是采用骈四俪六的诗性文体,论"神思"则谓"登山则情满于山,观海则意溢于海",谈"风骨"则曰"若风骨乏采,则鸷集翰林;采乏风骨,则雉窜文囿",说"物色"则云"一叶且或迎意,虫声有足引心;况清风与明月同夜,白日与春林共朝哉"——这是文论,但是这又是诗,亦诗亦论,论在诗中。但是进入 20 世纪以后,中国的文论就没有诗性了,可以说,整个 20 世纪中国的文艺理论都在过于专注地步趋西方(包括苏俄和日本):20 世纪 20—30 年代是黑格尔的辩证法、达尔文的进化论、丹纳的"民族,时代,环境"三要素、戈蒂叶的"为艺术而艺术"、尼采的悲剧哲学;50—60 年代是苏联高度政治化、哲学化的文艺学教科书,是季莫菲耶夫、毕达科夫、马林科夫;80—90 年代是从萨特到萨义德、从现代到后现代、从结构到解构的各种版本各种"主义"的西方文化和文学思潮。中国的文论怎么了，中国到底有没有自己的文论，这是摆在任何一个可以思考的中国人面前的一个必须思考的问题。进入 21 世纪，我们一直在高喊，中国要和世界接轨，中国的文论当然也不例外的要在世界文论的领域有自己的地位，我们靠什么去争取自己的位置呢？靠舶来的那些理论，是显然不行的。曾经有这么一句大家都认为是真理的话，那就是"越是民族的，就越是世界的"。我觉得用在中国的文论身上是恰当的。中国的文论具有中国自己的特色，那就是"诗性"。那么何谓"诗性"呢？"诗性"是一个人类学的概念，特指原始人类在思维方式、生命意识和艺术精神等方面的特性。大体上体现在三个方面：作为言说方式的文学性和抒情性，作为思维方式的直觉性和整体性，作为生存方式的诗意化和个性化。综观中国古代的文论，不管是作为言说方式，还是思维方式，还是生存方式，都具有诗性的特征。建中先生的《古代文论的诗性空间》可以说刚好是抓住了中国文论的精髓，用"诗性"来具体论述中国的文论。

　　建中先生的《古代文论的诗性空间》全书共分四个部分：诗性传统、言说方式、人格精神、文化价值。四个部分都紧紧地围绕"诗性"这个关键词而展开。在诗性传统这部分里，重点对中国古代的文论的整体特征进行了宏观性的描述和具体论证，提出了中国文论的诗性特征这个全书的总观点，并且具体分析了中国文论"诗性"的具体表现和缘何表现为诗性的特征。这种分析是从本源上进行的，例如探讨了原始思维和儒道释文化对中国文论诗性特征的影响。言说方式这部分，选取了各个时代有代表性的中国文论著作进行分析，指出各期文论言说的特点：先秦是"寄生、随意"地说；两汉是"叙传、叙事"地说；六朝是"骈俪、隐喻"地说；唐宋是"抒情、意象"地说；明清是"闲适、评点"地说。从而概括出中国古文论的言说方式是诗意的和审美的。人格精神这部分，主要从我国文学理论巅峰时期的魏晋南北朝入手，探讨了"人心"与"文心"，人格精神与文学理论的关系，令人叹服地论证了文论家生存方式的诗意化和个性化，从而铸就生成了中国文论的诗性特征。文化价值这部分，把中国文论放置于一个大的文化背景之下，从形而上的高度，进行文化学的考量和把握，指出 21 世纪中国文论的研究出路是"本土化"，并指出向"本土化"回归的由远而近的三大步骤，最后探讨了古代文论的"诗性"研究在现代文论研究中的意义。

建中先生在后记中说，自己研究中国文论的诗性的问题已经 10 来年了，这本《古代文论的诗性空间》是对十年来学术探索的一次小结。这是建中先生很谦虚的说法。我们初看此书的时候，发现它是独立成篇的，中间的逻辑线索好像并不紧凑，但是细细读来，却发觉彼此并不孤立，每部分的文章都共同围绕该部分的中心而展开和阐发，每部分的第一篇都带有该部分总纲的性质，对该部分的中心作宏观的描述和论证，其余各篇则围绕该部分的中心进行进一步的延伸和发挥，从而完成对各部分中心内容的论证，而四个部分又紧紧地围绕"诗性"这个关键词进行论述。可以说，全书逻辑是严密的，论证是妥帖的。当然可能有人要说，作为一部探讨中国文论诗性的专著，所用的方法却是西方的逻辑式、论证式的。建中先生可能有自己的无奈。在当前的学术话语规范下，一部学术著作必须要这么做。我们细读此书，可以发现建中先生虽然用逻辑的、论证的方式，但是在言说的时候，却充满"诗性"的语言。例如在"诗性传统"的第一篇《诗性传统的断裂》一文中，我们可以看到这样的语句："这是诗的风格，也是人的风度和人格，我们分明看见一位有'典雅'之风的'佳士'，赏雨于竹林茅屋而品酒以玉壶，横琴于飞瀑之下而目送幽鸟落花。'落花无言'是佳士的心境，'人淡如菊'是佳士的人品。"这不是逻辑性的语言，我们从里面可以看到对偶，可以发现隐喻。这就是现代的诗歌，是诗的语言。还如在同一篇的结尾，建中先生是这样写的："晶莹的露珠还在绿叶上跳动，和煦的阳光已洒满枝叶，巨龙般的根静卧于大地厚实而温暖的怀抱，而在绿树的身边，在高天厚土之间，万斛泉源拨动着生命的竖琴……"这是现代的诗歌，是典型的诗的语言。社会发展到今天，我们在说话、写文章的时候已经不可能再采用严格的诗的形式来论说事物，但是我们可以让文章合乎韵律，可以让文章充满韵味，可以让文章显得轻盈、灵动，可以让文章透露出我们的性情，充满着性灵。这一点，建中先生做到了。像这样充满诗性旋律的话语在书中可以说触目皆是，建中先生正是用自己的实际行动，用诗性的语言阐释诗性，这何尝不是中国文论在重新找回自我，重新掌控自己的话语权的一种尝试呢！

（原文发表于《科教文汇》2008 年第 4 期）

探寻中国文论诗性之根

——评《中国古代文论诗性特征研究》

刘绍瑾　孙宗美

中国古代文论研究自 20 世纪二三十年代"中国文学批评史"学科奠基确立以来，在近一个世纪的时间里颇为兴盛。这是一个古老而又年轻的学术领域。说它古老，是因为它面对悠久的中国历史和文学传统，有着两千多年漫长的思索历程；说它年轻，固然有其系统学科确立相对较晚的因素，然而更重要的是，面对日益开放的学术视野，这一领域始终充满着蓬勃的生命力。无论是 20 世纪初从传统"诗文评"古典形态到"中国文学批评"现代范型的转换，还是 20 世纪 80 年代以来中国古代文论研究领域的硕果层出，作为"他者"的西方文学理论和学术思想的介入、影响和推动，都不容忽视。因此，如何通过中西比较、互照来确立中国古代文论的坐标，进而找到一条通向现代，与世界进行交流、对话的途径，成为长时间以来学界热议的焦点。李建中教授近著《中国古代文论诗性特征研究》（以下简称李著）就是这样一部吸纳并创新西方理论，拓展和深化中国古代文论研究，为中国传统文论的现代转型和中西比较诗学提供重要启示的著作。

以《诗经》《楚辞》为代表的中国文化有着光辉灿烂的诗性传统。国人常乐道于中国是诗的国度，而以诗来涵盖中国文化的看法也早已有之。但长期以来，学界对此的认识主要停留在感性层面，对"诗性精神"及其在中国传统文化中的真正价值和地位，似尚缺乏深刻的思考。李著一个最大的特点是其诗性之眼。该书立足于中国古代文论的诗性特征，从考察民族思维方式对中国文化和文论的影响入手，深入探讨形成古代文论诗性特征的历史和逻辑的必然性，进而揭示诗性特征的当代价值。

"诗性"一词本是文化人类学术语，它源于意大利历史哲学家维柯在《新科学》中首创并使用的"诗性智慧"。自20世纪80年代中后期美学家朱光潜先生将该书翻译、介绍到中国以来，这一概念以及与之相关的问题逐渐成为学界热点。维柯用"诗性智慧"来指称人类天性中最为深层、古老而又充满激情的精神活动方式，也即原始人类在思维方式、生命意识和艺术精神等方面的特性。由于原始人思维中逻辑能力不发达，所以诗性智慧本身也就最能够体现出一个民族在感受事物中的情感智慧。作为一个民族感受力最深源泉的诗性智慧，从根本上也是一个民族审美能力的武库。在现代背景下，结合中国自身语境，校正和深入阐释这一概念，对于重新认识古代文明的精神结构，开拓美学、诗学的新境界具有十分重要的意义。鉴此，有学者认为："新的美学关键词，应该包含新的美学知识增长。从这个角度，我觉得有两个关键词值得一提，一个是'诗性智慧'，另一个是'轴心时代'（轴心期）。"①而"诗性"概念的引入和关注本身就包含了"他者"的眼光和天然的中西比较意识，自然会对中国的文化学、思想史研究以及美学、文学研究产生深远影响。

正是基于这样的理论认识，自20世纪90年代以来，"诗性"研究的热潮中涌现出诸多令人瞩目的学术成果。综观其研究思路主要有三个方面。一是以多学科综合一体的研究新视野，校正和重新阐释"诗性智慧"概念，追溯民族精神结构发展历程，标举中国文化的"诗性"特征。影响较大者是青年学者刘

---

① 程相占：《新世纪中国美学一瞥》，《社会科学报》2005年2月17日第5版。

士林在十余年内推出的有关"中国诗性文化"的系列著作。二是在前者的基础上，指出中国文化的"诗性"传统表现在不同的领域（包括美学、诗学、语言学等），并各自展开具体的研究。三是立足"诗性"特征，以中西比较的视野，彰显中国民族文化的地方性与异质性。当然，实际上这三种思路在具体研究中是相互交融、难以界分的。李著正是充分利用综合研究视野，拓展于中西、古今维度，借维柯"诗性"的他山之石而诞生的一部不凡之作。

与 20 世纪 90 年代兴起的"诗性"研究热潮几乎同步，中国文论学界也在"现代转换"的语境下，开始关注中国古代文论的诗性特征。一种共识认为，中西方有着共同的诗性智慧之源，但由于地域差异、生产方式等因素的不同，自雅斯贝尔斯所说的"轴心时代"（即公元前 8 世纪至公元前 2 世纪）起，当西方文论走向哲学化、逻辑化之路时，中国文论却保持了逻辑性与诗性相统一的传统。但对于"古代文论为什么会形成一种与西方文论完全不同的诗性特征"，或者说"诗性特征形成的历史和逻辑的必然性何在"的理论问题，学界一直缺乏相应深入思考。在这样的问题意识推动下，李著没有停留于中国古代文论诗性特征的感性表述，也并非局限于中国文论在话语方式、思维空间、知识谱系等方面异质性的标举，而是深入到诗性特征形成的内在肌理进行分析。它运用跨学科的综合视野，从原始时代的诗性智慧到轴心期的诗性空间，从原始儒、道的诗性精神到汉语言的诗性生成，努力探求诗性文论的文化之源和文字之根，从而揭开其形成的关键，真实而深刻地把握中国诗性文论异于西方文论的独有之"神"与"貌"。

然而，中国文论的诗性传统在 20 世纪初走向断裂，不仅导致传统文论与当代文论的疏离以及中国文论民族品格的缺失，也从特定维度丧失了中国文论与西方文论对话、沟通的能力。参古望今，如何接续传统，重建中国文论的理论自信，是近一个世纪以来众多学人努力的方向。李建中教授对于中国古代文论诗性特征的清理、总结以及对其现代价值的揭示，无疑为这一方向提供了一种可资借鉴的思路和途径。创造性地承续已被中断的诗性传统，既能为连接古代文论与现代文论找到一条民族文化和民族精神的纽带，也能为建设有中国特色的文学理论寻求传统文化的资源和根基。

《中国古代文论诗性特征研究》另一个突出的亮点在于，独辟蹊径，从研究古代文论"说什么"到关注其"怎么说"。在深入认识中国文论诗性特征的过程中，李建中教授发现一个以往被人忽视的理论"常识"——任何思想学说的言说过程及其结果都包括两个层面的问题："说什么"与"怎么说"。就文论本身而言，受先秦儒家文化主张"言之有物""辞达而已"、反对"巧言令色""以辞害志"主张及其他因素的影响，中国文论从一开始就重视"说什么"而不太关注"怎么说"。直到刘勰著《文心雕龙》关注文学创作和文学理论的"怎么说"，从此开中国文论重视"怎么说"之先河。古代文论的"说什么"固然十分重要，因为它直接构成中国文论的思想资源和理论传统。然而，历代文论的"怎么说"及其对中国文论的现代启示，也不容忽视。回望 20 世纪以来的中国古代文论研究，自学科诞生伊始，就一直格外关注"古代文论'说什么'"。如今，这一领域的研究，不仅成果丰厚、论述深刻且界域广博。而相形之下，"古代文论'怎么说'"的研究尚未引起足够重视，显得十分薄弱。古代文论的"怎么说"问题与古代文论诞生于同时，"说什么"与"怎么说"构成了全部的中国文学批评史。因此，研究古代文论，必须同时关注这两个问题。找到这样一个有待拓展的学术空间，探讨诗性文论的"怎么说"也就自然成为李著具有学术突破性和创新性的关键所在。

可以说，数千年的中国文论史，其实就是一部诗性言说史。承载中国民族诗意心灵的"文"的世界，理应由诗性言说来进行构建。中国诗性文论的"怎么说"，依次包括言说方式、思维方式和生存方式三个层面。支撑中国诗性文论之言说方式的，是中国诗性文化所特有的思维方式和生存方式。在"诗性"研究视野的观照下，李著指出，中国文论的"怎么说"，不仅在文体样式、话语风格、范畴构成等方面表现出鲜明的诗性特征，而且以其言说的具象性、直觉性和整体性，揭示出中国文论在思维方式上的诗性特质。同时，由于承载和表达了中国文论的独特言说方式及思维方式，古代文论的"怎么说"有着较强的超时空生命力、实现现代转换的潜在活力以及针砭现代学术病症的疗救能力。敏锐的学术眼光和清醒、自信的理论意识，不仅使得该书见解独到，也为古典与现代的对话、沟通提供了可能。

文论是文化的组成部分，一个民族的文化（包括文论）特征的形成，取决于该民族的言说方式及思维方式。继文论诗性特征的文化之源和文字之根的追寻之后，在"诗性"与"言说"交融的宏观视野指引下，中国诗性文论的思维方式和言说方式两大层面开始凸显。"诗性智慧"作为原始人类各民族共同的思维方式，有着三大特征：诗性隐喻的以己度物、诗性逻辑的想象性类概念和诗性文字的以象见义、象形会意。因此，《中国古代文论诗性特征研究》从中国诗性文论的整体性、直觉式、象征式三大思维方式入手，细部剖析其特征、成因及影响价值。而对于传统文论的言说方式，从人格化批评、生命经验归纳的文论范畴到审美性话语风格，李著都有深入阐发。这一部分融宏观审视与细部观照于一体，结合中西互照与个案分析；既有纵向的"史"的考察，也有横向分析；逻辑线索明晰，视域广阔，论析鞭辟入里。

从文化到文论，在传统文化的思想背景和精神源流中把握古代文论的演进脉络和理论精髓，是李建中教授多年来贯穿研究的一种思路，也是《中国古代文论诗性特征研究》的厚重功力之所在。如前所述，"诗性"之眼和"言说"方式是全书的两大关键词，而文论与文化血肉相连的"史""论"事实也不容忽视。应该说，从文化到文论的目光投射，为该书的理论建构架起一道重要的津梁。诗性文化，尤其儒道释诗性文化，是中国诗性文论的重要精神根基和人文素养。中国文论的诗性言说必然寄寓于中国文化的诗性言说之中。中国文论诗性言说方式的自觉选择，不仅是对思维方式和生存方式的自觉选择，也是深受中国诗性文化熏染的必然结果。而由诗性文论反观中国文化，则可以从另一个层面揭示民族文化和民族精神的诗性特征。从文化到文论，这也许算不上什么理论创新，但它反映了研究者全面的理论视角和拓宽古代文论研究空间的一贯思路。论者多年的系统性研究也为本书的完成提供了扎实基础。

　　当然，本书并非白璧无瑕，可能存在的问题主要有以下两点。其一，如有论者指出，该书以古代文论的"怎么说"为理论重心，强调关注"说什么"与"怎么说"并重的研究思路，有补偏救弊之倾向。但是，关于"怎么说"与"说什么"二者之间有何种关系，如何兼顾二者以论述古代文论的诗性特征并为现代文学理论的建构提供借鉴，该书语焉不详。第二，伴随言说诗性的努力，李著采取了诗性言说的策略。尤其以古文论原句作章、节等三级标题，虽匠心独运，体现了该书一大特色，但也存在难以准确涵盖言说内容，容易造成读者阅读把握困难的问题。然"言不尽意，圣人所难，识在瓶管，何能矩矱"（《文心雕龙·序志》）作为一种努力和尝试，其身体力行的实践坚持，不失为可嘉之举。而如何协调、辩证诗性与逻辑性的关系，这本身就是一个需要不断探索的问题。

（原文发表于《中国图书评论》2009 年第 10 期）

诗性，中国文论的民族根柢

——评《中国古代文论诗性特征研究》

吴中胜

　　学界对中国文论思维方式和民族根性的探讨由来已久，1990 年以来有一场"中国文论现代转换"的大讨论。问题的提出者是为民族文论争取话语权，出发点当然是好的，但其中问题也显而易见：什么是转换，为什么要转换，转换什么，谁来转换，向何处转换，怎么转换？问题本身的含混不清，导致争论的无休止。我们认为，这一问题提出的价值不在解决，而在于思考。"现代转换"这一问题的提出，其意义在于引导人们对民族文论根性和历史命运的思考。2007 年 9 月，李建中等著《中国古代文论诗性特征研究》，由武汉大学出版社出版。全书紧紧把握住中国古代文论的民族根性，从更为开阔的视野思考了多年来文论界争论的热点问题，有重要的学术价值。

　　伴随着经济全球化和文化一体化，如何坚持住本土文论的精髓所在成为学界关注的热点，而这一研究能否持续能否成功，则取决于对中国传统文论之根的探寻达到何种深度。目前学界对以上问题的追问尚，止于先秦儒、道文化以及汉以后之佛学。就这一追问的终极答案而言，儒道释文化依然是流而非源。只有回到滥觞之处，回到史前人类的原始文化及思维，才有可能真正看清中国文论的民族根性、流变脉络及文化品质，也才有可能在中西文论平等对话的前提下坚持住本土文论的精髓和诗性所在，为汉语文论的存续和拓展提供历史的逻辑的前提。李先生的书稿正是从更久远的视角来审视中国古代文论的民族根性。这一角度的意义在于，一方面证明了中国文化的历史久远和发展的持续性；另一方面，也很好地说明了世界各民族文化一开始就有共同特点，后因地理环境、文字等多种因素的作用，各民族的文化特征和思维方式才有所差异。书稿从文字角度入手思考了这一问题，认为文字影响人的思维，是很有学术价值的。西语是拼音文字，有自成体系的构词规则和语法程序，故西方文化多逻辑缜密而富理性；中国一直使用象形文字，生动鲜活，故中国文化特别是文论极富诗性特征。

从文学理论上来认识中国文论的诗性，对学科而言固然重要，但我们可以从更高层次更广泛的意义上来理解其重要性。在全球化时代，中国古代文论的诗性智慧对我们启示意义最大的是其精神境界和生存理念。这是我们思考中国古代文论地方性的现实人文关怀和当下立足点。李先生指出："随着社会的进化和科技的发展，工业及后工业文明在销蚀自然生态的同时也有销蚀人类的原始感觉，在使人'现代化'的同时也在使人物质化和平面化。文明社会原始感觉的丢失，说到底是艺术感觉或神话思维的丢失。"放眼中国古代文论家们的人生，其心地何其宽广，进可以安邦定国，退可以独养身心，宠辱不惊，去留无意，无论穷达都能在自己的学术天地里精心营构，退避尘氛，潜心索道。相比之下，忙忙碌碌的现代人，俗务缠身，机心满腹，文人应有的诗性和优雅所剩无几。从这个意义上来说，中国文论的诗性智慧不仅仅是文学的智慧，更是生活的智慧和人生的智慧。

我们怎样才能获得对中国文论诗性的理解和把握呢？作为中国文化的持有者，我们不仅要出中国文论之外，又要入中国文论之内；既要立于今天的文化视野和理论高度，又要回到文论的具体语境。相对而言，我们认为前者较容易做到，而后者则要难得多，也更为重要。我们要真正理解中国文论之神髓，首先要返回其语境(哪怕是接近语境)。一部《文心雕龙》"论古今文体"，这跟刘勰依沙门十多年"博通经论"(《梁书·刘勰传》)是分不开的。刘勰到底读过哪些经典，在寒窗孤灯之下与哪些圣贤有过心灵之约呢？不弄清楚这些问题，我们能对《文心雕龙》进行深度描写吗？历代诗话，其诞生的环境是什么样的呢？有的是"平居无事，得以文章为娱，时阅古今诗集，以自遣适"(黄彻《拱溪诗话》自序)；有的是"日夜钓游时""谑浪笑傲"之间(冯去非《对床夜语》序)；有的是"以自娱逸于清湖秀岭烟云出没杳霭之间"(瞿佑《归田诗话》序)；有的是"读经史百家，忽然有悟，朗诵一过，如对宾客谈论，而无迎送之劳"(俞弁《逸老堂诗话》序)……自遣之乐、触感之情、解颐之趣、赏玩之心溢于言表。不了解这一语境，对历代诗话的思维方式和言说方式能有真实了解吗？

强调中国古代文论的诗性特征，这是本土化的策略，也是一种世界性的眼光。既是民族的，也是世界的。持地方性知识的立场，本着文化相对主义，我们看到的是中国古代文论的独特诗性，但我们并不主张极端相对主义。我们并不能否认中国古代文论也有普遍性的特点，它也在探讨文学的一般性规律。我们并不能一味强调其不可通约性，不能说中国古代文论什么都是地方的，什么都是不可言传的。持地方性立场是换一角度看问题，有利于对中国文论特质和规律的理解和探讨，并不意味着本土自信心的丧失，相反却为本土文论的自信找到了存在的理由。中国文论源于中国文学的特点和规律，是诠释中国文学最佳的理论样式，自有其文化先天所具有的嬗递性、背景性以及无法言传的民族性和不可替代性。叶燮《原诗·内编》中说："夫家者，吾固有之家也；人各自有家，在己力而成之耳，岂有依傍想象他人之家以为我之家乎？"中国文论的固有之家在哪里呢？以地方性知识这一理念去看待中国文论，我们真正找到了中国文论安身立命的固有之家——诗性智慧。中国文论自古就有一种理论的自信，《文心雕龙·序志》篇中说："有同乎旧谈者，非雷同也，势自不可异也。

有异乎前论者，非苟异也，理自不可同也。"面对全球化时代思想趋同的浪潮，中国的诗性文论应自树立，保持自己的理论特质，有一份笑对未来的理论自信。

（原文发表于《长江大学学报》2009 年第 6 期）

继承与创新：中国古代文论何以言说

——兼评《體：中国文论元关键词解诠》

刘金波

　　建立根植于中国文化土壤的文化自信，中国文论不可缺场。但在西方文论的话语体系、思维模式与言说方式恣行天下的局面下，中国文论，尤其是中国古代文论仍面临着如何言说的尴尬境地。这主要体现在三个方面：其一，汉语文体在内涵与外延上与西方话语具有本质的不同，如何在西学视野下揭橥中国古代文论批评文体鲜活的深刻意蕴？其二，中国古代文论与深受西学影响的中国现当代文论在话语体系与思维模式层面存在较大差异，如何立足当下重释传统，摄古代之神韵救当下之弊端？其三，中国古代文论在全球化时代如何融通古今中外的文论观念和言说方法并创造性转换中国古代文论批评文体的本土传统？

　　文学观念的革新与文学理论的发展，说到底是思维模式的变革和言说方式的发展。中国古代文论何以言说的关键性问题怎么解决，中国文论界的先贤已经提出诸多富有远见卓识的见解。其中"文备众体"之说在概念、规律与方法上形成独具理论特色、入思方式和言说方式的话语体系，学界对此多有研究，其中着力较多的是文学文体研究和批评文体研究。其中文学文体研究包括批评史视野下的批评文体相关专题研究，代表性著作如蔡镇楚的《中国诗话史》《诗话学》、朱崇才的《词话史》《词话学》、谭帆的《中国小说评点研究》等，这类成果兼及批评文体的言说内容与言说方式，可称之为"分体批评史"；批评方法视野中的批评文体分析，代表性著作如张伯伟的《中国古代文论批评方法研究》、白灵的《心灵化批评——中国古代文学批评的思维特征》等。后者有两类"文体学"研究：一是中西比较语境下的文体学基本理论研究，如童庆炳等主编的《文体学丛书》（共五种）；二是中国古代文体学理论及实践研究，如徐复观的《〈文心雕龙〉的文体论》、褚斌杰的《中国古代文体概论》、吴承学的《中国古代文体形态研究》、郭英德的《中国古代文体学论稿》、李建中的《體：中国文论元关键词解诠》等。20 世纪 90 年代以来正式出版的多种文体学专著中，绝大多数都是研究文学文体，而研究批评文体的研究成果则鲜见，其中代表性著作如蒋原伦、潘凯雄的《历史描述与逻辑演绎——文学批评文体论》、李建中的《體：中国文论元关键词解诠》。本文试图从继承与创新的角度对中国古代文论批评文体"文备众体"的本土性、规律性与时代化方面作一探讨。

　　"文备众体"见于宋赵彦卫《云麓漫钞》对唐传奇的论述："盖此等文备众体，可以见史才，诗笔，议论。"①所谓史才，无外乎文学作品的场景、故事情节、细节、语言、逻辑等的真实性再现以及对情境的完整、有效控制，以确保故事发展的逻辑性和情节设置的合理性与丰富性。所谓诗笔，就是对文学作品的诗性特质、抒情性特征的完美展现，亦即任何文学语言都是诗性语言。文学语言既不同于日常一般的生活语言，也不同于科学语言。文论研究的也不是日常语言而是文学语言，它需要把文学真正作为语言的美——传达美、表现美——的艺术进行研究。它能使读者在如身临其境、产生诗情画意的想象之中，达到与文学主人公同悲同乐的境界。一句话，文学是美的，文学语言本身更是美的。所谓议论，即文学作品常常直接以叙述者"我"或无所不能的旁观

---

① 　赵彦卫：《云麓漫钞》，中华书局 1996 年版，第 135 页。

者"他"出现的言说，要么展示思想内涵、创作理念，要么思考人物个性、道德伦理，要么阐释社会人生、历史现实，等等。

从新批评到结构主义，从现象学到符号学，西方文论提出并改造了诸如文学性、陌生化、隐喻、张力、反讽、对立、和解、文本等一系列概念，这些概念对我们开阔学术视野，关注文学乃至文学语言本身具有划时代意义。但文本背后的叙述者为何采用这种文本，该文本文体的结构、笔法、风格、神韵等自身美、创作主体的思维模式、艺术观念、行文方式的变化与发展等，无不牵涉"体"这个元范畴（核心概念）。分析中国古代文论在思想内涵、学理意蕴、理论框架、诠释方法等方面迥异于西方方论的"体"的概念，以及该概念的演变规律和言说方式，在重建文化自信、重构中国古代文论批评文体话语体系、重塑中国古代文论的言说方式的当下具有极其重要的时代价值和学术意义。

一、概念：一体三式

文学既是语言的艺术，又是文体的艺术。何为"体"？据《康熙字典》的解释，体，《说文》："总十二属也。"《释名》："体，第也。骨肉毛血表里大小相次第也。"《礼·中庸》："动乎四体。"体，作为名词时常见意思为身体，也可指手脚、四肢、形体、实体、规格、法式等。从这两个解释我们至少可以看出两点：体，既是本源，又是法式。而以刘勰《文心雕龙》为代表的中国古代文论文体学，更是将"体"作为整个古代文论的核心关键词（元关键词）看待。其一，体为元，是文论之滥觞。文体诸多概念大多是在这一元关键词之下生发、发展的。其二，体为原，是文论之本体。既是生命本体，也是艺术本体，还是语言本体、实践本体。其三，体为用。一方面，文章是作为用语言进行表述的文体艺术；另一方面，艺术作品的创作、鉴赏与批评等无不是借助于语言与文体得以完美与和谐表达的。

　　那么，从"体"概念的逻辑起点来分析，"体"的内涵究竟涵括哪些方面呢？关于这一点，学界前贤已经留下了很多具有真知灼见的观点。这些观点中，比较有代表性的有宋人赵彦卫"文备众体"的"史才，诗笔，议论"的三分法，宋人真德秀《文章正宗》的"辞令、议论、叙事、诗赋"的四分法①，今人童庆炳先生的"体裁、风格、语体（语势）"②的三分法，等等。无论是几分法，无论"文备众体"如何博百家之长、兼众体之优，"体"这一元关键词都离不开一体三式的概念，即体的三个逻辑层面——体势（叙事与抒情）、体貌（哲理与诗性）与体味（继承与创新）。

　　第一，体势。中国传统文化一般称"体势"为诗文字画的形体结构、气势风格。西方学者则称之为"效力"（Disposition），也就是形式的布置与安排。体势一说，要追溯到南朝梁刘勰的《文心雕龙》。刘勰开中国古代文论中的文学体势——文势论述之先河，他的这部文论的集大成著作有多处（《定势》篇、《夸饰》篇等）谈及文体体势。如《文心雕龙·定势》第一次论及文势："夫情致异区，文变殊术，莫不因情立体，即体成势也。势者，乘利而为之制也。如机发矢直，涧曲湍回，自然之趣也。圆者规体，其势也自转；方者矩形，其势也自安。文章体势，如斯而已。"③指出文章要因其态势之变来运笔行文。虽然黄侃指称刘勰这个"势"即"法度"为很多学者所质疑，但是他提出要"因情立体，即体成势""循体成势，因变立巧"以及不能"执一定之势，以御数多之体"，④却很好地回答了体势的基本原则问题。体势，既是文学的体制，因情立体的叙事或者抒情的体裁，又是文学的语体，因变立巧的语言表达，也是文学的语

①　徐师曾：《文体明辨序说》，人民文学出版社1962年版，第7页。
②　童庆炳：《文体与文体的创造》，云南人民出版社1994年版，第10~39页。
③　范文澜：《文心雕龙注》，人民文学出版社1958年版，第529~530页。
④　黄侃：《文心雕龙札记》，中华书局2006年版，第133~134页。

势，议论、抒情或者歌赋等具体表达。作为中国古代文论，文学艺术之"体"（体势），它首先是利用汉字这一物质形态表达出来的汉语批评。无论是哲理言说，还是诗性言说，都乘利而为，选择其符合表达的体势，如《易经》的议论，《诗经》"讽"与"诵"的诗言志，《论语》的兴观群怨，等等。

第二，体貌。从字面意义讲，体貌，就是形容、描绘。刘勰的《文心雕龙》也有多篇论及体貌，如《书记》篇、《体性》篇、《夸饰》篇等。关于文学艺术的体貌，或者说中国古代文论所赋予的文学艺术的文体抑或批评文体的体貌，我们可以从三个方面加以阐发。其一，体貌，是一种表述手段，也就是用什么文体进行表述的问题，亦即上文所言"体势"。《文心雕龙·书记》言："状者，貌也。体貌本原，取其事实。"①又如《文心雕龙·夸饰》："气貌山海，体势宫殿，嵯峨揭业，熠耀焜煌之状，光采炜炜而欲然，声貌岌岌其将动矣。"②吴林伯认为，体貌，用作动词，就是刻画形貌。其二，体貌，是一种表述原因。也就是为何使用这种文体之深层逻辑性。其实刘勰在谈及"状者，貌也"，在刻画事物的本来面目，推及其本原之后，原文后面的还有两句话"先贤表谥，并有行状"。这两句话其实就是对使用该文体之原因的揭示。先贤已逝，而生者上其表。表以述德行，作为朝廷议谥的根据。德行，必有形状，不能胡编乱造。形状，必有本原，不可凭空杜撰。表谥，必有选择，不会拉拉杂杂。所以，推广到所有文体，这样三个方面其实在逻辑上是自洽的，在运用上是十分符合实际且实用的。其三，体貌，是一种行文风格。利用某一逻辑某种方法阐发的文学作品，越是娴熟，其艺术风格越是明显。谈及诗词，我们可以从具体诗词的言外之意看到诗人们的整体艺术风格，如李白诗的自然与明快、随性与飘逸、潇洒与放旷，苏词的沉郁而又疏狂、浪漫而又冷静、多情而又善思，

---

① 吴林伯：《〈文心雕龙〉义疏》，武汉大学出版社 2002 年版，第 293 页。

② 吴林伯：《〈文心雕龙〉义疏》，武汉大学出版社 2002 年版，第 293 页。

纳兰词的柔美、温情、真切、悲婉，等等。同样，我们也可以从一句句短小的诗句中强烈感受到一种心旷神怡、水银泻地的明澈的现场视觉感。如"大漠孤烟直，长河落日圆""月落乌啼霜满天，江枫渔火对愁眠""孤帆远影碧空尽，唯见长江天际流""杨柳岸晓风残月""暮蝉声尽落斜阳"等，都给人一种具象、一种意境，都极富现场视觉感与震撼感。所以，中国古代文论的文体，已经不单是极尽摹写之形式、之功效，而是透过现象深入骨子里面的哲理与逻辑，诗性与精神，具有明显的中国本土特色与艺术气质，直指研究中国问题的中国诗学的精妙的艺术本质，高深的精神特质，深刻的人文情怀。

第三，体味。也就是仔细体会、品味。无论是"一千个读者就有一千个哈姆雷特"的论述，还是"究竟是文本还是读者决定阐释过程"的现代批评的核心问题，抑或是司空图《二十四诗品》的"落落欲往，矫矫不群……识者已领，期之愈分"的飘逸，这些命题无不牵涉写作者与阅读者，文本、作者与读者的关系。西方主体批评与读者反应批评都把读者放到一个极其重要的地步，如胡塞尔、汉斯·罗伯特·姚斯等。我们姑且不论这种批评方法的对错优劣，但是，考虑读者的接受也是新媒体时代文学传播的一个重要方面。很难想象没有读者接受的中国古代文论之文学批评能够发展与新变。只有在人人都是写作者、阅读者和传播者的新媒体时代，强化继承与互动，才能争鸣与创新。这是因为，文体批评宗经的传统遮蔽了后学的创造力和学术成果的本土意义与现代价值，学科细分的治学模式固化了学术圈、学术视野与话语体系，研究成果的单一性无法解决现实问题的多样性与复杂性，文体批评研究的理论与方法创新远远落后于现代科技手段的变革。所以，继承与创新之体味，仍然任重而道远。

二、规律：一体三味

这里，借用李建中教授"词以通道"的路径——"尊体""破体""原体"三个关键词作为中国古代文论批评文体言说方式规律之总结术语加以阐发。

　　作为一项鉴定结论为"优秀"的国家社会科学基金项目的结项成果，李建中教授的著作《體：中国文论元关键词解诠》①洋洋洒洒近 30 万言，从三个层面多个角度对中国古代文论的批评文体进行了全方位解诠。该解诠旨在为陷入困境的中国古代文论之现代转换重开理路与诗径，也为中国文学与文化的关键词研究提供一种"词以通道"的路径与方法。笔者认为，这部著作具有理论构架的完备性、方法阐述的原创性和哲理思辨的逻辑性。其方法阐述的原创性在中国古代文论批评文体重构话语体系的当下尤具学术价值和社会意义，主要体现在三个方面。其一，创造性地提出"尊体""破体""原体"这三个方面的内容，该内容正好对应中国古代文论批评文体的理论意识、演变规律和现代转换。其二，提出"怎么说"比"说什么"更为重要的文体批评观念，进一步彰显中国文学批评文体的价值追求和言说方式。其三，在整体观照批评文体之历史演变的基础上重识中国古代文论批评文体的"破体"规律，并将能否重塑"体"之生命尊严和独特个性视为实现古代文论批评文体之现代转换的关键。

　　笔者认为，"尊体""破体""原体"三个方面言约而意丰，旨高而趣远，它对中国古代文论文体学理论重构、文体流变、文体诠释方法三方面作了规律性涵括，在此作进一步的梳理、归纳与评述。

　　第一，尊体。中国古代文论的汉语文体学历史其实早在春秋《诗经》时代便已滥觞。"诗"之"六艺"即最早的文体分类。而成熟的文体意识则早在汉魏六朝也已具备，如刘勰《文心雕龙》论文学史独标文体，论文学批评首观位体。中国古代文论历来有宗经尊体的传统，其尊体观念同时适应于文学文体和批评文体。其做学问的方法，先是"我注六经"，尔后提"六经注我"。文学理论批评的言说过程及其结果大抵包含"为何说""说什么"与"怎么说"，中国古代文

---

　　①　李建中：《體：中国文论元关键词解诠》，中国社会科学出版社 2014 年版。

论的"为何说"这一言说的逻辑起点却因学者个人禀赋、学术眼光的特质以及治学问题意识、时代精神与国际视野的局限，一直以来其关注点并不鲜明，关注度也不高，"说什么"则因批评文体因时代和思想的局限（如八股文、辞赋体）在今天已部分失效，所以学界长期以来呼唤古代文论的现代转换问题，而古代文论的"怎么说"（批评文体）如体裁的文学化、语体的诗意性和风格的审美感以及思维模式的直觉、理法、象喻、类比、和合、折衷等却独具超越时空的生命活力与艺术张力。因而需要清理并继承古代文论的尊体传统，重建"怎么说比说什么更为重要"的文体意识，并在此基础上总论古代文论批评文体的基本理念、历史源流、分类原则和归类方法等。

　　第二，破体。中国古代文论如果从整体观照来研究，具有明显的中国古代文论宗经尊体——"尊体"传统，如果依据流变规律或者发展脉络来依次考察古代文论的历史嬗变，我们则可以发现文论的文而有体、不破不立的生存与变化——破体——规律。所谓"破体"有两层含义：一是言说内容与言说方式一一对应，也就是刘勰所言"设文之体有常"，而古代文论家（其实古代因学科界限不明确而学者往往身兼数职，文论家往往既是史学家，也是文学家）却将理论内容安放于文学文体，以"破"变"常"，如韩愈《南山诗》、柳宗元《答韦中立书》；二是一个时代有一个时代之批评文体，此一时代之新文体是在彼一时代之旧文体的不断发展变化的基础上逐渐新变的，也就是不"破"则不立。前者滥觞于庄子，后者绵延至当下。先秦文论著作诸如《尚书》《诗经》《论语》《墨子》《庄子》等，其文体均为文学文体，并无我们今天所言之批评文体。庄子言说哲学之道却选择文学性的"三言"，故《庄子》的"破体"成为批评文体文学化之滥觞。《庄子》个案揭示了批评文体的历史成因，我们以"时代—文体"为经纬细绎各类批评文体在体裁、语体、风格和思维模式等方面的特征以及不同文体之间的通变关系，可以发现，历朝历代批评文体的嬗变非常复杂，就其体势体貌之主潮而言，可大致描述为：先秦之散文体，两汉序传体，魏晋南北朝之骈散体，唐宋金元之抒情体，明清之玉屑、小说体，民国近现代之西化体。所有文体都有各自时代的深刻烙印，也形成文学史上的一个个里程碑式的高峰。

第三，原体。前述"尊体"与"破体"可以看作一枚硬币的两面，看似悖立实则契合，契合于"体"之原始义：人之"体"（基于个体的身体、生命与群体的历史的总体概括）。当"体"之原始义逐步延伸并用于文学理论批评时，其相关术语如体性、体貌、体格、体势等仍然带有"体"的原始意蕴，彰显出个体特性与群体特征，具有生命尊严感、历史厚重感与个体独创性。虽然这些术语——名——都是抽象理论的概括，但是它们同样是作者与读者纯粹经验的具体化，具有具体可感性。"尊体"是对历史的尊重，是发展的惯性；"破体"是对个性的张扬，是发展的新变。《文心雕龙》论"体"，既讲"风清骨峻"之生命感，"为情造文"之合理性，又讲"才性异区"之独创性，"情动言行"之逻辑性。我们看中国现代文学批评中那些葆有古典韵味的批评文体（如宗白华的散步体、沈从文的随笔体、李健吾的印象体与随笔体、李长之的传记体）是既有现场生命感又有艺术独创性的。而当下技术化社会的工具主义和功利主义正在销蚀文学批评的生命感，对学术活动的量化管理又将文学批评的个性特征格式化。因此，"原体"，也就是老子所言"反者道之动"，刘勰所言"振叶以寻根，观澜而索源"。中国古代文论之文体批评和批评文体的艺术 DNA 需要从两个重要发端展开。一是寻根，也就是在探求古代文论批评文体的文化之源与文字之根的基础上利用关键词研究的汉语批评方法考察其流变，在溯源的基础上重塑"体"之生命尊严感、历史厚重感和个体独创性。二是寻蔓，在考察主干的基础上进一步考察中国古典批评文体在现代文学批评中有哪些发展方向，它是如何"移栽""嫁接""复活"或"再生"的。这两端归于一致：如何将传统形态的言说方式创造性地转换为现代形态的言说方式，并进而构建基于本土经验解决中国问题的批评文体话语体系。

三、方法：一体三说

揭示中国古代文论文体学和批评文体之"体"的概念、内涵以及流变规律，其最终目的是找到一个符合现代语境、能够解决当下问题的具体言说方式。中国古代文论的文体学研究，肩负中国古代文论批评文体的话语体系和言说方式的学术担当。究其言说方式，也就是要解决三个方面的重大问题，即为何说、说什么、怎么说。学界关于这三个方面，20 世纪 90 年代以来，特别是 21 世纪的中国古代文论研究，虽然兼及"为何说"（言说价值与批评取向）、"说什么"（言说内容与批评思想）与"怎么说"（言说方式与批评文体），但理论重心仍然是"说什么"而非"为何说"与"怎么说"；20 世纪 90 年代以来的文体研究，其学术兴趣多在"文学文体"而非"文论文体"；20 世纪 90 年代以来的文论研究，其学术重点多在"西学视野"而非"中国经验"。正是这三重的缺失，探究中国文论的言说方式则正显得尤为迫切和重要。

首先，中国古代文论的"说什么"命题因各种现实主、客观条件的变化而部分与当代社会脱节或失效，这一方面导致了文论界在西学东渐、效法西方的语境下的中国话语权丧失的"失语"焦虑；另一方面，"失语"的焦虑又催生出文论界对古代文论言说方式——"说什么"这一资源的充分挖掘和过度研究，为往圣继绝学有余，而为万世开太平则不足。也正是在这一语境下，学界的一些有识之士提出一系列具有时代特征的新概念、新观点和新方法。如李建中《體：中国文论元关键词解诠》一书提出的"第二形式""言说之道""无体之体""叙事言说"等，古风《中国传统文论话语存活论》①一书中提出的"存活""隐

---

① 古风：《中国传统文论话语存活论》，中国社会科学文献出版社 2013 年版。

性传承""一学三支""话语四层面""传统再生机制"等新概念、新观点和新方法，显示了学者的眼光、功力和担当。其次，20世纪90年代以降，中国古代文论界一直关注着古代文论的现代转换问题，其成果不谓不丰，方法不谓不多，但是能够真正彰显中国特色、中国风格、中国气派的中国古代文论特别是批评文体现代转换方面的理论成果并不多见，其现代转换也并不显著。最后，导致其现代转换效果不彰的原因复杂而多样，但其中一个重要原因则是过分关注古代文论的"说什么"并将其视为实现现代转换的唯一支点而有意无意忽视"为何说""怎么说"等重要问题，因而也不能形成三足鼎立的局面。

认真清理中国古代文论"怎么说"的传统，追寻这一传统的文化根荄和历史底蕴，揭示这一传统超时空的生命活力，从而为陷入困境的古代文论之现代转换另开诗径和理路。已有的文体学研究重"文学文体"而轻"批评文体"，导致对后者的研究尚停留于分门别类和释名章义的初级阶段，而关于中国古代文论批评文体的历史成因、演变规律、现代价值等重要的理论问题尚缺乏深入和系统的探讨，这在某种程度上导致当代文学批评实践的理论匮乏和学术盲视。一方面，中国古代文论批评文体有着丰富的理论资源和宝贵的诗性传统；另一方面，当下中国文学批评之理论现状和书写实践又患有较为严重的失"体"失"性"之病。如何打通古今以疗疾救弊，是本研究的现实忧患之所在。当下急需既立足本土又借石攻玉，创造性转换中国古代文论批评文体的诗性传统，针砭中国文学批评的流行病症，在理论和实践的双重维度重建21世纪中国文论之批评文体。

第一，为何说。也就是言说价值与批评取向。尽管多年以来中国古代文论的批评文体研究往往坚守了价值理性的传统，具备诗性言说的特征；批评文体关键词研究坚持的"是什么"的辞书模式、"是哪类"的类书模式以及"是哪种"的范畴论等治学模式同样具有价值理性和一定的现实价值，但是，中国古代文论还有很多问题——诸如言本论、价值论、情本论、意境论等言说内容和言说方式是在什么社会语境下达到完美统一的，其何以言说的价值起点在哪里，其批评取向又是什么，其时代意义和本土经验在哪里，如此等等——并未很理想、很彻底地得以解决。笔者认为，当下中国文论的批评文体之"为何说"问题，急需解决三个方面的重要问题：其一是古代文论文体元概念在现代语境下的时代特质、意义转换和价值再生；其二，古代文论批评文体研究不再纯粹是为了学术单位学科建设、人才培养抑或学者个人爱好、项目与成果等小我的现实需要，而是文论文体如何在方法论意义上用本土经验解决当下问题，真正发挥学者的责任担当问题；其三，是文论文体如何打破学科的细分和区隔，形成跨学科全视域的理论体系与话语体系，以融入国家哲学社会科学学术体系建设，以重拾中国文化自信。

第二，说什么。也就是言说内容与批评思想。纵观中国古代文学批评史，举凡发生论、创作论、风格论、鉴赏论，等等，成果可谓汗牛充栋。先秦就有"言以载事""言之有物"的说什么的观点存世。即便是中国古代的文体学批评，就类型而言，就有"以诗论诗""小说评点""序跋体""随笔式"等多种；就内容而言，也有先秦的"辞尚体要""修辞以立诚""辞达而已矣"，魏晋六朝的"四科八类""四声八病"，六朝以后的诗话词话等诸多言说内容；就方式而言，也有理论建构与情感补偿、注重文本与挖掘缘由等不同。从《尚书·尧典》的"诗言志"到《毛诗序》的"情志一体"，从《典论·论文》的"文以气为主"到《文赋》"诗缘情而绮靡"，从《通书·文辞》的"文以载道"到《人间词话》的"词以境界为最上"，"说什么"的问题一直得到非常重要的关注与传承。可以说，"说什么"既是中国古代文论的理论传统，也是历朝历代文论思想生生不息的重要思想宝库。但是，对"说什么"的极度关注，同样导致当下对文论资源继承有余而变通不足的一系列问题。缘情式的随笔，注定不符合学术规范。已经灭活的文论资源，因其失去现实与艺术感染力而已不再适应当下土壤。即便存活的文论关键词，也有一个本土化、时代化、大众化的问题，也有如何走出去的问题。因此，中国古代文论的"说什么"，必然是站在当下价值观视野下从文论建设者的责任担当的高度，充分利用古代文论的丰富资源，结合本土特征，强化时代气息，以构建汉语批评话语权和话语体系的逻辑起点和历史归宿来进行言说。

第三，怎么说。也就是言说方式与批评文体。首先，文体的构成，无论是体裁、语体还是风格，落到实处均与语言密切相关。所以中国文学批评史、中国古代文论乃至文艺学，都可以叫作汉语批评。如刘勰精雕"文龙"在炼字、丽辞、章句、声律以及比兴、夸饰、事类、隐秀等方面用力甚勤，表现出对语言的高度重视。古代文学理论批评的言说方式，孕育于汉字，生长于文章，成熟于文体，其基本层面是一个"捶字坚而难移"（亦即如何使用汉语言）的问题。而以往的古代文论研究，关注的是言说内容而非言说方式，鲜有从语言学角度研究古代文论批评文体的。语言学的思路和方法对于批评文体研究而言，是"当行"与"本色"。在这方面，20世纪西方文学研究的语言学转向能给我们提供理论启示和方法论借鉴。其次，批评文体不仅仅是一个语言学问题，在特定的话语方式背后是特定的思维模式、生存方式与传播方式。刘勰的文体论研究，既有儒学"惟务折衷"的思维模式，亦有道家"傲岸泉石"的生存方式。从根本上说，中国古代文论批评文体的诗性传统是由中国文化思维模式和生存方式的诗性传统所铸成。在当下，我们更要关注中国古代文论的新媒体传播。因此，我们研究古代文论批评文体，在探求文字之根的同时既要追溯文化之源，更要注重传播之术。儒道释文化的思维模式、生存方式和传播方式，通过影响文学批评家而最终影响批评文体。古代文论的"知人论世""以意逆志""设身处地""覘文见心"等方法，都是能够给我们以帮助和启迪的方法。

总之，文学观念的革新与文学理论的发展，说到底是思维模式的变革和言说方式的发展。中国古代文论何以言说的关键性问题需要借鉴最新的学科理论与方法，利用通变的大数据研究方法，区隔学科细分的局限，强化中国古代文论元关键词研究的当下意义，追寻其融入现代学科体系与话语体系的路径与方法，充分考察一体三式的概念、一体三昧的规律、一体三说的方式，对"文备众体"中在概念、规律与方法上具有理论特色、入思方式和言说方式仍然存活的古代文论关键词加以总结与提炼、深化与升华，以重塑中国古代文论批评文体的本土传统，构建独具特色和风格的中国古代文论批评文体的话语体系，提供可以解决中国问题的文论智慧、文论经验和文论方法。

（原文发表于《河南大学学报》2018 年第 1 期）

作为关键词的"体"及其解锁

——评《體：中国文论元关键词解诠》

袁　劲

　　如果从 1995 年汪晖先生撰写《关键词与文化变迁》一文算起，时至今日，国内"关键词热"已历二十余年。继早期《南方文坛》《外国文学》的专栏介绍与《关键词：文化与社会的词汇》等专书翻译后，国内学者吸纳文化研究的观念与方法，推出一系列关键词研究的论文和著作。《诗》云："他山之石，可以攻玉。"李建中教授所著《體：中国文论元关键词解诠》（以下简称"李著"）正是会通这一理论而考察中国文化的优秀成果。

　　"体"乃中国文论元关键词，这是书名所下判断，也是全书标举的鲜明旗帜。"元"者何谓？后记以"原始""本元"和"元亨"三释其义，彰显"体"之于中国文论的根本价值与标志性意义。由文论一脉观之，《典论·论文》已涉及体裁、体貌与体性等多个维度，《文心雕龙》亦构建起"体乎经""明体辨性"与"论文叙笔"的整套体系，至于此后"先体制而后文之工拙"（《沧浪诗话·诗法》引王安石语）、"文辞以体制为先"（《文章辨体·凡例》）以及"建安黄初，体裁渐备，故论文之说出焉"（《四库全书总目》）种种先"体"观念的宣扬，更是中国文论以"体"为"关键"的绝好证词。所谓"枢机方通，则物无隐貌；关键将塞，则神有遁心"（《文心雕龙·神思》），明乎"体"便配备了一把昭"物"显"神"的钥匙，不仅能在文本中晓畅释义，还可启门进入"由词以通其道"（戴震语）的广阔天地。具体说来，李著对"关键词"的解诠可谓别有会心，读者亦能案循其行文而品味精义。古汉语释义"关键"以门户关闭喻指紧要之处，其理据同"枢机""锁钥"相似，而"关键词"英译"Key words"中的"Key"亦有"钥匙"之义。以门参照，前为紧闭而后主开启，尽管内外开合有异，却均指向门后的世界。诚如著者所论，兼具"对象"与"方法"双重内涵的关键词研究，正是开启中国传统文化现代意义世界的钥匙。由此，我们也不妨借用门锁与钥匙之喻，一窥"体"之解诠所开启的意义世界，并将其新见归纳为以下三点：超越简体字形与"体裁"定义的隔与失，寻回本土原生态"體"之生命与风骨，此乃明其"锁定"；沿"尊体""破体""原体"理路掘进，又以诗性言说疗救当下失"体"失"性"之病症，可谓妙手"解锁"；借一"体"之个案研究，自觉担负起助力古代文论现代转换与探索中国文化关键词研究的双重使命，是为"启钥"之后更为广阔的理论面向。

一、明其"锁定"：字形之隔与定义之失

"锁定"有使其固定不动之意，这里喻指关键词的固化。具体到今人对"体"的一般理解与日常使用，这种固化突出表现在两个方面：简体字形与古汉语"體"之辞源义的隔膜；单一"体裁"定义所造成的"体"之内涵萎缩。字形之隔与定义之失叠加，使"体"丢失了本应具有的立体感与生命力。

就前者而言，李著特意拈出繁体之"體"，以求彰显原初释义中的生命与风骨。姜亮夫先生曾言"整个汉字的精神，是从人（更确切一点说，是人的身

体全部)出发的"①。"體"字堪称此论的恰切注脚，它借助"骨"与"豊"的叙事达意，为后人留下"依字"或"从音"两种线索：或是勾勒体(體)与礼(禮)的形义关联，如《礼记·礼器》"礼也者，犹体也。体不备，君子谓之不成人"；或是强调体(tǐ)与第(dì)的音义相通，如《释名·释形体》"体，第也，骨肉、毛血、表里、大小相次第也"。从人出发，"體"蕴含个体、礼仪与诗道的贯通。批评文体的"体"字在古汉语中写为"體"，与现代汉语之"体"本为两字。从骨豊形声到人本会意的字体演变，遮蔽了造字理据及其隐喻思维，而"體"在字里行间所透出的生机盎然与骨气端翔亦已失去。由《说文解字》"体，总十二属也"的训释出发，李著在爬梳典籍比对诸说后指出："'體'的原初释义为人的身体之总称、生命之总属，先秦典籍大多是在'身体、生命'的意义上使用'體'这个字的……'體'这个文体学元范畴的原初释义中充盈着人的生命感和生命力，而这种生命力灌注并流淌在'體'的词义和词性的演变之中。"对"體"生命外显之形和内蕴之质的发现，不仅根植于"近取诸身"的词源理据，勾连起生命意味上人体到文体的自然过渡，还关涉生命、风骨之诗性传统对当下文体板滞与俗气的诊疗，诚可谓由一"体"溯源而见义深远。

"体"在现代词典中多被定义为作品的体裁，这种简单化处理是其内涵萎缩的表征。出于简洁明晰考虑，词典的狭义化可以理解，但"体"之广义本是"以'體'为本的一整套文学观念和言说方式"，此点亦不容忽视。一般认为，古代批评文体大致包括三个层面：体制或体式(体裁)，体势或语势(语体)，体貌或体性(风格)。然而，置于中国文化的原生态观之，"体"字实乃随文义殊，安置顿异。按《中国古代文体学范畴的理论谱系》一章所示，体悟、体味、辨体、尊体、变体、破体、体貌、体性、风骨，体式、语体、体制、体裁等织就了一张庞大的"体"义图谱，其蔚为大观绝非单一的体裁定义乃至传统的三

---

① 姜亮夫：《古文字学》，浙江人民出版社1984年版，第69页。

分法所能涵盖。"体"之内涵如此驳杂，以至于美国汉学家宇文所安曾多次感叹理解与翻译之难："'体'究竟指文类、亚文类，还是风格，可以根据语境和由'体'构成的复合词来判断，但'体'字单独出现，则无法辨别它的具体所指。""既指风格（style），也指文类（genres）及各种各样的形式（forms），或许因为它的指涉范围如此之广，西方读者听起来很不习惯。"①倘若无此种自觉与省视，套用西方 stylistics 概念分析中国之"体"便难免龃龉，《龙学的困境》一章即由"文心雕龙文体论争"引申出"以石攻玉"的得失探讨。如此观"体"，有本体还原，亦有方法论层面的反思，可谓宽度与深度兼备。

通过对"体"字原生态内涵的厘清与揭示，以"體"为根株，以"言"为主干，以"用"为华实，中国古代文体学范畴的理论谱系逐渐明晰。以古汉语词源学的"體"、原始儒学的"体要"和先秦易学的"体""用"为理论基点；属于言说主体的"体性"和"风骨"，言说方式的"语体"和"体式"，以及言说类型或外观的"体制"和"体裁"，搭设起理论本体和结构；再依次由风格批评和意象评点中的"体貌"和"体悟"，修辞批评中的"辨体"和"尊体"，分类批评和语用分析的"变体"和"破体"呈现批评实践中的具体应用。这是李著精研文体的钩沉与创新，更是致力于"原始以表末"和"敷理以举统"层面的缺憾弥补。谱系一出，纲举目张，既可涤除古代原生态"体"字之破碎感与陌生化，亦将有助于中华思想文化的整理与传播。

二、妙手"解锁"：理路与诗径的双向展开

如果说发现问题而明其"锁定"是"体"字解诠的第一步，那么如何"解锁"

---

① 宇文所安：《中国文论：英译与评论》，王柏华、陶庆梅译，上海社会科学院出版社 2003 年版，导言第 4 页，第 663 页。

便关系所获新见之有无与多少。回归中国文论的原始丛林，面对枝繁叶茂的"体"概念群，如何由"一叶"探得"知秋"精妙而非"障目"干扰，刘勰的"振叶以寻根"当是最优选择。李著设计的"尊体""破体"与"原体"结构即沿此展开。

从批评文体的角度切入，重建"尊体"传统，重识"破体"规律，重塑"體"之生命尊严感和个体独创性，为李著解诠"体"字的纲领。具体来说，著者大致遵循"返"的理路，由现代语境下的中西交汇，经历代文体嬗变而回溯轴心期的元典智慧。其章节安排各有侧重：首编"尊'体'"，在语言学转向的学术背景下，揭橥"體"的语言本体论价值，重建汉语批评的语言及文体意识；次编"破'体'"，在文学流变的历史语境中，考量以"體"为词根的关键词如何标示不同时代的"体"和"所体"，重识汉语批评的文体自由及嬗变规律；末编"原'体'"，返回轴心期语义现场，追问"體"在文化元典中的原初释义，重构"體"关键词的理论谱系，重塑"體"的生命与风骨。三编层层相扣，有中西汇合，亦有古今变通。

中国文论有其悠久的"尊体"传统，著者曾在《批评文体论纲》中将其归纳为"宗经以尊体""贵文以尊体"和"爱美以尊体"①。是书于此又借西方现代文化及文论的语言学转向，反观汉语文体学理论的重构。这种激活传统的借石攻玉，受到韦勒克、日尔蒙斯基、兰色姆、雅可布逊等西方学者思想的启迪，并最终落实为"文学是文体的艺术"这一中西文论均可接受的命题。在著者看来，"一个民族的文学理论批评，其言说的过程及其结果大体上含有两个层面的问题：'说什么'与'怎么说'"，而对前者的过度关注也意味着遮蔽了后者的价值。于是，通过对《庄子》《二十四诗品》以及小说《我的名字叫红》、电影《无极》和视频《一个馒头引发的血案》的分析，是书高扬"怎么说比说什么更为重要"的批评文体意识。首编"文学是文体的艺术"与"怎么说比说什么更重要"等

---

① 李建中、李小兰：《批评文体论纲》，武汉大学出版社 2013 年版，第 56~90 页。

命题可谓先声夺人。第二编开篇"中国文学批评之'破体',意在不断变更文体形态以寻求最佳言说方式"的概括同样切中肯綮。李著以"破体"描述中国文学批评的文体传统及演变规律,强调所"破"对象既有一种文体之常态,又包括一时文体之风尚,其实质乃为"破"出满足时代需求且保持文学性的言说方式。这里的"破体"就不再局限于文体的嬗变,还内含着对文体及其书写者个性的张扬。从先秦的"无体"到明清的"文备众体","破体"所彰显的是无体不用、无体不有的"文体自由",亦表现为"青春版"《文心雕龙》的破体而出,"传记式批评""印象式批评"与"随笔体批评"的现代"文体自由"守望,以及新媒体时代"凡客"与"咆哮"的当下鲜活。所谓有破有立,"体"之解诠由此转入"原体"的追寻。吴讷《文章辨体》称"若文体谓之'原'者,先儒谓始于退之'五原',盖推其本原之义以示人也"。末编以此为题亦主"推其本原之义以示人",只不过这里的本原指的是人之"體"。"原体"旨在回到汉语词源学与原始儒学的滥觞处,进行一番"体"的谱系梳理与原生形态考察,这也正是"尊体"之生命洋溢和"破体"之个性张扬的落脚点。

重中外交汇,而不失古今通变;沿理路掘进,亦不忘徜徉诗径,在解锁"体"的过程中,著者于古今中西博观约取,沿理路诗径并行不悖。于是,《文心雕龙》《沧浪诗话》《二十四诗品》等古代文论经典,便不再是韦勒克《文学理论》与俄国形式主义文论的中国注脚,而是彼此赠答、平等对话。对于"借石攻玉"这一治学心得,书中有如下见解:"我们的问题是对'他山之石'投之以太多的热情和精力,而冷落、疏远了'本土之玉',或者将'本土之玉'仅仅视之为博物馆橱窗内无生命的标本或展品。"在著者看来,作为"本土之玉"之灵魂的诗性,正是中国文论经典的民族特色及文化魅力之所在,亦是对当下分科治学与理性论说的有益补充。文体如人体,身体时或抱恙,文体亦有病症。置身于"数字化+格式化+工具化"的当下学术生态,主体之人本应有的驭文之术和行文自由,却逆转为模式化"学术八股"对人的限制,而"才性异区""其异如面"的生机亦退化为"千人一面""千篇一体"的板滞。鉴于此，著者清理并阐扬诗性传统的文化根菱、历史底蕴和现代价值，用诗性言说针砭文学批评的流行病症，重铸文学批评的个性风骨和生命活力，无疑具有重要且紧迫的现实意义。

三、"启钥"面向：一"体"双任的成功担当

"解锁"不是终点，因为"启钥"之后还有更为广阔的理论诉求。自中国文论史观之，身兼作家与批评家双重身份的书写者，往往将文学之一"体"两用于创作与批评。正如李著《后记》所言，解诠"体"字也承担着双重使命："为陷入困境的中国文论之现代转换重开理路和诗径，亦为中国文学及文化的关键词研究提供一种'词以通道'的路径和方法。"

对于中国文论现代转换的困境，学界已有多种分析，亦不乏突破瓶颈的各种尝试。由"说什么"与"怎么说"维度诊断这一痼疾，进而开出重视"怎么说"的药方，是著者的独特贡献。将"什么"与"怎么"这对范畴置入文学创作，其基本问题便可表述为"语言的言说对象"（即"说什么"）和"语言的言说方式"（即"怎么说"）。在著者看来，"说什么"固然重要，却不应成为唯一支点。一方面，"古代文论的'说什么'因其时代和思想的局限，有些内容在今天已失去作用和价值：或衍为空泛（如'文以载道'），或成为常识（如'物感心动'），或无处可用（如'四声八病'），或无话可说（如'章表书记'）……"另一方面，包含言说方式、思维方式和生存方式三个层面的"怎么说"仍不失借鉴价值。且不说"怎么说"已积淀为文体与言说传统，凸显、征服或者代表了"说什么"；单是"怎么说"对文体和个体自由的彰显，便可为当下的"失体""失性"提供镜

鉴；更不用说诗性文化对后工业时代工具主义和功利主义的精神洗涤。当然，根治"沉疴"绝非一日之功，可喜的是理路与诗径并行的"良药"已初见"疗效"。爱课程网上，李先生主讲的中国文论经典的诗性魅力融"说什么""怎么说"和"为何这样说"于一体而深受青年学子喜爱。当古代经典与青年兴趣相融合，中国文论也就获得了现代转换所需的青春活力。

　　"尊体""破体"与"原体"的"体"字解诠还是著者提出的文化关键词研究"生命历程法"①的一次成功尝试，即先以世界为视域，由赓续、新创进入历史坐标的探寻，进而通过考量以"體"为词根的关键词对不同时代"体"与"所体"的标识，回归词根性的文化源起和词源学释义。我们知道，文体的内涵是使用者与社会共同定义的，也因此积淀着不同时代的风貌。著者对"体"字的解诠由文艺学和语义学入手，还面向更为广阔的文化史视域。近日聆听李先生所作题为"体：一个字的文化史"讲座，其论以"体"为关键词，探寻不同历史时期的意义流变及其牵连的时代思想史，如先秦之得体与失体，两汉之人体与天体，魏晋之体貌与体气，唐宋之体貌与体悟，明清之破体、失体与原体、复体。由一"体"字而牵连伦理学考量、政治学算计、审美学外显、心理学内观、意识形态结构乃至文化重建等论题，堪称洋洋大观。如此看来，"体"之解诠还只是中国文化关键词系列研究的牛刀小试，我们期待着李先生妙用关键词这一枚金钥匙，继续开启更为丰富的文化宝藏。

　　最后补充一点，记得沈从文先生曾言，写评论的文章本身得像篇文章。这部著作谈的是文体，其自身就是很好的文体，字里行间洋溢着诗性和能够触摸的温度，有的甚至充满了火一样的热情。"体"之词性亦名亦动，用作动词时可表亲身经验抑或设身处地。所谓"察其言，观其行"，李先生不但倡导文体

---

　　①　李建中：《中华元典关键词的原创意蕴与现代价值——基于词根性、坐标性和转义性的语义考察》，《江海学刊》2014 年第 2 期。

自由和诗性言说，而且解锁"体"字之文体亦不失鲜活与灵动。这又何尝不是一种可贵的身体力行？

（原文发表于《中国图书评论》2016 年第 7 期）

元典作为方法：关键词研究从可能到可为

——兼评《元典关键词研究的理论范式》

刘金波

当今时代，世界处于一个新的百年未有之大变局的巨大转型时期。中国"两个一百年"的历史擘画，让这一转型时期的工业化、城镇化、信息化、现代化等飞速推进。其结果尤其是经济快速发展的结果为中国社会的进步提供了前所未有的物质基础和现实条件。与此同时，"文化自信"也成为与经济比翼齐飞的不可或缺的重要一翼。作为世界上唯一不曾断裂并赓续数千年的中华文明，其"元典"在这一过程中发挥了并将继续发挥着不可替代的巨大历史作用。

我们认为，围绕纷繁复杂丰富多变的中国问题研究的中国价值和中国方案，不仅仅是中国作为对象（分析对象亦即研究目的）、西方（主要是欧美世界）作为方法的研究，更需要中国作为方法（分析手段）、西方作为对象（研究目的）的研究；也不仅仅需要借鉴世界成熟的方法论，更需要开创中国自己的方法论。鉴于这一现实需要，本文着重探讨的问题是：传承数千年的中华元典在当今时代是否可以作为一种方法？如果可以作为方法，那么这一中国方法论工具箱中的元典方法，究竟何以可为？

一、"元典"何谓：基于"五经"的文化元典

一般认为，历史学者冯天瑜先生对"元典"一词具有首创之功。该概念最先以"中华元典"的形式见诸《中华元典精神》。①

其实在该书出版之前，冯先生已经就"元典"这一概念以学术论文的形式作了非常充分的阐发。在这篇题为《论"文化元典"——兼释"元典"》②的文章中，他主要谈了三方面的问题，即"轴心时代——元典创生期""元典皆史，而非超时空的圣物""兼释'元典'"。按照冯先生的阐释，元典孕育于轴心时代，它是一个历史的产物或曰历史的形态，它是具有元精神的关于宇宙、社会和人生的深刻洞察与思考。"首次系统地而不是零碎地、深刻地而不是肤浅地、辩证地而不是刻板地表达出对于宇宙、社会和人生的观察和思考，用典籍形式将该民族的'基本精神'或曰'元精神'加以初步定型，这种典籍便可以称'文化元典'。"所以元典用以指称各民族尤其是各文明民族的首创性文本。③ 中国的《诗》《书》《礼》《易》《乐》《春秋》六经经典都可以纳入"元典"范畴。只是因为《乐》在历史长河中散佚，所以五经经常地被用来指称元典。

考察元典的意蕴，离不开对"元"和"典"的字源学考索。根据东汉许慎《说文解字》的解释："元，始也。从一从兀。"元，会意。像人形。《说文解字注》："始也。见《尔雅·释诂》，九家易曰：元者，气之始也。从一，兀声。"结合《尔雅》《正字通》《易》《书》《文选》《礼记》《春秋繁露》《广雅》《吕氏春秋》《战国策》《公羊传》等诸多典籍关于"元"的解释，"元"具有始、头、首、君、一、

① 冯天瑜：《中华元典精神》，上海人民出版社2014年版，第1页。
② 冯天瑜：《论"文化元典"——兼释"元典"》，《东南文化》1992年第2期。
③ 冯天瑜：《论"文化元典"——兼释"元典"》，《东南文化》1992年第2期。

本、大、端、善、天、本、气、宝、巨、长等诸多义项。如《日知录》的以元为气，《春秋繁露》的以元为原，《淮南子》的以元为天，《逸周书》的以元为民，《战国策》的以元为善，等等。"典，五帝之书也。从册在丌上，尊阁之也。"究其本义，典为重要的典籍、文献。这两个字结合在一起，由其本义生发开来，可以总结为，元典具有"始典、首典、基本之典、原典、长（长幼之'长'）典、正典、大典、善典、美典、上典、宝典等意蕴"①。"元典"概念最主要的几个义项——始、首、正、大、善、美——基本涵盖了中国文化源头的至上至尊、至大至巨、至首至本、至宝至正与至善至美。其中，《诗》《书》《礼》《易》《春秋》又被奉为元典之圭臬。

事实上，需要说明的是，五经固然可以被用以指称元典，但是元典并不仅仅只是五经。我们认为，凡是产生于轴心时代的具有原初性、根本性、深远性影响并具有广阔覆盖性的文化典籍均可以指代元典。在这种意义上，元典亦可称为群典。比如，印度的《吠陀经》、波斯的《古圣经》、中国的四书五经等。

二、"作为方法"：元典关键词研究的方法论价值

"作为方法"，是一个科学研究的命题，更是一个科学研究的路径。其始作者当属日本学者竹内好。"作为方法，也就是作为主体形成的过程。"②所谓主体形成的过程，也是认识形成的过程。这一过程不仅需要主体基于环境的演变而进化，而且需要主体群组极度关注个体和群体系统的演化，并在这一演化

---

① 冯天瑜：《论"文化元典"——兼释"元典"》，《东南文化》1992年第2期。
② 竹内好：《作为方法的亚洲》，熊文莉译，载《人间思想》第三辑，人民出版社2016年版，第242页。

过程中调适、进步。其演化过程自然或者说天然地或多或少地存在本民族、本国、本地区、本文化圈的群体记忆、历史积淀、社会风俗、思维方式和文化代码。在萨义德等西方话语体系的东方学研究者的文字中，天然地存在那种西方中心主义或西方话语体系。在这种体系里，俯拾可见的是以中国作为研究目的、以西方作为研究方法的研究范式——尽管也有诸如法国当代理论家弗朗索瓦·于连所谓的将中国作为"方法"的追寻"末思"和"去相合"的提法。① 近代以降，西学东渐，西方以自己为方法的研究方法论不仅对中国开眼看世界起到了很重要的作用，而且为中国社会当时的转型也作了较大的贡献。但是总体说来，这种范式不可避免地表现出以中国问题验证西方理论或以西方理论阐释中国现实的现象。这种现象普遍存在的根源就是他们（很多时候还包含我们自身）不可避免地预设（或天真地确信）其理论与方法的创新性、先进性、正确性和优越性。

这种先验性的研究结论预设或者理论与方法的科学性确信自有其失之偏颇之处：首先，"先验性"决定了它不可能是基于科学的纯粹客观的科学探讨或者学术研究；其次，即便其研究是公正客观的，那种居高临下的所谓"先进性"的研究也带有某种强制阐释、强制传播、强制生产和强制接受的意味；最后，前述两种问题不可避免地导致其所谓的创新性研究结论不可能完全属于纯粹的、全面的、科学的、创新性的、不带偏见的科学结论。所以，另外一个日本学者沟口雄三针对这一现象提出了新的见解。他在《作为方法的中国》里面提道："通过使欧洲标准相对化，日本人面前或许会呈现不依靠欧洲的标准而存在的中国整体结构。在那个时候，日本人才会有史以来第一次获得理解中国这个他者的可能性。"②沟口雄三的目的显然是想转变以西方为中心的研究范

---

① 吴攸：《中国作为"方法"》，《上海交通大学学报》2019 年第 4 期。

② 沟口雄三：《作为方法的中国》，孙军悦译，生活·读书·新知三联书店 2011 年版，第 130 页。

式，亦即将西方世界为方式方法而中国为目标目的的方式（话语与范式），变之以中国为方式方法而西方世界为目的目标的研究范式。这种对西方方法的反思和回到东方的方法创新在新的历史时期具有新的学术价值和社会意义——尽管他也没有从根本上脱离"以他者研究他者"的思维定式。

纵观历史，千余年来中国都在文化等多个领域引领潮流（只是近代以来百余年落后了），之所以能够引领，重要原因是具有先进中国文化的"中国""作为方法"的历史验证性。当然，严格作一番学术探讨的话，我们无法否认无法避免的一个现象是："中国作为方法"初衷虽好，但是它也不可避免地存在某些方面的不足。大而化之，以国家为前提来指称的"中国作为方法"成立，那么，"日本作为方法""朝鲜作为方法"或者"越南作为方法""菲律宾作为方法"等方法论命题同样成立。这样，就存在方法的滥用。小而言之，"中国作为方法"成立，那么以地区指称的"东北作为方法""西北作为方法"乃至"湖北作为方法""湖南作为方法"也同样成立。如此这般，就存在某种程度的令人无法取舍的、令人眼花缭乱的方法的乱用或误用。为了避免"作为方法"的滥用、乱用或误用，我们需要摒弃那种中心论的优越性认知——"西方世界作为方法"，其研究范式是将其自身总结的认知理所当然地视为整个世界、社会、人类、地球乃至宇宙的普遍规律，西方人需要接受，东方人同样需要接受；同时，我们还需要接受——这种方法论层面的"作为方法"，也就是将某一路径视为获取普遍规律、普遍知识的方法和手段。在这个层面上，无论是研究萨义德的东方学，还是研究冯天瑜的历史文化语义学，我们都会发现，二者可殊途同归：一是"中国作为方法"可以走出西方中心主义的窠臼；二是为规避"中国作为方法"之不足，将流传千百年的中华文化"元典""作为方法"——元典是用一系列一连串"关键词"（Key Words）表达其创建者对宇宙万物、人生百态、经济社会的观察、记忆与思考，关键词是元典（Classical Canon）赓续、弘扬、新闻中国文化的重要组成部分——"元典作为方法"和"元典关键词研究"可以视为一体两面，它们具有作为方法论的学术价值和时代意义。这种学术价值和时代意义表现在如下两个方面。

其一，反者道之动。元典作为方法，是指可以通过对元典关键词的源起作振叶寻根、观澜溯源式的深层探究。这种探究又可以发现某一时代人类社会发展的某一阶段的政治、经济、文化和社会的方方面面，可以发现隐藏在政治、经济、文化和社会背后的价值取向、历史代码、时代动因和社会基因。在此，利用中华文明礼乐文化之重要元典《礼记》举几个简单的文化关键词例子。

> 夫礼者所以定亲疏，决嫌疑，别同异，明是非也。礼，不妄说人，不辞费。礼，不逾节，不侵侮，不好狎。修身践言，谓之善行。行修言道，礼之质也。礼闻取于人，不闻取人。礼闻来学，不闻往教。（《礼记·曲礼上》）

礼如何做到"定亲疏，决嫌疑，别同异，明是非"，按照孔颖达的解释，礼是用来辨别尊卑，区别等级，使上级不逼迫下级，下级不僭越上级，保持礼节的节度。

> 孔子曰："夫礼，先王以承天之道，以治人之情。故失之者死，得之者生。《诗》曰：'相鼠有体，人而无礼；人而无礼，胡不遄死？'是故夫礼，必本于天，殽于地，列于鬼神，达于丧祭、射御、冠昏、朝聘。故圣人以礼示之，故天下国家可得而正也。"（《礼记·礼运》）

上述引用孔子对元关键词"礼"的有关诠释，可以归纳出其两大意蕴。一方面，这里讲要顺应自然、顺应人事、顺应社会，是非常符合社会发展规律的。另一方面，它又将"礼"作为人和其他物种区分的重要甚至是唯一依据。此外，以天之道来规制人之情，既有存天理灭人欲的味道，也有说明人欲不得违背自然规律的意蕴在内。儒家元典《礼记》中有很多流传至今仍具有重要而巨大文化价值的关键词，如礼、乐、和、诚、性、情、法，等等。"沿袭数千年的礼乐文化不仅一直具有独特的中国风格、中国特色和中国气派，而且一直是中国为世界其他民族提供的中国智慧、中国方案和中国力量。"①尤其是礼乐文明中的"礼""乐"二字，其历史积淀、深层意涵、话语规则和文化指向等至今仍熠熠生辉，历久弥新。如《礼记》里面关于"礼"的解释、话题、命题等，还有诸如"礼者体也""礼者本也""礼者履也""礼者理也"等诸多表述。概言之，合理合法的"礼"如何保证当下社会按照既定轨迹、规律、规则运行，就是要使人遵从自然规律，遵守道德规范，践行社会准则。数千年前中国就有着严格的价值规范和社会道德准则，这与西方某些学者、政客、媒体罔顾事实所言的中国人不讲规则是完全相反的、不符合客观事实的。

其二，变者法之至。变，既是潮流，也是规律。法，既是规则，也是目的；既是方法，也是手段。

无论是历史还是自然，其规律永远遵循并体现"不变是暂时的，变化是永恒的"的逻辑。元典作为方法，是指不仅可以通过元典关键词的历史流变来获得某一时期的历史记忆、时代规律和社会叙事，而且可以通过元典的文化关键词研究来挖掘"何时变""为何变""变什么""怎么变"等具有规律性的社会文化资料，进而获得相关文化研究的第一手的具有重要学术价值和巨大实践意义的丰富文献、理论与方法。

---

① 刘金波：《兼性：礼乐文化传播的中国智慧研究》，《理论月刊》2021 年第 8 期。

三、"元典"何为：从范畴、知识、对象到方法的元典关键词研究路径转向

20世纪七八十年代，随着大量西方文艺理论著作被翻译成中文著作，中国文化尤其是中国文化关键词研究逐渐成为国内学术研究的"显学"。与此同时，文化关键词研究也逐渐成为文化研究的重要研究方法。两类研究的代表性著作如雷蒙·威廉斯的《文化与社会：1780—1950》(1958)、《关键词：文化与社会的词汇》(1976)，杰姆逊的《后现代主义与文化理论》(2005)，安德鲁·本尼特、尼古拉·罗伊尔的《关键词：文学、批评与理论导论》(2007)，丹尼·卡瓦拉罗的《文化理论关键词》(2013)，尼尔·波兹曼的《娱乐至死》(2015)，乔治·莱考夫、马克·约翰逊的《我们赖以生存的隐喻》(2015)，镜味治也的《文化关键词》(2015)，约翰·斯道雷的《文化理论与大众文化导论(第七版)》(2019)，斯图亚特·霍尔的《文化研究1983：一部理论史》(2021)，等等，都从不同侧面解读了各种文化现象。

随着这些著作译介到中国，相关学者对文化研究、文化关键词研究表现出极为浓厚的学术兴趣。20世纪80年代以降，尤其是21世纪以来，国内学者在关键词研究方面着力甚勤，著述颇丰。梳理这一时段的中国文化关键词研究范例，可从学缘、地缘、学科、学派、范式等多维层面总结归纳出五种主要的较为成熟的关键词研究范式：一是以复旦大学《中国文学批评通史》为代表的批评通史范式，二是以北京师范大学"文化与诗学丛书"为代表的文化诗学范式，三是以武汉大学"元典关键词研究"为代表的文化元典范式，四是以四川大学《中西比较诗学》为代表的比较诗学范式，五是以港澳台学人徐复观《中国艺术精神》等为代表的实践话语范式。其中，以武汉大学冯天瑜教授为代表的

历史文化语义学元典研究团队和以李建中教授为代表的元典关键词研究团队，二十年来的辛勤耕耘，取得了令人瞩目的成就。这两大团队在"元典"研究方面的不懈努力，正好形成元典关键词研究的二维路向并渐次实现从"可能"到"可为"的元典关键词研究路径转向。

一方面，冯天瑜教授的元典关键词研究开启山林，以文化发生学、历史文化语义学、文化传播学的研究方法，着重研究元典关键词何以可能，重点探寻其现代转型。这方面的尝试可以视为元典关键词的范畴、知识与对象的研究。研究成果既有概念的古今转换，更有中外对接的文化近代转型考索。其代表性成果有《中华元典精神》（1994）、《解构专制——明末清初"新民本"思想研究》（2003）、《新语探源——中西日文化互动与近代汉字术语生成》（2004）、《"封建"考论》（2006）、《三十个关键词的文化史》（2021）等。这些学术著作着重以关键词研究的形式，将元典关键词作为重要的研究对象和学术概念，通过挖掘关键词背后的深层文化序列的核心概念的深层内蕴来考察中国文化的近代转型，重点发掘元典关键词在古今东西的时空坐标系上进行中国文化近代转换的可能性，借以突出中国文化元典的内生性价值和庞大而丰硕的文化元典资源。

另一方面，李建中教授的元典关键词研究别出心裁，着重探寻作为方法的元典关键词何以可为，正是"元典作为对象、范畴、知识"到"元典作为方法"的新变，亦即元典关键词研究的路径转向。这种方法的转向全面体现在"中国文化元典关键词研究丛书"之中。该丛书全套六本，总字数超过二百万字，是一套全面诠释中国文化元典关键词的创新性学术著作。该著在设计之初，本来遵从冯天瑜教授之嘱，一套六本，其中一本总论，五本分别为"儒、墨、道、法、兵"五家元典关键词。遗憾的是，该系列丛书因法家元典关键词一书作者个人原因，后来未能按时成书，其他儒、墨、道、兵元典关键词研究如期完稿，另外加上总论和《元典关键词研究的思想与方法》，同样为一套六本。

其中，作为总论的是李建中教授独撰著作《元典关键词研究的理论范式》。

该著将现代社会错综复杂的文化现象与文化个案，以"关键词"的方式返回文化元典，重新诠释中华元典关键词，重新揭橥中华元典关键词的原创意蕴、文化积淀和现代价值，为中华文化的现代传承与创新提供了文化资源、思想启迪和词语学依据，进一步昭明中华文明的文化底蕴、生命活力和核心价值观。这种对于经史子集"元典"的关键词式的"返回"，其实正所谓"反者道之动"，其根本目的、学术价值和社会意义均在于发掘蕴含在文化符号之中的那个"动"，它们为何可以"动"以及它们怎么"动"。这个"动"的指向正是我们何以能够面向未来，如何利用元典关键词解决复杂纷繁的现实问题的关键。

这种转向的学术价值和社会意义体现在作为理论的方法的"元典关键词研究"，"为何"和"何为"这两个文化研究亟待解决的现实问题上面。

第一，讨论"元典作为方法""为何"就是讨论元典关键词理论体系的建构。《元典关键词研究的理论范式》(以下简称"李著")后记对此有较为充分的论述："一是构建理论体系；二是启动个案研究。""上编的'范式建构'有总体与局部之别：前者依次探讨元典关键词的理论模型、实践路径、学术前史和语义根柢，后者则深度清理元典关键词研究'创生—诠释—传播'三大路径和'语义学—阐释学—学术史—批评史'四大范式。下编的'范式研究'又有'大词'和'中词'之分……上编为下编提供思想与方法，下编为上编提供个案与例证；二者交互地整合成元典关键词研究的 Paradigm。"①

"Paradigm"，既是范例，更是范式。作为方法的元典之范例范式显然不同于西方作为方法的"Paradigm"。中华文化元典，有数千年的历史，有迥异于西方理论方法的文之道，文之心，文之体。对于"元典作为方法""为何"，李著非常清晰地表明："元典关键词强大旺盛的生命力，从观念和思想的深处激活了中国传统文化的生命力。源起于轴心时代、扎根于先秦元典的中华文化关键

---

① 李建中：《元典关键词研究的理论范式》，人民出版社 2021 年版，第 345 页。

词，在其后漫长的演变历程中，以'词根'的方式沉潜，以'坐标'的方式呈现，既标举特定时空的文化观念，又接续前世与后代的文化命脉，从而成为不同历史时期的文化坐标。"①也就是说，它们是利用文化关键词来为了整体、系统、深刻、辩证地重新阐释文化元典，重新揭示（或曰解释或曰阐释或曰诠释）中华文化元典的原创意蕴。这二者最终指向的根本目的只有一个，那就是现代意义乃至未来价值。理论体系为个案研究提供学术支撑，个案研究为理论体系提供学术验证，二者相辅相成，互为因果，交互整合，缺一不可。笔者不揣浅陋，如果分为三编，即如果分为"理论体系、话语建构、个案研究"三个部分，或许能够更加清晰、更加全面地诠释"元典作为方法"之"为何"。

第二，探讨"元典作为方法"究竟"何以可为"，就需要从元典关键词的词根、坐标和转义性特征来厘清自上而下的时空坐标之间的差异与特征，并进而分析隐藏在历史语义中的历史积淀、时代特质、语义根柢、文化密码、生发路径和诠释范式。仔细梳理李著，可以发现该书对"元典作为方法"究竟"何以可为"进行了四方面的开创性探索。

首先，作为方法的元典关键词"何以可为"的理论模型涵括三个层次，即关键词遴选标准是"命大"（通变恒久，亘古亘今）、"幅大"（经天纬地，弥纶群言）和"力大"（指涉万品，繁复丛杂），关键词阐释标准是"词根性""坐标性""转义性"，关键词研究的四项原则是"不可定义性""高度语境化""跨学科（或超学科）""会通（或融通）"。

其次，作为方法的元典关键词"何以可为"的语义根柢在于从关键词的单向溯源转向语义寻根。单向溯源和以西方经验作为方法具有同样的思维定式，那就是以西言中，以中验西，在很大程度上具有局限性。而借语义寻根来探寻传统文化中之重要关键词（比如，中华第一关键词"人"）在 21 世纪如何流变、

----

① 李建中：《元典关键词研究的理论范式》，人民出版社 2021 年版，第 5 页。

如何衍生、如何转义以及如何再生，则能较为方便、科学、全面地追索传统文化的思想资源、驱动价值和时代意蕴。

再次，作为方法的元典关键词"何以可为"的生发路径包括创生路径、诠解路径和传播路径。其创生路径即"词以通道"，也就是见仁见智、非乐非命和解老喻老；诠解路径即"键闭与开启"，也就是关键与 KEY、成长与衰亡、界定与彰显；传播路径即"志道启钥"，也就是文化解码、密匙开启和簧门传递。每一条路径不仅有自身的逻辑、范式与规律，更具有整体的路径、方法与智慧。无论是对儒、墨、道、法、兵家元典关键词作整体考察还是具体到从方法论层面对其生发路径作非常具体的考索，我们都可以发现，作为方法的元典关键词研究具有非常明显的中国特色——兼性智慧。这一智慧既有中庸之道，也有中和之法。如儒家礼乐文化，"从其传播方式与手段看，礼乐文化既可作为知识的媒介，也可作为媒介的知识，既是精神文化的内核，也是精神文化的载体，具备'兼'而有之的双向功能"[1]。

最后，作为方法的元典关键词"何以可为"的批评范式具有"汉字批评""通义批评""道术批评""范畴批评"四大体系。回归汉语思维的汉字批评的语言学范式即追"根"、问"境"和致"用"；迥异于西方阐释学的通义批评即元典关键词诠释的微言大义、会通、通天下之不通和变而通之；脱胎于诸子百家用以衡鉴天下学术的相互引证又彼此辩难的道术批评即元典关键词的学术史范式，其要义为道术裂变、方术互评和现代破界。作为研究对象和研究方法的范畴批评即作为方法的元典关键词的新时代中国路径——"选人定篇""知人论世""原始表末"的批评史书写模式、"元关键词—核心关键词—重点关键词"三大系列和"原始以表末""释名以彰义""选文以定篇""敷理以举统"四大原则。

总之，在数字媒介时代，社会存在数字化治理逻辑、困境与挑战。"要建

---

[1]　刘金波：《兼性：礼乐文化传播的中国智慧研究》，《理论月刊》2021 年第 8 期。

构一种新的媒介治理理论逻辑，除了讨论媒介与政治的互构关系外，还可以从媒介在参与治理时的主体性角色出发，考察媒介如何发挥多元社会网络与社会资本的治理效能。"①我们必须既有该怎样做的价值规范，也有环境与实践的新的实践逻辑。

如果说"元典作为方法"这一命题，冯天瑜先生具有"元典"概念的首创之功的话，那么，李建中先生则具有西学东渐的方法论转向和从范畴、知识、对象到方法的元典关键词研究路径转向的方法论开创之力。在"为何做""做什么""怎么做"的价值规范和实践逻辑场域下，"作为方法"的元典关键词研究逐渐实现从范畴、对象到方法的现代转型，逐渐突破西方中心论的学科窠臼，逐渐动摇并取代传统意义上的"分科治学""词典释义""经义至上"的旧的学科范式，逐步形成自身具有特色、具有兼性智慧、永恒秉承中国文化风格与品质、来自元典的新的方法论范式：其一，用儒、墨、道、法、兵元典关键词的类分来形成"形分而神合"的创新价值；其二，用元典关键词研究的生命历程法、时间定位法、语境再现法和辨中见异法来取代传统意义上的词典释义，以描述与展示文化关键词的生成与流变、传播与接受等多维层面的文与质、道与器；其三，作为方法的元典关键词也已形成自身新的书写模式、展示系列与研究原则，这是我们站在新的历史高度对文化元典的历史叙事的新理解、新诠释与新拓展。"元典作为方法"既有历史文化的记忆的功效，也有作为方法的元典的历史传承与创新的文化任务，更有拓展其中国智慧形成中国方案的跨文化、跨交际、跨语境的意义、作用与价值。

（原文发表于《中国图书评论》2022 年第 9 期）

---

① 胡远珍、吴诗晨：《中国媒介治理研究的历史演进与发展趋势》，《新闻与传播评论》2021 年第 6 期。

词以通道，道以承教

——评《元典关键词研究的理论范式》

李 猛

　　"道"这个字，在中国文化传统中有着多重内涵。"道"的本义是人们脚下行走的道路，而"道路"又有方向、规则、方法、路径的意思，"道"作为动词则有"说"的意思，在中国的审美传统中，"道"从形而下的道路引申出了形而上的丰富哲学内涵。本文所讨论的"道"，有两层含义：第一层意指形而上的"道"。"道"涵盖了轴心时代儒道墨法兵各家的璀璨思想，以及经秦汉以后儒道释三教交融传递而融刻成中华文化基因的元典精神。能够通"道"的词，因其具有窥一字而识"道"的价值和意义，成为了解读中华元典精神的关键词。何谓"元典"？元典是特定时代的产物，冯天瑜先生指出："在中华文化系中堪称'元典'的是《易》《诗》《书》《礼》《乐》《春秋》等'六经'……因《乐》亡佚，中华元典实为'五经'。与之相关的《论语》《孟子》《老子》《庄子》等先秦典籍也具有'元典'性质。"而所谓"元典精神"则是指"一个民族的'文化元典'所集中体现的原创性精神。"①这种原创性精神，可视为中华民族的"道"。第二层意指路径和方法，即把关键词研究作为解锁元典精神的钥匙和方法。元典关键词

---

　　① 冯天瑜：《元典精神的近代转化》，《四川大学学报》(哲学社会科学版)2007 年第 3 期。

的研究担负着文化传承、文论传承和教育传承的三重责任，既指明了传承的路径，亦给出了实施的方法。词以通道，是武汉大学教授李建中先生所著《元典关键词研究的理论范式》一书孜孜以求的学术理想；道以承教，则是这一部大书践行理想的路径和方法。

一、文化传统的传承之道

文化是历史，也是一种现场。当代世界的文化生活，没有不受到各自文化历史影响的存在。处于 21 世纪的中国人的文化生活对于传统的态度经历了很多次变化，在信息时代，种种文化的交锋又引发了诸多的争论乃至尖锐的争议，从中依然可以看到传统与现代、中国与西方的文化差异和冲突。总体而言，中国人在西方文化面前，对于自己的传统文化是不够自信的。与此同时，认识和理解中国的传统文化也并不是一件轻而易举的事情，在普遍的民族情怀、民族情结中，因为对传统的了解和理解不足，也不免有失之偏颇的情绪存在。

中华元典精神作为中华民族的原创性精神，它的文化基因是具有独特性和独立性的，正因如此，中国文化才能够独立于世界民族之林，与其他民族的文化平等地构成一个多元化的当代文化生活。初读《元典关键词研究的理论范式》（以下简称《元典关键词》），便有一种十分强烈的感受，即本书的作者李建中先生是一位热心之人，急切地想要让更多的人，尤其是更多的青年人真正了解和认识优秀的中华传统文化，并把这种传统代代相传，使我们原本就熠熠生辉的文化在世界的面前更加明亮，让青年一代在世界面前更自信地展现中国气质与中国风度。这也使得《元典关键词》一书，在严谨的理论架构上，更多一份文化传承的责任和使命。

说起中国文化，相信每一个中国人都可以很自豪地说上一句："中国文化博大精深。"但要真正阐释中国文化究竟怎样博大而又如何精深，却殊为不易。盖因中国文化的时间太久远，空间太辽阔，在时空纵横的交错点上留下鲜明印记的人和事太丰富，这些斑驳成历史光影的人和事所蕴藏的精神世界又太深奥广博，以至于后人每每谈及，只能以一句"博大精深"和"源远流长"来应付，难免给人一种雾里看花的虚构感和敬而远之的疏离感。那么，究竟怎样认识和理解我们津津乐道却又很容易被解读得似是而非的传统文化？这很复杂，需要一个庞大的知识体系和坚实的学理基础；但在某种意义上，这又很简单，只需要你能挑出一个具有元典意义的汉字来，你就有机会认识这个字背后蕴藏的文化，你就有机会跟随这个字到中国的文化史中旅行、漫步。因为元典精神即我们所说的中国传统文化精神的源头，元典精神对后世的价值观、审美观乃至思维方式，跨越两千多年，从轴心时代至今，依旧对我们的文化生活产生着很大的影响。元典精神是不朽的，但它并非僵硬不变的，元典精神的意义通过现代性的解读，直至今日它对于宇宙、社会和人生的判断和指涉依旧能提供十分积极的意义。

诚如陈寅恪先生所言，研究一个字就是研究一部文化史。一字一世界，这是一种文化解码。《元典关键词》全书洋洋洒洒 28 万字，上编十章解决了元典关键词为何的学理构架，从理论模型到实践路径，从学术前史到当下境况，最后确立了元典关键词研究的批评史范式；下编十章则详论元典关键词何为，并通过具体运用和个案分析，选择"人""天、道、人、文""博雅""趣味""大学""文章""观""怨""力""雷"共十组关键词(字)作为认识中国传统文化的切入点，透过这十组字词所蕴含的丰富内涵，解读了中国传统文化的强大生命力。这十组关键词就是十把打开元典宝库的钥匙，可以次第纵览中华文化传统的脉络，也可以打开任意一扇门，领略一字之后的文化意象。开创对后世影响极大的"关键词批评方法"的雷蒙·威廉斯，曾致力于"通过词语意义的考辨梳理，寻找有效研究社会和文化的独特方法，以呈现问题的起源、发展与流变，揭示隐身于词语的意识形态，绘制出认识文化与社会的路线图"①。在这一点上，《元典关键词》一书将关键词方法作为一种沟通传统与现代的桥梁，一种解读传统文化的方法和路径，不但与雷蒙·威廉斯理论有异曲同工之妙，也是充满强大的生命力和创新性的。

二、文论传统的传承之道

学术是难的，但学术也可以是美的。《元典关键词》是一本严谨缜密而又宏大精深的学术理论著作，同时也是一本深沉而充满情怀的散文集，它的语言魅力、趣味旨归，与中国传统文论的诗性美可谓一脉相承。它以"关键词"作为入门的钥匙，打开了中国传统文化之门，读一本《元典关键词》，便开启了一场"一字一世界"的中国文化审美之旅。此书的第一个关键词即"元典"，李建中先生对于元典是怀有深情的。将中华元典这个中国传统文化资源的宝库通过"关键词"加以赓续、传承、阐扬并使之在 21 世纪焕发新的时代价值，既是李建中先生及其学术团队的学术追求，也是基于学术基石上的文化审美追求。在这部大书中，我们看到的不是艰深晦涩的、单向性的理论输出，不是刻板守旧、资料堆砌的知识搬运，而是既钩沉历史，又与时代同行，既释名章义，严谨认真，又活泼新鲜，充满共鸣和互动的审美之旅。它更像是一名出色的导游，陪伴着读者认识元典，走近传统，切身感受元典精神的活力和诗意。

在表述上，西方的文学理论著作总体而言就是逻辑严密、论证严谨、思维

---

① 方维规：《关键词方法的意涵和局限：雷蒙·威廉斯〈关键词：文化与社会的词汇〉重估》，《中国社会科学》2019 年第 10 期。

抽象的哲学化话语风格。在注重学科"科学化"的今天，国内的文学理论著作长期学习西方，在话语风格上也难免浸染了西方学术话语抽象与晦涩的一面，往往显得面孔严肃刻板而令读者望而却步，因其过于注重理论语言的严密而失去可读性。而中国文论的语言传统本身则是诗性的，多元的，审美的，刘勰讲文章"非采而何"，即便是严谨的理论著作，也可以文采鲜明的。从这一点上来说，《元典关键词》一书，既有出自对于弘扬传播中国传统文化的深情与热情，又有融通中西、交汇古今的责任感与使命感；既是学术范式的理论建构，又是有感而发、为情而作的审美"散步"。

《元典关键词》一书，既是李建中先生主持的国家社会科学基金重大项目"中国文化元典关键词研究"的重要成果，也是项目团队共同的心血"中国元典关键词研究丛书"(六种)和湖北省学术著作出版专项资金重点项目成果"中华字文化大系丛书"(八种)的基础和纲领。整个项目团队历时十年，成果愈三百万字，形成了"中国元典关键词研究"的理论范式。这一范式在融通中西的基础上，更承继了中国文论的诗性审美传统，用饱满的热情和深沉的热爱，使冰冷的学术理论著作充满了生命的活力；用强烈的责任感和使命感唤醒更多人重新认识和理解中国的文化传统；用诗性的语言和审美漫步的技巧，沟通并拉近作者与读者之间的距离，使理论不再板着面孔，传承也不再是一种单方面的愿望输出，而是作者与读者的结伴旅行。

全书探讨了元典关键词的创生、诠解、传播三大路径，确立了元典关键词研究的语言学、阐释学、学术史和批评史四大范式。从"'人'义多'方'"对"人"这个中华元典第一关键词的多元解读，到"天、道、人、文"的中华审美传统的深层剖析，我们可以看到元典中的"人"的观念对先秦以后整个中国文化传统中人的自我认识所产生的深远影响，进而可以看到我们的文化传统对于天、道、人、文之间的联系以及围绕着这种关系法则而产生的审美原则；我们也可以看到博雅精神在中华审美教育对于完整人格的塑造和精神自由的追求，看到趣味对于教育和人生的积极引导；还可以通过对"大学"的中西融汇和古今意义的贯通，看到古今教育通过"大学"追寻"大道"、塑造"大人"的不懈追求，感受师者三乐的切身体会；从"雷"这一元典震卦到网络"雷"人、"雷"词的后现代解构，不但体现了作者的与时俱进，亦充满了童心不老的诙谐幽默，读之不忍释卷。

三、"大学"传统的育人之道

李建中先生既是一位沉潜学术近半个世纪的学者，又是一位在教坛上耕耘了近半个世纪的教师。在本书问世之前，李建中先生开设中国文化概论课程已有三十多年，并在长期的科研与教学实践中新创了"关键词讲授法"。遴选中国文化的核心观念和范畴，通过一字、一词，观澜索源、振叶寻根，揭示中国文化的深层结构、传承机制、基本特征及人格精神，并通过这门课，带领学生步入了中国文化的意义世界。而《元典关键词》一书，也正是李建中先生中华文化育人之道的延续、扩展与升华。

育人之道，重在方法，好的方法，可以事半功倍。犹如对元典的阅读，找对了方法，就能登堂入奥，领略传统文化的厚重与辽阔，若方法不对，历史也成了死记硬背的包袱，非但没有美感，还会令人敬而远之。大学教育是教育的最高层次，相对于中小学的基础教育来说，大学既要传授"技"，即专业知识、专业技能，更要传授"道"，即做人的准则和思考的能力。

育人之道的首义，即是"人"的确立与养成。"人"是《元典关键词》一书出现频率最高、内涵挖掘最深、外延拓展最广的一个词，也是在作者为学之境和育人之道中贯彻始终的一个词。书中用了一个专门的章节论述了"人"义多"方"、"人"言在"我"、"人"命关"天"三个核心命题，同时在多个重要章节中反复探讨"人"的丰富内涵。"人"是什么？自古以来，"人"的定义都是困难的，中西方对于人的理解和定义有所差异，更有相通之处。而在中华元典中，"人"是多元的，人是天地之心，五行之秀，人是在世的，也是超越的。从育人之道而言，《元典关键词》一书中旗帜鲜明地提出"'人'就是中国文化第一关键词，也是大学教育第一关键词"①的观点。大学教育是立德树人的教育，何以为人，成为何人，如何成人是每一个初进大学的青年学子都需要直面的困扰和疑惑，而解惑的过程就是一个化茧成蝶，走向成人的过程。把元典中蕴藏的先哲智慧作为根基，引领青年学子认识"人"；把元典作为"育人之佳肴"和养分滋养"人"，把元典关键词研究的理论范式实施于教学之中，既传承了中国古代簧门传递的教育方法，又实现了现代大学教育中科研与教学关联互动的不断创新……一语言之，将关键词的讲授作为育人之道，是《关键词研究》一书的育人方法，也是对"成人"教育的念念初心和不懈追求。

大学的教育既然是一种"成人"的教育，则"大学"本身，就是这种"成人"教育最好的路径和方法。中国古代的"大学"本身就是"大人"之学，是通向"大道"、博学的教育方法。"大学"与"小学"的区别不在于入学年龄，而在于学习的内容、教育的方法和最终的目标——"修齐治平"的仁人君子。中国古代教育的辟雍、泮宫、杏坛、书院、国子监等，与西方教育史上的大学在形式和组织上固然有很大的不同，但"大学"的教育精神却也是相通的，尤其是在对人的培养上，中西方大学也有着高度的一致性。

强调中西元典的阅读和元典精神的传递，也是《关键词研究》一书将学术研究转换为教学实践的意义所在。李建中先生从 2016 年开始主持武汉大学的通识教育，通过关键词研究的思想和方法，把"成人"的教育、博雅精神的传递、师者三乐的感悟融会贯通，在学术研究和通识教育之间架起了一座桥梁，

---

① 李建中：《元典关键词研究的理论范式》，人民出版社 2021 年版，第 13 页。

跨越了专业和学科，使每一届的本科生都因为武大的通识教育而终生受益。其中，博雅精神的传递，既是一种打破学科和专业壁垒以及养成"通"的意识和眼界的教育方法，更是中华美育的核心关键词。"大学"教育的"大"追求的是完美人格的养成，"大人"的养成，离不开博雅精神的培育。博是培养博观、博通的视野，雅是培养阅读经典，升华精神境界的能力。《关键词研究》阐述了博雅精神对于完美人格的塑形作用，通过对刘勰《文心雕龙》博观理论在文学、绘画领域的批评实践，探讨了"博"与"雅"在中华传统美育中的重要作用。在当下这个西方文化席卷全球的时代，博雅教育既强调打开眼界，勇于学习西方文化，更强调积淀底蕴，涵养雅正气质，立足于中华文化的滋养而自信地面对西方文化，使中华传统美育的当代意义得到更进一步的发展与传递。

教育是苦的。要成为一名教育者，首先要经历长久的学习和积累，取得相应的资质和许可；其次还要将自己所学的知识，自己积累的人生经验通过有效的方法传递给学生。并不是每一个学有所成者都能将自己的学识修养在课堂上作有效传递，在大学讲坛，自身科研能力很强，学术底蕴也很丰富，但在课堂上不能获得学生的认可的老师也大有人在。遇到这种情况，则教育者苦，受教育者也苦，教育在输出和接受之间就变得十分难受。但教育更是乐的，一旦找对了方法，学生获益，乐在其中，作为传道者的教师更乐在其中。方法很重要。《关键词研究》一书，很好地诠释了什么是将学术研究转化成教学实践的好的方法。李建中先生用"趣味"作为教育的关键词，并领悟出了"衰而不老、独而不孤、烦而不忧"的"师者三乐"。笔者也在一所大学做老师，对于"趣味"教学，也是深有体会：一堂课自己以为讲得有趣，学生未必觉得有趣，但一堂课若是自己都觉得讲得无趣，则学生必定觉得无趣了。而一位教育者对教学趣味的感悟能力，唤起学生趣味的感召能力，则又要回到博观和雅正上来。博观了，讲起课来既能引经据典，给学生以知识，又能与时俱进，与学生产生共鸣；雅正了，则不仅将三尺讲台视为谋生的饭碗，更能生成传承文化的责任感和摆渡人生的情怀，虽然年年岁岁花相似，岁岁年年人不同，但在大学一届一届学生的迎来送往间，师者的授业之乐，却历久而弥新。

结　　语

用一句网络热词来说，学术的尽头是"道"。清代顾仲有言："学以明道也。学者止从事于口耳之间，不究其源流本末，终不能以见道，其于全体大用终无当也。"①《元典关键词》一书的寻根索源，是在学者的明道和教育者的传道之间建立一条融通交流之道，是一条追求"大用"之道。21 世纪的中国处于一个历史上从未有过的全新阶段，它不同于历史上农业文明王朝兴废的波形上升期，也不同于被工业文明打破闭关锁国之后封建帝国的历史下沉期，它所面临的世界格局以及经济、技术、文化现状都没有太多直接的历史经验可以借鉴。在这样的时代语境下，元典精神在中华民族悠长的历史中发挥的精神支柱作用越发重要，《元典关键词》将具有元意义的儒道墨法兵以及经义、文章之学代入时代新变，也为传统的传承注入了新的活力，其学术路径兼有西学方法和中学智慧，在交流、对话的平等视野中展现文化自信，正是中国风度的完美诠释。

（原文发表于《武汉理工大学学报》2022 年第 5 期）

---

① 陈淳：《北溪字义》，中华书局 1982 年版，第 93 页。

回归与超越

——评《中国古代文论》

高文强

　　中国古代文学批评有着绵长的历史，但中国文学批评史的编撰却始自 20 世纪初期。1927 年，陈钟凡《中国文学批评史》由上海中华书局印行，这标志着传统的诗文品评获得了相对独立的意义，批评史开始成为一门独立的学科。其后方孝岳的《中国文学批评》、郭绍虞的《中国文学批评史》、罗根泽的《中国文学批评史》、朱东润的《中国文学批评大纲》等著作相继问世，遂形成中国古代文学批评研究的第一个收获期。综观这一收获期的中国文学批评史编撰，明显受到现代西方学术思想的影响。陈钟凡在其自述中强调，欲"用科学方法整理国故"，其所谓科学方法，正是现代西方的学术研究方法，批评史学科的建立也正是现代西方学术思想中学科意识的"敦促"结果。无疑，这种影响和"敦促"为新学科的开辟和拓展发挥了巨大作用，以至今日我们对文学批评史的研究与编撰仍基本没有跳出郭绍虞时代的模式。

　　但是，以西方学科构架和概念系统为圭臬建立起来的中国文学批评史，一开始就走入这样一个误区：在西学标准的规范下，学科独立意识的潜在要求，使拓荒者们在中国文化史中"提炼"出文学理论材料加以研究的同时，有意无意间忽视了文学理论与作为母体的中国传统文化的内在联系，"提炼"出的中国文学批评史的材料常常在西学规范下被孤立地阐释与归纳，然后按某种预设的模式归类编排。这一研究模式影响至今。这一模式造成的一个直接后果，便是研究者们过于尊重西学模式的逻辑性、体系化特征，而对中国古代文论的民族特性缺乏应有的理解，许多时候甚至被作为重大缺陷加以批判。回顾中国文学批评史 70 余年的研究可以发现，我们一直未能解决如何探求、把握并揭示中国文学批评史几千年来递嬗演变的内在逻辑结构和发展轨迹而使之归于有序的问题，这与研究模式的误入不无关系。

近日读到李建中教授主编的《中国古代文论》，感觉这是一部力图弥补前人编写中国文学批评史的不足而欲有所创新与超越的著作。

这部著作的最大特色便是将古代文论的材料回归于中国传统文化的长流中，立足于古代文论与中国传统儒道释文化的内在联系来把握并阐释其演进脉络和理论精髓。正如作者在导论中所言："这本力图在民族文化和民族精神的层面揭示古代文论理论意义和当代价值。"中国古代学科意识淡漠，文史哲不分。这一所谓的"缺点"实际规定了中国古代文论与传统文化的紧密联系。因此，在为建立中国文学批评史这门独立学科而"提炼"古代文论材料进行研究的同时，不应该忽视文论与文化的内在联系，我们只有将文论材料放在传统文化的语境中进行考察，才能正确发现文学批评史的内在逻辑结构和发展轨迹。李建中教授的《中国古代文论》在这一方面作了很好的尝试。具体表现在两个层面：其一是在文学批评发展史的论述过程中，注重每一时代之思想文化对本时期文学理论的影响。在每章的开篇概述中，作者对这一时期思想文化的状况及对文论的影响都有详细论述，而各个重点文论家的论述中，也非常注意其文学思想与时代思潮的内在联系。其二是在文论材料的选编上不仅限于文论的材料，更注意所选文论的文化性。如对《论六家之要指》《周易略例·明象》《六祖坛经》等的选录，便突出地表现了这一点。

这部著作在强调学科逻辑性、体系化的同时，非常注重对古代文论民族特性的挖掘与阐发。中国古代文论受传统文化的影响，在思维方式上虽然也有形而上的思辨特色，但是在总体上保持着很强的诗性特征。以西方学科观念和研究方法建立起来的中国文学批评史学科，在研究上一直以来都强调逻辑性地建立中国古代文论体系，而对其诗性特征挖掘不够，且有时甚至还被视为缺点加以批判。李建中教授在其导论中将这一特征视为"区别于西方文论的重要特征"而加以概括、归纳，从思维方式和理论形态两个层面作了详细分析，并将这一思路贯穿全书的编撰之中。这无疑较前人文学批评史的编撰前进了一步。

此外，正如 20 世纪初期众多文学批评史研究者的研究著述常常是以教材的形式出现，李建中教授的《中国古代文论》也是一部教材。作为一部教材，这部著作也很有特色。明晰的层次和恰当的分量无疑为教师教学提供了一个好的教学蓝本；驭繁于简的阐述、史论与材料选录相结合的体例无疑为学生学习减轻了许多负担；而逻辑性与诗性相结合的叙述语言，则是作者重视古代文论民族特色的一种具体体现，无疑会使阅读者更觉亲切。众多特点，不一而足。

中国文学批评史的编撰和研究已走过了 70 余年的风雨历程。今天，我们更需要以新的视角、新的方法不断地开辟新的研究模式，这样才能不断创新，不断超越前人。李建中教授的《中国古代文论》正是朝这一方向所做的一次有益尝试。

（原文发表于《文艺报》2002 年 10 月 26 日）

经典的另一种读法

——评《中国文化与文论经典讲演录》

喻守国

现代社会需要掌握的东西越来越多，传统的读经方式又需要太多时间，这使经典离我们似乎越来越远。近一两年来，市面上涌现了一大批解读中国文化经典的书，人们似乎看到了国学复兴的前景。另一方面，有识之士对传统文化精神失落的忧心并未因此而减轻。媒体的巨大影响可以制造出一场声势浩大的社会伪需求，却无法使更多的人真正走近文化经典。

幸好经典还有另一种读法：依托经典融会中华文化精神，在叙事中明理，抒情中展义，把经典的诗性、理思与解读的谐趣、雅致融合在一起，让读者在欣赏文学作品似的惬意中领悟中华文化经典的奥义和真谛。这，就是李建中的《中国文化与文论经典讲演录》所提供的解读经典的方式。

卡尔维诺说："经典是这样一些书，我们越是道听途说，以为我们读懂了，当我们实际读它们，我们就越觉得它们独特、意想不到和新颖。"中国传统文化经典包含着中华文化的精髓，展示了人类生活的本质规则，要对之进行阐释解读，必须有深厚的传统文化功底。当然不能要求今人都去背诵经典或者了解围绕经典进行的繁琐考证，但是如果解读者没有深厚的文化功底和对经典的透彻理解，这种解读就会偏离经典要义。《中国文化与文论经典讲演录》的作者在古典文论中浸淫数十年，对儒释道文化思想有深入了解，在学术研究中围绕文化和文论经典本身，用西方心理学的方法探求经典的要义，从而揭示出古代经典对人生的意义。在文论研究中注重阐释中华文化思想所产生的影响，就不仅对孔孟荀老庄从文化角度给予了详尽的解读，而且将对传统文化的分析始终贯穿在历代文论名著的解读之中。中国古代文论本来就深受传统文化影响，属于中华文化的一部分，从文论这个角度进行的解读就摆脱了单纯读经的老模式，从另一个切入点将中华文化精神与经典的学习紧紧联系起来。

了解读者的深厚学养能够保证对经典的误读减低到最小程度，这是很多真正的学者都能做到的。对于众多接受经典的人来说，他们更关心的是经典的选择及如何来读，也就是在尽可能轻松的方式下领悟中华文化的博大精深。正是在这一点上，该书展示出了它独特的优越性。

对一般人来说，四书五经无疑过于繁多，除此之外的古代经典还非常多，不可能全部去读。经典太多，就有一个选择角度的问题。学者们根据各自的观点列举出的经典必读书目已经很多了，但是和文化的某一方面联系起来，并将传统文化贯穿始终的阐释，则是该书的一个创举。通过这种文论角度的阐释，能够将文化与文学创作、作家、批评家联系在一起，不仅使人更容易通过已有的知识接受传统文化，而且更形象地理解传统文化的内蕴。如书中把孔子"游于艺"解释为一种艺术精神，对之进行的论述不仅非常清楚地阐明了文与质、中和之美等文论文化话题，而且使读者对儒家艺术生活化与生活艺术化的特点有更深的理解，同时也很容易和庄子的艺术之道联系起来。通过这种联系，就使所得到的文化知识可用于观照古人的生活，使中华文化不再是一些遥远的概念，变成活生生的存在，经典也就自然地渗透到个人的心中。

对于多数普通读者来说，经典是枯燥的，对经典的阐释尽管完全不同于汉儒的微言大义和清儒的繁琐考据，也还是枯燥的。把经典庸俗化，抛开经典中所体现的文化精华为时代作注解或寻求心灵的安慰，固然可以吸引更多的人，但那已不是经典了。《中国文化与文论经典讲演录》的应对方法是：在文论经典的分析中凸显文化精神及其流变，把文论的诗性与理思应用到文化阐释中来，在叙事、抒情中实现文化的接受。中国古代文学批评家同时又是作家，这就使中国古代出现了大量以文学形式进行的批评。周秦诸子以来的诗性思维方式和生存方式深深地影响了中国文论家，几千年来很多人在批评中用诗性言说建构自己的诗意家园。这种思维和言说方式在书中也留下烙印，作者多年致力于古文论诗性研究，将之融入自己的学问和生活中，在研究和授课中也就自然体现了出来。这本书中有大量对诗性文化传统和诗性言说的研究，同时作者的言说也是诗性的，叙事、抒情的笔调使文化和文论如清澈的溪水从眼前流入心底，而作者谐趣与雅致、热心肠与冷幽默的课堂语言，将会使读者在对中华文化的了解中不时会心一笑。这也许正是作者所追求的吧。

（原文发表于《中华读书报》2007 年 11 月 28 日第 15 版）

依经立论，借石攻玉

——评《中国文化与文论经典讲演录》

张金梅

李建中先生凭着自己那种神采奕奕的情思，在中国传统文化与文论渊博而又广垠的天地之间，不住地荡漾、寻觅、思考和研究着。正是由于十分勤奋和坚持不懈地进行着这样的探索，他才得以在近年的传统文化与文论研究中，获得相当可观的成绩。《中国文化与文论经典讲演录》(下文简称《讲演录》)就是其中之一。

《讲演录》由广西师范大学出版社 2007 年 9 月出版，全文 45 万字。除导论和结语外，共十二讲。主要内容是讲演中国文化与文论史上的重要经典，如《论语》、《孟子》、《荀子》、《老子》、《庄子》、司马迁《史记》、王弼《周易略例·明象》、嵇康《声无哀乐论》、曹丕《典论·论文》、刘勰《文心雕龙》、司空图《二十四诗品》、慧能《六祖坛经》、严羽《沧浪诗话》、李贽、金圣叹《水浒》评点、李渔《李笠翁曲话》、王国维《人间词话》《红楼梦评论》等。文论是文化的组成部分，中国文论的发生及演变以儒、道、释文化为思想背景，而中国文论本身又是中国文化巨苑中一道靓丽的风景。因此通俗地说，《讲演录》的任务是"读经"。全球化时代，我们应该怎样读经，是童蒙式的死记硬背抑或汉儒式的微言大义？《讲演录》创立了一种全新的"读经"方式——"依经立

214

论，借石攻玉"，在文学思想和文学理论的层面，重新解读儒、道、释文化元典和历代文论经典，重新阐释中国文化和文论经典的术语范畴和理论命题，进而揭示其当代价值，具有十分重要的理论意义和现实意义。

"依经立论"语出"依经立义"，是先生对"依经立义"的化用。"依经立义"首次见于王逸《楚辞章句序》："夫《离骚》之文，依托五经以立义焉。""依托五经以立义"是对"依经立义"所依之经的突出和强调。后来，刘勰将其简化，《文心雕龙·辨骚》云："王逸以为：'诗人提耳，屈原婉顺。《离骚》之文，依经立义。'"作为中国古代文化与文论的意义生成方式，"依经立义"是随着汉代经学的产生与兴盛而出现的。汉武帝"罢黜百家，独尊儒术"，将中国文化圣人孔子所删、定、著的典籍——《诗》《书》《礼》《春秋》《易》确立为法定的经典，遂出现经学。诚如朱熹所说："圣人千言万语，只是说个当然之理。恐人不晓，又笔之于书。"[①]"读书以观圣贤之意，因圣贤之意，以观自然之理。"[②]这就分别从创作和接受两个层面揭示了中国传统文化中"道—圣—文"的密切关系，即"圣人"通过"文"（经）让人们懂得"道"，而人们通过对经典的阐释，在获得"道"的同时还可以依经典产生新的意义，这样便形成了中国"依经立义"的意义生成方式。

诚然，作为一种意义生成方式，"依经立义"就是一种诠释。但是这种诠释方式发展到清代朴学，由于其考据繁复，规矩森严，使得学问不易普及，丢失了广泛的民间基础，最终导致了经学的衰落。因此，要让"依经立义"这一意义生成方式发挥现代作用，我们应该立足于当代。具体到《讲演录》，李先生的"依经立论"解读方式主要是从三个层面进行整体把握的。

首先，将"中国古代文论"改称为"中国文论"。为什么不叫"中国古代文

---

① 黎靖德：《朱子语类》，中华书局1986年版，第187页。
② 黎靖德：《朱子语类》，中华书局1986年版，第162页。

论"呢？先生认为，这是基于当前学界对中国文论的一种基本判断，并指出了两点理由：其一，因为我们中国其他的学科，比如说中国哲学、中国宗教、中国绘画、中国书法等都没有古代之称，为什么文论偏偏冠名古代呢？其二，在先生看来，中国文论没有古现代之分，因为中国没有现代文论。严格地说，1919 年五四运动以后，中国没有自己的文论，一直到现在的 21 世纪，中国的文学理论家大多都是操着西方文论的术语说话。有鉴于此，先生主张用"中国文论"代替"中国古代文论"。①

其次，重新解读"中国古代文论的现代转换"课题。"中国古代文论的现代转换"课题自 1996 年 10 月 17 日至 21 日由中国中外文艺理论学会、中国社会科学院文学研究所等单位在陕西师范大学首次召开"中国古代文论的现代转换"学术研讨中提出至今已有十多年了。在这十多年里，无论是古代文论研究界，还是普通文学理论研究界，对这一命题的研究始终保持着高度的热情。许多专家、学者围绕这一问题从各自的不同角度发表了大量的研究成果，但至今未见显著成效。个中缘由固然非常复杂，但李先生以为过分关注中国文论的"说什么"进而将其视为实现现代转换的唯一支点是其中的一个重要原因。一个民族的文学批评的言说过程及其结果大体上含有两个层面的问题，即"说什么"与"怎么说"。而"中国文学批评史"（或曰"中国古代文论"）这门学科自 20 世纪初诞生伊始，就一直格外关注"说什么"。诚然，历朝历代的文论家和文论著述所说的"什么"固然重要，因为它毕竟直接构成了中国文论的思想资源和理论传统。但是他们所说的"什么"在今天还有没有用？抑或还能不能用？这却是学界更应关心的问题，亦是李先生"依经立论"学术心得之本意。在李先生看来，中国文论研究的"说什么"，相当部分的内容在今天已经失效或部

---

① 李建中：《中国文化与文论经典讲演录》，广西师范大学出版社 2007 年版，第 1~2 页。

分失效，甚至已经到了《文心雕龙·序志》所言"马郑诸儒，弘之以精；就有深解，未足立家"的程度。而"怎么说"研究则具有"泛议文意，往往间出，并未能振叶以寻根，观澜而索源"的意义。因此要实现"中国古代文论的现代转换"就应在揭示中国文论"怎么说"上下功夫。李先生认为，中国文论的"怎么说"也有悠久的历史，是与中国文论同时诞生的，它们不仅在文体样式、话语风格、范畴构成等方面表现出鲜明的诗性特征，而且以其言说的具象性、直觉性和整体性，揭示出中国文论在思维方式上的诗性特质。因此我们今天研究中国文论的"怎么说"，应分三步走：首先，要从原始时代的诗性智慧，轴心期的诗性空间，原始儒、道的诗性精神以及汉语言的诗性生成之中，探求中国诗性文论的文化之源与文字之根；其次，要在言说方式、思维方式及生存方式等不同层面，阐释中国诗性文论的特征、成因及理论价值；最后，也是最重要的，是将古代文论的"怎么说"，创造性地转换为当下文论的"怎么说"，亦即从中国文论的诗性言说传统之中发掘并吸取具有现代价值的言说方式及思维方式。唯有如此，才能创造性地承续已被中断近一个世纪的诗性传统。

最后，合理阐释中国文论的现代意义。李先生曾明确指出："研究古代，是为了解决我们当下的问题。"①因此对本土经验和当下生态的关注，也是其《讲演录》的题中之义。先生是这样说的，也是这样做的。如在第一讲里，他讲授孔子"兴于诗"与"游于艺"的文论思想时，指出孔子的思想还有很重要的甚至是超时空的东西，即"道与势的冲突"。在中国封建专制主义社会里，一个有良知的知识分子，固然难以避免要面临怎样抵制"势"的挤压的同时，又要坚持"道"的信仰，司马迁、扬雄、班固就是明证。但这种现象在当代中国同样存在，如标举"独立之精神与自由之思想，是要以死相争的"中山大学陈

---

① 李建中：《中国文化与文论经典讲演录》，广西师范大学出版社 2007 年版，第 512 页。

寅恪教授与他同时代的某些"趋炎附势，随风倒"的历史学家。同时，儒家"游于艺"的思想，从根本上化解了艺术与世俗的区别，与我们今天讲日常生活审美化，要把文艺学破界，也可以互相阐发。在《讲演录》中，先生再三强调学习古代文论要有一种打通古今的眼光。如第十一讲讲授李渔《闲情偶寄·结构第一》的主要内容之一"立主脑"时，就古为今用地谈到了张艺谋。他认为，张艺谋早期电影如《红高粱》《菊豆》《秋菊打官司》等之所以拍得好，就在于"立主脑"，即有"三个一"（一人、一事、一意），而现在的电影如《英雄》《满城尽带黄金甲》以及《无极》《夜宴》等之所以受诟病，就在于没有主脑，丢掉了主脑。而在接着讲授"结构第一·审虚实"时，则更加突出其现代意义与理论价值。在李先生看来，李渔的"虚实"观对于我们今天的文学批评，特别是对我们批评一些历史题材的作品都是很有帮助的。比如说历史小说、历史剧，写三国、写汉武大帝、写朱元璋等的那些作品，就常常被批评是完全瞎编，不顾历史的真实。例如《传奇皇帝朱元璋》只写他辉煌的一面、得意的一面，这就有损人物形象的真实性和性格构成的丰富性，没有处理好虚实关系。

"借石攻玉"语出《诗经·小雅·鹤鸣》："他山之石，可以攻玉。"本义是指可以借外地的石料，琢磨玉器。后来广泛指以"西来意"为"东土法"（钱锺书语）。而在《讲演录》中，先生则将"西来意"和"东土法"双向阐发。具体说来，也有以下三个层面：

第一，借鉴西方文化、文学理论阐释中国古代文化、文学现象。诚如李先生自己所说："中国古代文论的研究对象当然是在'中国'这一特定空间之内，但作为一门学科它本身却是西学东渐的产物，进入全球化时代更须离'我'远去，取一种异域文化的眼光。"①而具体到这本《讲演录》，借鉴他者视野和异域眼光最为突出的则是第三讲"长歌当哭：《史记》中的文艺心理学思想"。在

---

① 李建中：《中国文化与文论经典讲演录》，广西师范大学出版社 2007 年版，第 514 页。

这一讲里，李先生借用自卑与超越、替代满足、心理需求层次等现代心理学理论，探讨司马迁的文学思想，而关于司马迁的自卑与超越则更是他的一个学术创获。早在 20 世纪 90 年代初，李先生就发表过关于司马迁自卑心理的文章。如今，他将多年来自己的治学心得融入教学实践中，取得了突出的成效。他认为，"家族的后世中衰，家庭的穷困窘迫，仕途的苟合取与，个人的孤独寂寞，尤其是身遭腐刑的奇耻大辱——这一切，在司马迁的心灵深处组成了一个自卑情结，剪不断、理还乱。当他沉浸其间时，自卑不仅默化为浓郁的悲剧意识，而且发酵成强烈的创作欲望，以至他最终得以超越自卑之上而未沉湎其中"①。讲课是一门学问，更是一门艺术。讲课要"言之有物"，同时也要"言之有方"。一位称职的大学教师，应该同时具备两种才能：问学之才和授业之才。学术创获使得课堂讲授更为充实更有内涵，授课艺术使得传道解惑更为灵动更为鲜活，二者良性循环且相得益彰。

第二，以西方文化、文学现象印证中国文化、文学理论。李先生曾明确指出："当你认认真真地借石攻玉的时候，你最终发现，在你自己的国土上并不缺少良玉，缺少的是艰辛的挖掘和精细的打磨。而在众多的良玉之中，最有历史和现实价值的自然是各个领域的经典。"②这些经典既是民族的，也是世界的。不仅能跨越时间长度，而且能缩短空间距离。在《讲演录》中，李先生对此有很多心得和体会。如讲授第二讲时，将道家"无味"的思想"五味令人口爽"与韩剧《大长今》中大长今失去味觉相互阐释、印证，使抽象的理论变得形象具体，同时还加深了学生的印象。而在解释老子"虚空"思想时，则保留地指出海德格尔《陶壶的物性》一文中关于"陶壶的物性"的诗性阐述，很可能是受了《老子》"埏埴以为器，当其无，有器之用"的影响，因为海氏是读过《老

① 李建中：《中国文化与文论经典讲演录》，广西师范大学出版社 2007 年版，第 212 页。
② 李建中：《中国文化与文论经典讲演录》，广西师范大学出版社 2007 年版，第 512 页。

子》的。如讲授第十一讲时，将俄罗斯大喜剧家果戈理《钦差大臣》的讽刺艺术与李渔《闲情偶寄·结构第一》中强调"科诨"相印证。并用莫泊桑写《包法利夫人》时的感受"我在写到包法利夫人吞砒霜自杀的时候，我满口都是砒霜的味道"，来说明李渔的"设身处地、代人立言"理论。而讲授第十二讲时，更用普鲁斯特坐在轮椅上，一辈子都很少出他的房子，阅世虽很少，但写出来的小说《追忆似水年华》却很美，来说明王国维《人间词话》中"主观之诗人，不必多阅世，阅世愈浅，则性情愈真"的理论。这些印证材料都是西方文化、文学史上较为重要的现象，选其"一"，往往能获得"当十"的功效，说服力强。

第三，中西文化、文学理论比较研究。中国文化与文论经典既源远流长，又独具特色，在概念术语以及入思方式等方面，都与西方有很大的差别。这使得处于完全不同文化背景下的西方学者，难以进入其中，彼此相互印证也十分困难。而中国学者如能摆脱过去那种比较封闭的思维模式，用一种开放的眼光来审视中国传统文化与文论，以西方文化与文论为参照，打通中西方文化与文论，对它们进行比较研究，则一方面能寻找本民族文化与文论在世界文化与文论中的地位，另一方面又能发现本民族文化与文论和世界其他民族文化与文论之间的会通点，这对中国文论与文论走向世界和世界性文化与文论的形成都有重要意义。对此，李先生也深有感触。在讲授第十一讲时，他指出，把李渔的戏曲理论与欧洲从古希腊到现代的戏剧理论加以比较是一件非常有意思的事情，可以帮助我们理解李渔戏曲理论的特色。在全球化时代，更要注意发掘民族文学理论的本土特色，这也是我们今天探讨李渔戏曲理论的当代价值之所在。严格地说，将中西文化、文学理论进行比较研究是比较诗学或曰比较文艺学的基本内容。但在中国文论与文论的研究中运用此方法，则能凸现中国文化与文论的当代价值和学术意义。

最后，需突出强调的是，作为给硕士研究生授课的课堂实录，《讲演录》的教学艺术——故事性与学术性相互交融也值得借鉴。研究生讲坛固然要以学术性为首要，但仅以学术自居则会使课堂了无生趣。李先生对两者关系的把握很有分寸，如《讲演录》分别于不同的章节讲解了阮籍的侄儿阮咸上演的托尔斯泰《复活》式的故事、晒衣服的故事，孔融的故事，慧能的故事，李贽的故事，金圣叹的故事；还讲授了古代文人士大夫不同的死：屈原投江自杀，贾谊忧郁而终，嵇康"顾视日影，索琴而弹"极富诗意的死，刘勰在定林寺悄悄逝去，李贽在万历时阴冷潮湿的监狱里自尽，金圣叹在江南的刑场诙谐地受戮，王国维投湖而死等等，不一而足。使研究生们在绚丽多彩的故事中，深刻领悟其中蕴含的文化与文论观念，形象、透彻、明了、易懂。

　　总之，《讲演录》将教学与科研融为一炉，在叙事中明理，在抒情中展义，其"课堂语言"兼具诗性与理思、谐趣与雅致、热心肠与冷幽默，"听课人"因而能在一种"读小说"或"吟诗词"的惬意中领悟中国文化与文论经典的奥义和真谛。

（原文发表于《学理论》2009 年第 23 期）

青春版《文心雕龙》可否期待

——详《文心雕龙讲演录》

吴中胜

什么样的课才是成功的大学讲课呢？这个问题太大，一句两句说不清。我倒觉得一个教育专家讲得甚好，他说，所谓成功的大学讲课，那就是讲胡适让人喜欢胡适，讲鲁迅让人喜欢鲁迅。就是说，教师只要能让学生喜欢、关注、思考你所讲的对象，你的授课就成功了。如用这个标准来衡量李建中先生的《文心雕龙讲演录》(以下简称《讲演录》)，我们完全可以说，李先生讲《文心雕龙》是讲得成功了。

以亲近心解刘勰

刘勰在专业中是一个"常用词"，耳熟能详，但在一般的知识人群中，却是一个"专业术语"，是一个"生僻词"。换盲之，刘勰并没有走进一般知识人的阅读和关注视野。就是学中文的人，一见关于《文心雕龙》连篇累牍的疏、注，兴致先减了大半。刘勰成了理论的化身，所以讲刘勰太难了，讲得有滋有味就更难了。在一般人的知识体系中，刘勰被神圣化，被诸如文学

222

理论的集大成者、里程碑之类神化圣化的语言光环包围着。以致常人不可理喻，更不敢亲近了解了。与一般高台讲章不同，《讲演录》讲出了刘勰亲近的一面。

刘勰可敬，自不待言。然而他亦可亲，因为他是凡尘肉身，他也有一切平凡人的希望和需求。关于刘勰生平，《讲演录》扣住《梁书·刘勰传》的三句话来讲，一是"家贫不婚娶，依沙门僧祐"；二是"干之于车前，状若货鬻者"；三是"燔鬓发自誓，未期而卒"。既简明扼要，又亲近可信。刘勰的人生道路一如世间一切凡夫俗子。然而就是这么一个凡夫肉身却偏偏不婚娶，岂不耐人寻味？至于原因，《讲演录》也没有给出答案，而是引用学术史上四种代表性的有意思的观点，逐一评述也引人思考。以我辈的浅显理解，刘勰也想娶妻生子，但只因"家贫"而"不婚娶"，"依沙门僧祐""积十余年"也是不得已而为之的事，而与出身、信佛、孝之类关系不大，因为这几种情况都是可以结婚的。以我的理解，刘勰自然也想建功立业，所以一旦"出为太末令"，就"政有清绩"。自然他也想为人赏识，所以才"状若货鬻者"，"负其书""干之于"沈约"车前"。(《梁书·刘勰传》)这一切一如我们芸芸众生，渴望生活甜美，渴望青史留名。走进刘勰，就要求我们将心比心，以饮食男女的素朴心来领悟，进而才能体会《文心雕龙》的真意。

刘勰可亲，在于《文心雕龙》的言说可亲可近。骈体文在今天看来过于典雅，但在刘勰时代却是青春的文体，就像今天的网络语言。刘勰实际上是在用时代最流行的语言在言说，能不亲近乎！文心是抽象的甚或玄妙的，但刘勰的言说其实离我们并不遥远。"文之为德也大矣，与天地并生者何哉。"我很喜欢《文心雕龙》开篇的这种言说，文心文理与天地万物并生共存。既如此，言万物也即言文理，言文心也可比万物。所以我们任何时候打开《文心雕龙》，都有一种天地万物扑面而来的鲜活感。这里有中国人故土的乡音，有"云霞雕色"，也有"草木贲华"；有"林籁结响"，也有"泉石激韵"；有"献岁发春"，也有"滔滔孟夏";有"天高气清",也有"霰雪无垠";有"一叶"与"虫声",也有"清风"与"明月"……这是中国人世世代代生活的场景,一幅幅农耕社会触目可见的画面,总之是一个中国人非常熟悉亲近的世界。一句话,这是用中国人自己的语言说自己的事,不像现在的许多文学理论在用别人的语言说自己的事,自己隔膜,别人也觉得陌生。但经过1000多年来各种各样研究者的诠释、解说,《文心雕龙》愈来愈演绎成一部理论形态的解说词。面对虽文辞优雅,但注解繁复的《文心雕龙》,大多现代人仅浅尝辄止,只知《文心雕龙》美,但不知其所以美,难以领略其中的真味。《讲演录》一路讲来,把我们领进了《文心雕龙》原本鲜活的文学世界,读之也随和亲切。

以专业心理雕龙

如前所说,刘勰可令学者望而却步,也可令讲者心生恐惧。但刘勰可学亦可讲,当然要讲好,却并不是件容易事。这首先要求讲演者要有厚实的学术积累。

李先生就不怕刘勰,这跟他的学识积累有关。先生自称刘勰的学生。学生年代,先生就非常喜欢《文心雕龙》,读大学一年级,老师给他开的书单就是范文澜的《文心雕龙注》。那是20世纪70年代的最后一个夏天,先生在没有电扇的宿舍里挥汗读刘勰。在这里,他看到了文学理论课程上所没有的另一个理论世界。《文心雕龙》有文采、有丽辞,吸引着好奇求新的年青人。他开始背诵其中的篇章,逢年过节给亲友写明信片,甚至给女同学写情书也都要用上其中的佳句。从20世纪80年代师杨明照先生专攻《文心雕龙》,得到高人指点,先生在龙学及相关的批评史研究领域一路高歌猛进。参加工作后至今,先生在高校研习、讲授《文心雕龙》已有 20 多年。用先生自己的话来说,《讲演录》"既是讲课实录,亦为龙学心诀"。多年的研究和教学相长,使先生对刘勰及《文心雕龙》可谓心领神会。

由于对有关素材非常熟悉,《讲演录》随手称引,掌控自如。如谈刘勰的思想资源,《讲演录》拈出"文师周孔""道法自然""术兼佛玄"三个标题。如谈"世纪龙学",百年龙学可谓俊才云蒸、佳作叠起,作者言之,则云"黄札范注""西杨东王",扣住了 100 年来龙学史上影响最大的黄侃、范文澜、杨明照和王元化四位大师。在具体介绍时也注意分析各自的研究特色。与本文话题相关的是,20 世纪几本重要的《文心雕龙》著作都与大学教育有关。黄侃在多个大学讲《文心雕龙》,据说他在北京大学讲《文心雕龙》时,隔壁教室就是主张白话文的胡适在上课。黄侃要专门用一节课来大骂胡适。

1922 年,范文澜在南开讲《文心雕龙》。而杨、王两人,则分别是四川大学、华东师范大学的博导,也主要讲《文心雕龙》。而王元化的《文心雕龙创作论》则成为 70 年末 80 年代初龙学界理论水平最高的著作,其研究特点是所谓"黑马路径",和钱锺书的《管锥编》《谈艺录》《七缀集》,季羡林的《中印文化关系史论集》同获中国首届比较文学荣誉奖(最高奖)。对于这些先生们研究和教学的有关掌故,《讲演录》娓娓道来,读来兴趣盎然。

问题意识是学术讲演很高的要求和境界,一个口才极佳但只能讲书本常识的老师,也不能算一个好的大学老师,因为他不能给大学生、研究生以学术和方法的启迪。问题意识恰是本书的鲜明特点。《讲演录》不是讲《文心雕龙》的赏析,而是选择龙学上的重要问题来谈。以问题为中心,李先生分别讲述了《文心雕龙》的思想资源、思维方式、话语方式、文体理论、创作理论、接受理论、作家理论、文学史观。这些都是《文心雕龙》的重要内容。由于结合自己多年来的研究谈龙学,《讲演录》每有新见。

以青春心会文心

　　青春就是要生机勃勃,不能死气沉沉。文学本来就是有滋有味的事。记得2008 年 11 月在首都师范大学召开的《文心雕龙》国际研讨会上,李先生作了《创生青春版〈文心雕龙〉》的演讲,充满激情的演讲在大会上引起很大反响。就其要义,就是想激活当下的《文心雕龙》研究。

　　怎么激活呢?最重要的当然是要回应时代,要直面和回答时代的现实问题。"刘勰当年写《文心雕龙》,是在回应他那个时代的文学和文学理论问题。刘勰的时代问题是什么?佛华冲突、古今冲突以及"皇齐"文学的浮华和讹滥。青年刘勰内化外来佛学以建构本土文论之体系,归本、体要以救治风末气衰之时弊。我们今天研究《文心雕龙》,同样需要回应我们这个时代的文学和文学理论问题。

　　"我们的时代问题是什么?东西方文化及文论冲突中的心理焦虑、古今文化及文论冲突中的立场摇摆以及文学理论和批评书写的格式化。而青年刘勰在定林寺里的文化持守与吸纳,在皇齐年间的怊怅与耿介,在 5 世纪末中国文论的诗性言说,对于救治 21 世纪中国文论之时弊有着非常重要的意义。"后记中的这段话,恰好说明《讲演录》对当下文学和文学理论的现实关怀。大学讲堂,老师应该引领学生关注现实社会生活。关注当下,立足现实也是《文心雕龙》的学术要义之一。在具体讲演中,我们时时处处可以感受到《讲演录》的青春激情和现实关怀。如《情采》篇要求"为情造文",《讲演录》就重视挖掘其"现代意义":当下社会,一年能生产出 400 多部长篇小说,却没有好作品。这是《讲演录》对当下文坛的忧虑,一如《文心雕龙》对"皇齐"文坛的忧虑,对当时各式文学批评弊端的思考。《讲演录》有很强的现实针对性,说明李先生有强烈的学术道义和学术良心，自然能引起学子们的共鸣。

《讲演录》力避《文心雕龙》作为理论书籍的无味，引一些生动的小故事是很有必要的，也有利于活跃课堂气氛，加深大学生对文本的理解。如讲《事类》篇，《讲演录》讲了明代笔记小说《夜航船》中小和尚和两个秀才的故事，今天读来也是有滋有味的。这是一系列轻松自如、富有情趣的演讲。《讲演录》保持了讲演的原汁原味，不同于思理缜密、语言精准的学术著作。这本《讲演录》完全根据讲课的录音而作，时时有一些"话搭头"，比如"那么、那么""这个、这个"，口语化的行文，读来更有现场感，如亲临现场听李先生讲课一样。李先生时时说上一段逸闻趣事、学界旧闻，更使讲演引人入胜。这些都使得《讲演录》活泼了许多，·改一般学术著作的生硬和呆板。

李先生说，他最喜爱《文心雕龙》末尾的两句："文果载心，余心有寄。"中国古代文论本来就讲究"以心会心"，《讲演录》扣住一个"心"字，用心去体悟，用心去讲《文心雕龙》。

（原文发表于《中国图书评论》2012 年第 3 期）

珞珈龙坛新收获

——评《文心雕龙讲演录》

陈永辉

《文心雕龙》问世于公元 5 世纪末,至今已有 1500 多年。千年龙学,成果丰硕,尤其是 20 世纪以来,龙学成为显学。黄侃《文心雕龙札记》开 20 世纪中国新龙学之先河,范文澜《文心雕龙注》在校勘、征引、释义等多方面均有卓越建树,杨明照《文心雕龙校注拾遗》和王元化《文心雕龙创作论》则分别代表着龙学两大领域(考证和义理)的最高成就。地处珞珈山的武汉大学早与龙学结缘,堪称 20 世纪龙学重镇,黄侃、刘永济、朱东润、吴林伯、罗立乾等学人均在此为龙学研究作出重要贡献。进入 21 世纪,龙学在珞珈山薪火相续,戊子年岁末问世的李建中《文心雕龙讲演录》成为珞珈龙坛的新收获。

《文心雕龙讲演录》共分八讲,对《文心雕龙》进行全面的理论阐释和现代解读。引言部分,著者以"孤寂人生"为题讲述刘勰生平,以"诗性智慧"为目阐发《文心雕龙》的民族诗学特征,后者成为贯穿本书的主线。第一讲依次从"文师周孔""道法自然""术兼佛玄"三个不同层面追溯《文心雕龙》的思想资源,第二讲将《文心雕龙》的思维方式归纳为"整体性思维""溯源性思维"和"折衷性思维",第三讲则将《文心雕龙》的话语方式表述为"玉润双流""宫商事义"和"比兴秀隐"。从第四讲始,作者进入《文心雕龙》内部来研究其文学理论：文体理论的四大原则和三大形态开阖自如，创作理论之"神用象通""情经词纬"和"心物赠答"颇多创见，接受理论的"知音之难""知音之方"和"知音之乐"融通中外，作家理论之"才性异区""率志委和"和"傲岸泉石"出入古今，文学史观之"兴废时序""会通适变"和"宜宏大体"兼具历史意识与现代忧患。结语部分，作者以"千年龙心"为题回顾了《文心雕龙》自问世以来在中外文学批评史上的传播与接受，以"世纪龙学"为题评述自"五四"以来龙学研究的现代性进程，尤其是回顾了珞珈龙坛的辉煌成就，并在全书结尾处道出著者撰写《文心雕龙讲演录》的"为文之用心"。

由以上对该书内容的简析，可以看出该书体例严谨明晰。引言和前三讲可以看作本书的上篇。上篇以明纲领，从整体视角依次研究《文心雕龙》的诗性智慧、思想资源、思维方式和话语方式。后五讲是下篇。下篇以展眉目，从文本的内部视角分别研究《文心雕龙》的文体理论、创作理论、接受理论、作家理论和文学史观，并且这五讲和《文心雕龙》的相关篇章是一一对应的。最后的结语，回溯、总归千年龙学成就，自叙著者"文心"，可视为全书之"序（叙）志"。因此该书在体例结构上由表及里，由总体概括到具体分析，形成一个严谨而清晰的理论体系。稍作比较，我们就可以发现该书体例设计和《文心雕龙》有相似之处，由此亦可看出《文心雕龙》的"体大思精"已经深深影响了该书作者的思维方式和言说方式。不仅如此，该书各讲的结构也是严谨对称的。从该书的目录我们可以看到，一头一尾的引言和结语均分两个小节，作为主体的八讲均分三个小节，而且各小节标题均由简洁凝练的四字语构成。这种结构安排非常对称，具有音乐的节奏之美和建筑的结构之美。

龙学是显学，研究者甚多，要想在这一领域做出创新殊为不易，需要叶燮所说的"才胆识力"。而我们欣喜地发现，这本《文心雕龙讲演录》有颇多创新之处。

首先是研究视角独特。作者独辟蹊径，从文化人类学的角度来考察《文心雕龙》的诗性智慧，并将《文心雕龙》的诗性智慧当作贯穿全书的一条红线。比如作者发现《文心雕龙》的儒道佛思想资源、整体性的思维方式、以骈俪为主的话语方式、经验归纳的诗学范畴等都具有鲜明的诗性特征，而这些在龙学界尚无人提及，因此是作者重要的学术创见。独特的视角还表现在作者以现代文艺学及文艺心理学的方法，重新解读《文心雕龙》的文学思想及批评理论。作者围绕着文学活动中世界、作者、读者、作品四要素进行结构谋篇，在对各要素的展开中灵活运用现代文体学、接受美学、形式主义及结构主义文论等观念和方法，从而使本书具有浓重的现代色彩。李建中教授治中国古代文论，一向主张"依经立论，借石攻玉"，而《文心雕龙讲演录》恰到好处地实施了这一研究思路。

　　该书不仅视角新颖，其理论见解亦新颖独到。著者坚持自己的独立思考，对既有的龙学观念质疑。比如鲁迅先生对《文心雕龙》有一个很权威的评价：《文心雕龙》可以和亚里士多德《诗学》相媲美。作者认为，鲁迅是以《诗学》的逻辑性和哲理性为楷模来褒奖《文心雕龙》，强调的是《诗学》标准以及《文心雕龙》与这一标准的契合，从而遮避了《文心雕龙》的诗性智慧和东方特色。著者的这一见解是发人深省的。著者对《文心雕龙》本身的理论也往往进行逆向思维从而阐发新见。比如在讲《文心雕龙》的创作理论时，刘勰对"为文而造情"是持否定态度的，认为"为文而造情"写不出什么好的作品来。但著者在该讲中以实例说明有时创作的发生其实并不都是因情而动，"为文而造情"有时也能写出不朽的作品来。这些观点均是发前人所未发，令人耳目一新。

　　著者在结语中曾说到20世纪新龙学不同于旧龙学的一个特征，是前者强调学术研究的现实针对性，也就是研究者要来回应他们所处的时代问题。这本书自然也是对现实有所寄托的。本书各讲的论述往往跨越时空，把古代和当下结合起来来，形成很多问题意识。如第六讲表达对当下图像霸权的积极看法，第七讲表达对现在数量化学术管理体制的担忧等。作者特别指出，刘勰的文化选择和文化策略对我们有重要的启示。我们这个时代与刘勰的"皇齐"时代有某些相似之处：外来文化(南朝是印度佛教，今天是欧美文化)呈强势或攻势，本土文化呈弱势或守势，但刘勰并没有失语，刘勰的《文心雕龙》使用的都是纯粹的中国文论话语。然而，《文心雕龙》又的确有"佛"：不是佛学的经论或术语，而是佛学的系统思维和分析方法。而我们这个时代的文论书写在处理外来文化和本土文化之关系时却和刘勰做的相反，我们的理论被各种外来主义充斥着，本土文学理论反而不见了踪影。我们如果能够像刘勰那样处理外来文化与本土传统的关系，华佛交通，中西融会，则文论的言说不仅是本土的，更是普世的，何来"失语"之患？

该书尖锐地指出，刘勰文论的话语方式对当下僵化的文论书写有针砭之效。该书在引言中就标举《文心雕龙》的诗性智慧，其实这涉及中国文论的"怎么说"。长期以来，理论界大都是从"说什么"的视角来研究中国文论，对中国文论的"怎么说"却没有给予足够的重视。由于时代的变迁，这一研究策略使中国文论面临失语的尴尬。著者因而指出，研究中国文论要实现从重述其"说什么"到精析其"怎么说"的战略转移，中国文论"怎么说"的最鲜明的特征便是其诗性智慧，而这种具有民族特征的诗性传统在 20 世纪初就断裂了，如今的文学批评变成了模式化甚至格式化的学术制作，变成了非诗意的栖居和唯理性的存在，文论话语因之艰涩干枯且千人一面。在这种情况下，中国文论的诗性传统无疑是疗救此疾病的一剂良药。因此，我们重建 21 世中国文论，必须把已经断裂了的诗性传统重新续接上来，而本书对《文心雕龙》诗性特征的研究也正是为了实现这一目标。著者认为，刘勰内化外来佛学以建构本土文论体系的文化选择，刘勰以骈体语式论述文学理论的诗性话语方式，此二者均对 21世纪中国文论的建设具有重大的启示和意义。这也是著者"为文用心"之所在。

该书在言说方式和语言表述上，集学术之严谨与口语之明快于一体。该书学术性很强，每一讲稍加打磨都可以成为规范的学术论文。可贵的是，该著于理思深邃处并不乏晓畅明快，作者用一种叙述式文体改变了以往学术著作严峻冰冷的面孔。从中我们可以看出著者近几年在中国经典文化之普及，在传统文化的现代价值之实现等方面所作出的艰辛努力。往更深处说，著者是在寻找人文学科存在的普适价值和意义——学问并不只是学者在书斋里赏玩的对象，她更是社会进步的利器。因此，该书的出版必将是中国经典文化普及的一件幸事，更是龙学普及的幸事，也是热爱传统文化的广大读者的一件幸事，作者也必将在弘扬民族文化的时代潮流尤其是龙学传播中唱响自己的声音。该书如果能够在正文后面附上《文心雕龙》五十篇原文和《梁书·刘勰传》，则读者使用起来就更加方便了。著者在书中说自己是刘勰的学生，现在"学生"可以向"老师"有所交代了。而千载之上，刘勰不仅当引著者为学生，更会引著者为知音矣！

（原文发表于《长江学术》2009 年第 2 期）

快活的秘诀

——读《湖畔之舞》

樊　星

　　与建中是多年的朋友了，和他在一起，总能感受到他的快活——爽朗的笑声、热情的问候、幽默的谈吐、然后又是爽朗的笑声……这次，他将自己多年写的散文(包括学术随笔、杂感、序跋)结集出版为《湖畔之舞》(贵州人民出版社出版)，也是满怀喜悦地分赠各位友人，边赠边说："编这个散文集的感觉很过瘾呵！跟以前编论文集的感觉很不一样……"

　　他编得过瘾，我读得也过瘾，坐在阳台上，沐浴在阳光中，一个下午，不知不觉的，就看得差不多了。看过以后，对这位仁兄更加了解了：他为什么老是那么快活？是因为他不仅从做学问中收获了硕果，而且从非常平凡的生活小事中也发现了有趣——他喜欢到处看(从看风景到看电影、看足球、甚至看菜地)，边看边琢磨，有所感觉就记下来，久而久之，积成此册。一个对许多事物都保持了浓厚好奇心的人，怎么能不快活呢？他的生活中不是没有烦恼，《"教授"的感觉》《如今教授什么价》《男人，悲夫》《车来车往》都是证明，但他显然很善于自我调节，不使自己沉溺于愤世嫉俗或失望叹息中。这算不算"精神胜利法"？我觉得不算。人总难免形形色色的烦恼，但"知者不惑，仁者不忧，勇者不惧"(《论语·子罕》)。有学问可做，有朋友可聚，有风景可看，哪

些烦恼又可奈我等何？有如此超迈的胸怀，那些烦恼就不算什么了吧。这与
"精神胜利法"显然是两回事。"精神胜利法"是打肿了脸充胖子，而"知者不
惑，仁者不忧，勇者不惧"则是君子自强不息的高超境界。

　　这本集子的另一个看点是那些学术随笔。现在的学界重视论文，轻视随
笔。可事实上，学术随笔不可轻视。钱锺书的名著《管锥编》就是读书随笔的
汇编。论文要做，学术随笔也要写。学界高手是可以双管齐下的。在这本集子
中，《阴阳错位：中国士大夫的女性人格》《臣妾心态》《魏晋人果真风流?》《琴
赋一曲尽雅声》等篇就是有学术根基，也闪烁着思想火花，文风也灵动活泼的
好文章。文化现象的博大精深、玄妙神秘常常是理性的思辨、严整的论著鞭长
莫及的，因此需要有学术随笔，一来可以还原学术的活泼(学术本来就是来自
历史与生活的)，二来可以普及文化知识。在这方面，当代《读书》《随笔》《书
屋》杂志中的许多妙文都为人称道。看来，有一批学者在学术随笔的写作上是
倾注了许多心血，也取得了不俗的成就的。我也期待建中在这方面能写出更
多、更精彩的好文章来！

（原文发表于《楚天都市报》2009 年 5 月 26 日）

湖畔的舞者

——读《湖畔之舞》

李　立

　　将以往发表的散文选辑成书，如同将无数次"闪回"俱陈眼前，这本身便已深蕴一种源自时间的诗意。于是，尚未与已经、彼时与此时、过往与眼前的对比，在这里获得了审美的价值内涵；追怀与感慨，历经与思考，希望与冀盼，在这里呈现出惘然而热情的美。《湖畔之舞》仿佛也已经不再是一卷散文，而是一个生命的历时存在的共时呈现，它联结着过往的过往、过往以及现在三者，展示着一种时空错落、光影交叠的奇观。

　　《湖畔之舞》乃性灵之舞，思绪之舞。这些舞蹈或多或少都带着"即兴"的风格，寓目则书，有感辄发，情真意切，是以"不隔"，可谓下笔立就，信手拈来，叹其舞姿翩跹，才华盈溢。怀往事，念亲情，叙爱恋，则满纸深情，颇有动人之处。或是念念难忘，无法释怀，情味凄凉；或是笑语盈盈，极享温馨，其乐陶陶。尤其在写及妻子、女儿、父亲、泰山之时，字字看来皆是情，其深如许，令人动容。抒杂感，议平生，炼随笔，则嬉笑怨怒，发而后快，吐而后悦，任情骋怀，酣畅淋漓，有虽不能至、心向往之的梦想，有倾心相与、吟语自誓的热爱，有睿智的幽默、调侃的自嘲，妙趣横生，有对人生的了悟、对沉浮的参透，亲切而深广。谈艺论文，品书评影，则见解独到，入木三分，却不囿于评论对象，而长怀叙志，巧抒己见，可谓诗与思偕，情共理并。

　　《湖畔之舞》乃时间之舞，青春之舞。有生有死之人在与永恒无尽而不可逆转的时间相参照中获得意义。年年岁岁，湖畔相似，春风绿柳如往；岁岁年年，几多沧桑，其舞其咏是否依旧？《湖畔之舞》中每一篇散文的末尾都附有首次发表的时间，虽然只是寥寥几字，却仿佛在暗示着什么，欲说还休，引人推想，是由昔及今的际变？是由今及昔的感慨？还是逝者如斯，不舍昼夜的无奈？是以每读一篇，必循其时间，然后知何谓《湖畔之舞》。虽则如此，但《湖畔之舞》并不仅只意味着过去，却更指向未来。虽然岁岁年年人不同，但湖畔依然，湖畔之舞依然，春去秋来，时光荏苒，只有这里，总是青春的舞影如画，总是青春的誓言如歌。

　　《湖畔之舞》乃寻觅知音之舞，渴望了解之舞，乃一个孤寂舞者的独舞。看《那片小松林》，才知道在清远幽静的湖面之下，也奔涌着纯挚而朦胧的爱恋，在乐观旷达的笑容之下，也藏着几许哀伤与忧愁；看《顿：自由之页》《女儿今年考初中》，才知道吾师在作为父亲之时，对女儿有着怎样用之不竭的爱；看《回家》《"却阳湖"与"忆郇氏"》，才体会出吾师对"家"的深深眷恋，对世间最美好情愫的执着；读《三句半》，才晓吾师无论在大学还是在宣传队，都是首席笔杆子，他写的各种文艺作品，当时的同窗至今犹记；品《死亡的诗意》《生死之间》，就想到那些独特的生命体验，那些至悲至美的终极追问，令吾师获得了几多难得的宁静雅远与从容坦然；品《少年不识"戏"滋味》，才体味出那段特殊的岁月承载着吾师怎样的逝水年华……舞者在湖畔旋转、俯仰、跳跃，我看到的不再仅仅是他的一面，而是各个角度的他，如此真实，如此丰富。"叶公问孔子于子路，子路不对"，这则故事出自《论语·述而》篇，说的是有人问子路他的老师孔子是一个怎样的人，而子路回答不了。我以为，子路之所以无法作答，不是因为他不了解孔子，而是太了解，以至于孔子在他心目中的形象是那样生动鲜活，所以他无法用任何词句来描绘。如果现在也有人

"问吾师于我"，我想我也会像子路一样失语，唯以《湖畔之舞》以对。

《湖畔之舞》乃流浪之舞，寻找身份确证之舞。这一卷散文承载着吾师曾经的彷徨与焦虑。吾师写他的舞蹈家、音乐家之梦，他的戏剧才能，他的各种文艺体裁创作的天分，他的对古典文学的兴趣，写他的大学时代、研究生时代、托福考试，写他的各种尝试与生命体验：从政、摄影、经商、炒股、出国……他一直在追问，"我是谁""我在这世上究竟担负着怎样的使命""我做什么才能实现我自己"？直到他走上了治学之路，直到他选择了教师这个职业，他才真正领略了某种谜一般的魅力，那是他向往已久的平淡的宁静，诗性的自由，那是叙事的快感，教学相长的乐趣，学生们的青春气息。于是他庆幸自己的选择，于是他对自己发愿，来世还当老师。然而他的流浪未曾停止，"历史与当下的拷问，艺术与哲学的焦虑"折磨着他的灵魂，"只要他执着于对人类的'终极关怀'，他便总是'生活在别处'，总是在时间与空间的荒古中苦苦地漂泊，苦苦地寻觅，寻觅人类灵魂的皈依，寻觅人类精神的故园"。吾师于寻找自己的过程中，创造了自己。

《湖畔之舞》乃文字之舞，语言之舞。知音难逢，千载其一，而吾师竟觅得两位知音，一者自己，一者文字。在《湖畔之舞》中，可以看到心灵与文字之间所达到的某种神秘的默契。其行文笔法，一起一落，都有来历，篇无赘句，句无赘字，其语言外在朴实、通脱，内在则结构致密，如行云流水，一气呵成。其文之美并不依赖也并不来自藻采的华丽，而是深厚功底的自然流露，是以情运文的率真、淳朴与坦诚，是一种特殊的语言天赋使然，仿佛心中所思所感越过了文字而直接呈现在读者眉睫之间。这里似乎看不到语言的痛苦，而全然是驾驭文字的快感，可谓风清骨峻、意真辞达。吾师通过文字，或者与自己对话，看自己吐露在纸上的深情，或者思接千载，视通万里，与古人、与他人谈艺论道，写一封不用投寄的信。一切都只因为，文字之舞是一种快乐，这种快乐不仅在吾师，也能感染读者，令读者享受散文中所传达的快意。信矣乎，文果载心，其心有寄。

《湖畔之舞》乃众人之群舞，折射出整整一个时代。同辈人看了会叹道，这写的俨然就是自己，不禁拍案称快，捶胸感慨，手之舞之足之蹈之。昔日同窗好友看了，便觉往日重现，故地重游，逝者如斯，唏嘘不已。这个舞者舞出的是集体记忆的刻骨铭心，是那个特殊年代的特殊情结、特殊经历，是某种若即若离、似近似远的舞蹈史诗印象。

联篇结集，以成《湖畔之舞》，是记忆中的闪回，一如陈年的佳酿，醇香扑鼻，余味缭绕；是 G 弦上的咏叹，一如尘封的霓裳羽衣，辉光犹新，翩然似画。若令湖畔无此等文字，纵是水碧柳青，湖畔亦寂寞了。

（原文发表于《贵州日报》2009 年 5 月 22 日）

传统文化复归，普及读本先行

——评《中国文化：元典与要义》

熊　均

对于普通读者来说，由于知识水平和接受能力的限制，他们不可能直接去面对诸如《十三经注疏》和《新编诸子集成》这些体制巨大且内容艰深的元典本身；为广大普通读者提供了解和学习中国传统文化精髓的文本，势在必行。

20世纪90年代以来，中国历史开始了新的转型，文化发展趋向于注重传统的回归。但是，这种回归不是对传统文化的简单重复，而是从传统文化中汲取精华，获得前进的力量。文化发展的新趋向使得上至国家领导，下至普通百姓，掀起了了解和学习中国传统文化的热潮，而传统文化的精髓寓于各种文化元典当中，因此对文化元典的学习成为社会的共识。然而，对于普通读者来说，由于知识水平和接受能力的限制，他们不可能直接去面对诸如《十三经注疏》和《新编诸子集成》这些体制巨大且内容艰深的元典本身；为了给广大想要了解和学习中国传统文化，而又没有很好基础的广大普通读者提供了解和学习中国传统文化精髓的文本和路径，《中国文化：元典与要义》在文化元典中精选篇章，并以"关键词"阐述的形式在"要义篇"中揭示元典中所包含的传统文化内蕴，使广大读者能够通过对本书的学习，了解元典及其要义，将今天的民族精神与传统文化联系起来，弄清楚中国文化的来龙去脉，从而更深刻地认识元典的历史和文化价值。

　　中国优秀的传统文化和多元的学术观点，大都导源于先秦时期产生的文化元典。从《中国文化：元典与要义》的选文来看，本书内容涉及了文学、历史、哲学、宗教、军事、政治、法律、音乐、绘画、书法、医学甚至建筑艺术等，对于广大读者全面了解中国传统文化的原貌提供了极好路径和文本。由于中国文化元典几乎涵盖了所有的人文学科，且其中大多数元典也常常兼有各人文学科的广泛内容，因此本书的作者们不是从某一角度或单一学科出发来对"关键词"进行解析、阐释，而是力求对其进行全方位地、系统地考察论证，且"要义"篇的关键词均出自于"元典"篇中所列出的选文，选文是关键词的来源，关键词是选文的解诠，由选文到关键词，再由关键词回到选文，将元典与要义互证互见，让读者在阅读元典时有据可依，在阅读要义时又有章可循，从而能对整部著作建构起来的中国文化原生原创、原汁原味的意义世界有深刻而真切的把握。

　　冯天瑜先生指出，"元典"包含有始典、首典、基本之典及大典、善典、宝典等意蕴，亦即圣典、经典之义。《中国文化：元典与要义》所选著作，皆不愧中国文化元典之称。文化元典涵盖了中华传统文化的各种文化因子，要想深刻把握中国传统文化的精髓，就必须破译元典文本，求得元典要义——关键词的深刻蕴涵。因此，元典的选文是零距离接触元典最重要的途径。由于选文标准既要符合元典的内涵，又要兼顾普通读者的知识水平和接受能力，本书的作者们对选文的注释力求简洁、精到，要义论述既注重可读性又不偏废学理性，使全书易读有趣，让广大读者能够轻松直面中国文化元典本身，纠正了过去那种以典籍介绍来替代阅读文本的做法；而了解元典要义——关键词，则是融阅读与思考为一体的体验性过程，元典的选文与要义的解读共同构成了本书的主体。本书所选30部伟大著作均堪称是9大门类中的经典，这就让广大读者对中国文化有了一个全局的鸟瞰和系统的把握，可谓是一书在手，就能对整个中国传统文化的元典与要义全局在心。这部体系庞大的《中国文化：元典与要义》不辱为广大普通读者提供了解中国传统文化精品和路径的使命，对于中国传统文化的解读和弘扬功不可没。

（原文发表于《中华读书报》2016 年 11 月 30 日第 8 版）

索源·返场·应用

——评《中国文化：元典与要义》

李　远

　　中国文化是轴心期以来唯一一个仍然继续发展繁荣的文化，有着生生不息的活力。如何把握和理解其中奥义之所在，李建中先生的《中国文化：元典与要义》一书，为我们提供了方法和路径。

　　"元典"与"要义"，是李建中先生理解中国文化的两个关键词。"元典"一词，学界一般认为是由冯天瑜教授首先使用的，他认为："'元典'有始典、首典、基本之典、原典、长(长幼之'长')典、正典、大典、善典、美典、上典、宝典等意蕴。"而"文化元典"，可以视为对人类社会进步和文化精神的灌注产生巨大影响的典籍。自冯天瑜先生始，对于"元典"的关注日益升温，如冯天瑜先生的《中华元典精神》(上海人民出版社，1994年)，李凯的《儒家元典与中国精神》(中国社会科学出版社，2002年)，刘大钧的《元典哲蕴》(上海古籍出版社，2004年)等，河南大学出版社也于2001年出版"元典文化丛书"。李建中先生的《中国文化：元典与要义》一书，从文学、史学、经学、儒、墨、道、法、兵、佛等九个角度，选取30本中国文化元典进行注解和分析，回归轴心时期的语义场，希冀通过对文化元典的解诠，探寻中国文化的精神内核之所在。"要义"一词，我们可以理解为"文化关键词"。"关键词"喻指核心的、重要的概念、术语、范畴和命题，这个意义上的"关键词研究"几乎与轴心期的中华元典同时诞生。如《周易》的象传和象传，《韩非子》的"解老"和"喻老"。现代的关键词研究兴起于 21 世纪初，先有《南方文坛》《外国文坛》设专栏讨论关键词研究，后有雷蒙·威廉斯的《关键词：文化与社会的词汇》等一系列专著的翻译，中国学者开始尝试运用这一方法来解读中国文化。李建中先生选取 100 个中国文化关键词，借此来窥探中国文化精神的全貌，不仅为中国的文化关键词研究提供了宝贵而丰富的经验，同时也为中国文化的现代转换提供了一条宽广的道路。而"索源""返场""应用"，则是本书鲜明的研究方法与路径，对解读元典和诠释关键词，有着不可替代的作用。

一、索源：找寻中国文化的生存之基

我们要认知和理解中国文化的精神，就必须从文化元典里去发掘。中国自古以来就有"追本溯源""寻根究底"的成语，有着注重本源的传统，唯有源头之水，才可活当代文化之林。"中国文化的优长和弊端，大多是在源头上铸成。后人研习中国文化，只有回到滥觞处，方能把握中国文化之真谛，方能探到中国文化之宝藏，方能解开中国文化亘古亘今之奥秘。"文化元典是我们理解中国文化精神最直接，也是最准确的资料。对文化关键词的解读，也必须依附于对文化元典的解读，否则在解读中国文化的过程中，就容易产生谬误和偏差。例如，佛教经典《金刚经》讨论了有关"空"的概念，在不对"所有相"执着的同时，也应该警惕对"空"的执着，倘若执着于"空"，就不是佛家所倡导的"空"了。其实，这种思想在先秦诸子的著作中就有所体现。《韩非子·解老》云："虚者，谓其意所无制也。今制于为虚，是不虚也。"韩非认为，倘若人被"虚"这个观念所限制禁锢，那也就不是所谓的"虚"了。我们总认为"执着于空则不是空"的观点是源于佛经，殊不知在先秦诸子的典籍中就有类似的"执着于虚不是虚"的观点。如果我们忽视文化元典的重要性，则无法获得对中国文化客观全面的认识。

刘勰在《文心雕龙·诠赋》中说："然逐末之俦，蔑弃其本，虽读千赋，愈惑体要。"他认为在作赋时，如果只注重旁枝末节的东西而摒弃最根本的东西，即使是学习了一千篇赋文，也毫无益处，只会让自己变得愈加迷惑。我们对中国文化的研究亦是如此，只有把握住中国文化元典的精髓，才能真正领悟到中国文化的奥义。李建中先生的《中国文化：元典与要义》一书，选取 30 本中国文化元典中最精华的部分，并加以注释，目的就是回归元典，关注元典。中国文化不能成为无根之木、无源之水，而应"接地气"、有根据。

二、返场：把握中国文化的历史之维

如果说回归文化元典是理解中国文化精髓的第一步，那么如何对中国文化发展过程中产生的核心的、重要的概念、术语、范畴和命题进行解读和诠释，即对文化关键词的筛选和解读则关乎对中国文化理解的深浅。面对体量巨大、篇目众多的文化元典，如何"振叶以寻根"，以最快的方式把握中国文化，文化关键词给读者提供了一个契机。而李建中先生所设计的由"元典"到"要义"的框架也由此展开。

什么样的词有幸能够成为文化关键词入选本书呢？李建中先生提出了以下几点要求："一是看'出身'，也就是看这个词是否真正出自(学界)已有定论的先秦元典；二是看'名声'，也就是看这个词在轴心时代的使用频率即知名度；三是看'寿命'，也就是看这个词是否还活在今天，活在今天的理论与实践之中，活在今天的主流文化与民间话语之中。"由此，文化关键词拥有了词根性、坐标性和转义性。中华文明具有源远流长的历史，在卷帙浩繁的经典当中，文化关键词的语义发生了流转与变迁，唯有回归"案发现场"一探究竟，我们才能厘清中华文化的生成与发展。以我们经常使用的"文"字为例，该字在当代社会中，其最常见的含义为"文章""文字"，但倘若我们返回到"文"字的原初语义场当中，则会发现"文"字本身的含义与现在大不相同："文，即文身之文。"所以，"'文'的本义为'花纹'，意指由线条交错组合而成的图案或图符"。而后因为这些文身图案具有审美性，"文"便引申出"文采"之义，孔子所言的"文质彬彬，然后君子"中的"文"便是此意。

仅以"文"字一例，我们便可以看出，对于中国文化的深层次把握，必须回归文化关键词的原有语义场当中，把握其原初内涵及流变、转译之过程，才能体现中国文化的生生不息，才能反映中华文化的历史之维。

三、应用：探求中国文化的现代之义

对文化关键词进行溯源和梳理并不是我们所探求的终点，而是为了使其在现代社会中依然发挥其理论价值和思想意义。中国文化具有悠久的历史，但倘若这种"历史"成为一种羁绊，使中国文化在现代社会中日益僵化，脱离时代的潮流，则对其发展毫无益处。李建中先生的《中国文化：元典与要义》一书，不仅对一百个重要的文化关键词追根溯源，同时也十分注重文化关键词在当代社会的意义，涉及关键词的译介与流变。由此，李建中先生开辟了"词以通道"的路径与方法，让生生不息的中华文化在当代重新绽放光彩。

例如，"心"是中国古代一个十分重要的文化关键词，尽管我们已经通过解剖学认识到"脑"才是思维器官，但是现代汉语中依然存在"心"字作为具有思维功能的器官的用法。我们经常会说"我想你想得心疼"，但从不会说"我想你想得脑壳疼"。那么，"心"何时被"脑"所取代，褫夺了作为思维器官的地位，便成为一个值得关注的话题。在英语中，heart 一词主要表达情感义，"思维"之义则主要由 mind、head、brain 等词来承担，如此一来，heart 一词与"思维"义毫无干系，与中国在认识到"脑"作为思维器官后依旧让"心"承担主体思维的功能存在差异。如此一来，"心"字在汉英转译的过程中便容易产生混乱和误解。例如，对于《文心雕龙》一书的书名翻译，刘若愚认为应当译为 Dragon-carvings of a Literary Mind 或 The Literary Mind：Elaboration，黄维樑认为应当译为 Carved Dragon：the Heart and Art of Literature。

仅以"心"为例，我们便可以看出文化关键词在当代社会的运用存在分歧和误读。那么，如何准确地运用和译介文化关键词，使其能够准确表达出中国文化的精髓与精神，并正确使用，就显得尤为重要。本书的"要义篇"正是为了解决这个问题而来，通过"词以通道"的路径，对文化关键词进行界定和解读，使得中国文化的现代转换成为可能，并使其获得无限生机与活力。

戴震曾说："经之至者，道也。所以明道者，其词也。所以成词者，字也。由字以通其词，由词以通其道，必有渐。"所以，要义，即文化关键词，是我们打开中国文化宝库的金钥匙，要义的根基则是文化元典，再辅之以"索源""返场""应用"的研究方法与路径，我们就能真正理解中国文化的奥义之所在。

（原文发表于《理论与当代》2016 年第 12 期）

溯源寻根式整理，固本举要式研究

——评《中国古代文论范畴发生史》

张金梅

　　《中国古代文论范畴发生史》是李建中教授所主持的武汉大学人文社会科学重点研究基地汉语言文学典籍整理与研究中心配套课题"先秦典籍中的文论关键词整理与研究"的最终成果。全书三卷，凡七十万言，分别是刘金波《〈礼记〉卷：礼以节情，乐以发和》（后文简称刘著）、高文强《〈老子〉卷：道法自然》（后文简称高著）和王杰泓《〈庄子〉卷：得意忘言》（后文简称王著）。丛书由武汉大学出版社 2009 年 12 月出版，既是珞珈山麓研治中国古代文论青年才俊们的一次集体亮相，也是中国古代文论学术界中国古代文论范畴研究的一次成功洗礼，在率先打破中国文论范畴研究"以西释中"传统模式的同时，对《礼记》《老子》《庄子》文论范畴进行溯源寻根式整理和固本举要式研究，重新建构了中国文论范畴研究的"发生史"范式，为推动 21 世纪中国文论的理论重构和现代转换作出了重要贡献。

　　中国古代文论范畴研究一直以来都是中国古代文论学术界的热门话题，最具代表性的就是百花洲文艺出版社已推出的两辑"中国古代文论范畴丛书"（共20 本）；而 2009 年 11 月在成都举行的中国古代文学理论年会上，胡晓明会长在缅怀蔡钟翔和陈良运两位前贤的同时，还勉励古文论界将两先生的未竟之业发扬光大。虽然刘、高、王三位青年学者的《中国古代文论范畴发展史》这套书并非围绕某一具体范畴而是以一具体元典构架全书，换言之，后者的入思理路与前者不甚相同，但两者对中国古代文论范畴研究的虔诚和热情却高度一致，是中国古代文论范畴研究领域又一道亮丽的风景。

诚然，中国古代文论在周秦时代只处于萌芽状态，零散不成系统，但后世文论在追根溯源时都会无一例外地回到周秦这个元始和轴心时期。也正缘于此，该套书在融通周秦汉语史、古代史、文学史、批评史、美学史、文化史等学科相关知识的基础上，首次从"发生史"角度在先秦儒道文化元典《礼记》《老子》《庄子》中清理文论范畴的孕育、发生和演变。这种溯源寻根式研究方法在中国古代文论发展史上一直十分盛行，如陆机《文赋》云："或因枝以振叶，或沿波而讨源。"刘勰《文心雕龙·序志》云："振叶以寻根，观澜而索源"。刘、高、王三位学者亦深谙此道，如刘著对"礼"的探讨，先综合《古文字诂林》《说文解字》《尔雅》等工具书的解说注释和裘锡圭、郭沫若、林沄三位先生的考证分析得出"礼"的本源意义；然后从文本细读入手深入研讨《礼记》对"礼"的相关阐释，揭示《礼记》之礼的发生发展规律；接着从功用、构成、表现三方面探讨"礼"文化的基本内容和模式特点；最后以礼与诗、与情、与法的关系为纲研析"礼"作为"不易之理"对后世文学创作从内容到形式、从表现主题到表现手法等所产生的重要影响。这样，"礼"作为中国古代文论范畴，不仅其历史文化底蕴深厚丰富，而且其文论价值流变亦清晰明朗，中国古代文论范畴"礼"的发生史由此彰显而澄明。

又如高著对"道"的论述，先在高亨、傅伟勋、陈鼓应、张立文等前贤相关论述的基础上结合《老子》文本中73个"道"字的相关阐释详细考察"道"之哲学内涵；然后立足现有文献《貉子卣》《诗经》《尚书》到《左传》《国语》，结合《说文》《尔雅》等古代工具书追溯"道"作为中国哲学形而上核心范畴的文化渊源；接着以史的顺序先后探讨了庄子、汉代学者、魏晋玄学家、南北朝隋唐时期佛道二教等对老子之"道"的接受阐释与流变发展；最后从文学批评发展史的角度合理归纳出"道"之文论内涵，并有力论证"道"对中国古代文论范畴的影响，将"道"作为中国古代文论范畴的发生史论述得全面详瞻，深入浅出。

再如王著对"得意忘言"的探究，先从"言""意"的一般意义和《庄子》的具体表现意义——217次"言"的七种基本义和41次"意"的四种基本义分开考察"言""意"的基本涵义；然后从《庄子》整体语境中"言""意"的逻辑归宿层面揭示"言"义以及与之相应的"意"义的三个逻辑层次内涵并扼要观照先秦"言意之辩"，厘清《庄子》诗学语言观发生的哲学背景；接着紧紧围绕"言不尽意"探究《庄子》诗性语言观的基本特点；最后选取《易传·系辞》、魏晋玄学、陆机、刘勰、钟嵘、司空图、严羽、王士祯、王国维等代表性的著作和相关阐释翔实勾勒《庄子》"言不尽意"观对于中国古典美学、文论史、艺术及其批评史影响的重要线索，不仅再现了中国诗性语言观"言不尽意""得意忘言"的发生发展脉络及其基本规律，而且在一定程度上揭示了中国古人的审美思维方式与艺术心理结构。

刘勰《文心雕龙·总述》曾云："务先大体，鉴必穷源。乘一总万，举要治繁。"刘、高、王三著深识"鉴奥"和"治秘"，在分别对《礼记》《老子》和《庄子》进行溯源寻根式整理的同时，选取了固本举要式研究方法。如刘著在儒家元典《礼记》中主要择取了"礼""情""乐""和"四个元生关键词；高著在《老子》中主要选择了"道""自然""反""味""妙"五个元生关键词；王著在《庄子》中则主要选取了"美"与"大"、"心斋"与"坐忘"、"游心"与"物化"、"道"与"技"、"言"与"意"五组"两两配对，互映互释"的文论范畴。而在研究过程中，三著都运用"释名章义""原始表末""敷理举统"的阐释理路，对相应所选文论关键词或文论范畴进行了全面细致的分析与论述。如刘著详细探究了"礼"与"诗""情""法"，"情"与"景""性""理"，"乐"与"声律""通变""致味"，"和"与"文质""情景""意境"等的关系。高著着重分析了"道"与"言不尽意""澄怀味象""气韵生动""境生象外"，"自然"与"直寻""清空""童心""本色"，"反"与"虚实"论、"奇正"论、"巧拙"论、"动静"论，"味"与"滋味""韵味"，"妙"与"化境""妙悟"等的关联。王著则主要阐释了"大美""心斋""坐忘""游心""物化""因技进道""言不尽意"等《庄子》元文论范畴或命题对后世中国文论的影响。三著尝试从文学理论的角度重新解读《礼记》《老子》《庄子》，力求从本源、创作、作品、批评、鉴赏等方面考察《礼记》《老子》《庄子》文论范畴的发生、发展、流变的基本规律及其对中国古代文艺理论的深远影响。一方面强有力地突出了《礼记》之"礼""情""乐""和"，《老子》之"道""自然""反""味""妙"，《庄子》之"大美""心斋""坐忘""游心""物化""因技进道""言不尽意"等的"固本"之基，另一方面又因这些元生关键词或范畴"乘一总万"的艺术特质体现了"举要"研究之魅。

最后，还值得特别指明的是，刘、高、王三著在中国古代文论范畴发展史的共同阐释理路中还形成了不拘一格、各具千秋的特色。刘著热衷体系构建，高著长于逻辑思辨，王著崇尚中西比较。如刘著在研究"礼""情""乐""和"四个文论范畴的发生、流变、相互关系及其对后世文论影响的基础上推演其发乎情、止乎礼、兴乎乐、至于和的文论脉络，标举其以礼节情、以乐发和、以和为美的审美理想，从而最终构建了《礼记》以"礼"为本原，以"情"为机制，以"乐"为功用，以"和"为归依的文论体系。高著对所酌取"道""自然""反""味""妙"五个元生关键词，无一例外都严密有序地遵循"哲学义发生—文论义生成—文论史影响"三个层进式论说理路构架全篇，不仅符合中国古代文论范畴发生、发展、流变的客观规律，而且利于更为全面深入地揭示和展现中国古代文论范畴的基本内涵。王著则在研析《庄子》元文论范畴或命题时详细阐释了"大美"与"理念""自然""崇高"、"心斋"与"直观"、"坐忘"与"迷狂"、"游心"与"游戏"、"物化"与"移情"、"因技进道"与海德格尔之"真理"的异同，其中西比较视域的广泛开展，既可有力彰显中国古代文论范畴独具的特性，又能在更为丰富的背景中深入阐述其内涵。

（原文发表于《长江学术》2011 年第 2 期）

人格自足千古

——评"中国传统文化人格丛书"

殷昊翔

　　王国维在《文学小言》中说，像屈原、陶渊明、杜甫这样伟大的作家，即便没有文学天才，其人格亦自足千古。中国文化之中，既有悠久的文学传统，更有悠久的人格传统。武汉大学李建中教授主编的《中国传统文化人格丛书》(共六种)，就是对中国文化人格的一次真实而生动的历史叙事和鲜活而富有启示的理论分析。

　　"人格"是一个历史悠久而无法言尽的话题，早在古拉丁语时期，"人格"一词就在西方文化背景下孕育而生了。在中国古代汉语中，虽然没有"人格"这个独立词汇，但是有关人品、人性、道德等人格问题的探讨，历朝历代从来没有停息过。中国古代学问的核心是人学，人学的核心是君子之学。儒家文化作为中国传统文化的主流，对理想人格的塑造可说是其价值目标的重点所在，孔子在《论语》里就曾说道："圣人吾不得而见之矣，得见君子者，斯可矣。"以孔子为代表的儒家倡导"内圣而外王"，主张"修身齐家治国平天下"。这种人格理念，为孟子、荀子等儒家后学所继承，《孟子·告子上》用著名的"鱼和熊掌不可兼得"之喻，暗示了崇高人格该是"舍生而取义"。至宋代，高扬张载"民胞物与"，朱熹重释《大学》《中庸》，为人格重塑提供思想资源。可以说，整个中国传统文化，都离不开对人格的探讨和塑造。

民族文化的发展，其核心是整个社会人格品行的进步。读"中国传统文化人格丛书"，我们可以清晰地看到，编者的基本思路是通过清理传统来针砭时弊，进而推动当下的文化转型。该丛书采取"史论评"相结合的方式，对传统文化人格的哲学基础、心理类型、内在冲突、历史断裂等问题，都进行了独具匠心的研究，尤其值得一说的是，在学术界上，这是首次将传统文化人格分为六大类型，即狂狷人格、隐逸人格、臣妾人格、俳优人格、贰臣人格和宦竖人格，并对每一种人格类型的行为方式、心理特征以及文化内涵都作了细致而深入的剖析，既对传统文化人格进行认真梳理，又为当代社会转型与人格重铸提供了可资借鉴的思想资料和精神资源，可谓一箭双雕。

作为人格丛书其中的一册，李建中教授所撰《阴阳之间——臣妾人格》，是海内外第一部系统深入剖析中国古代臣妾人格的专著。该书紧扣中国文化的内在精髓和脉络，采用学术随笔的方式，将叙事、抒情、议论融为一体，涉及面广，内容丰富，笔锋纵横，挥洒自如，不仅显示了作者深厚的学术功底，更折射出作者的坦荡胸怀和真挚情感。《文心雕龙·序志》篇中有云："魏《典》密而不周，陈《书》辩而无当……并未能振叶以寻根，观澜而索源。不述先哲之诰，无益后生之虑。"可见，追溯文学乃至一切事物的源起和流变，一直是中华文化评定优劣的重要标准之一，《礼记·大学》云："物有本末，事有始终，知所先后，则近道矣。"讲的正是这个道理。本着"原始以表末"的思维方式和"鉴必穷源"的研究方法，该书以反思为起点，以具体历史事件为史料，以历史人物为对象，将2000多年的中国臣妾人格史娓娓道来。作者以生动而富于激情的笔墨对中国古代臣妾人格进行详尽客观的描绘，在谈古论今、指点江山之余，向读者展示了中国臣妾人格的演变发展史以及形成背景，为中国当下构建和谐社会起到了极好的借鉴作用。全书以对历史人物的人格描述为经，以对某种人格类型的社会心理的理论分析为纬，从"社会—政治""文化—心理""文学—美学"三个不同层面展开，对臣妾人格进行全面的理论阐释和现代解读。著者通过选取中国历史上具有典型性的九位"为臣者"和十一位"为妾者"，细致分析了臣妾人格的文化背景、性格特征和行为方式，揭示封建专制社会臣妾人格的悲剧性。

何谓臣妾人格？该书在引言部分对"臣妾"一词的来源本末进行了探讨分析，并指出其人物主体为以"臣"之心态为妾的后宫嫔妃和以"妾"之心态为臣的大小官吏。在接下来的十八个章节里，李建中先生将臣妾人格细化为两大板块、七大类型，即为臣者四："称帝—称臣"型、"强谏—曲谏"型、"有恒—无恒"型、"为人—为文"型；以及"为妾者"三："贤惠温柔"型、"独立共享"型、"驾驭敌视"型。前六章大致可为一板块，主要讲为臣者：刚直不阿的伍子胥最终落个自刎谢罪、死不瞑目，劳苦功高的范蠡不得不泛舟西湖、退隐江湖，忠臣之忠，终究不过是"狡兔死，走狗烹；飞鸟尽，良弓藏"，何其悲壮！苦心人，天不负，由王到臣的勾践卧薪尝胆忍辱负重，最终再成一代雄主；南唐之主李璟李煜则在靡靡之音中，不堪回首月明中，沦为他人之臣。《白马篇》雄心万丈，曹子建最终要向侄儿摇尾乞怜；《闲居赋》高情千古，潘安仁不得不向贾谧望尘而拜，封建制度下纤弱无力的文人，不过是政治的附庸而已。自古忠臣不为二主，河朔官宦冯道一生尽事十主，江南才子冒襄却甘做巢民，他们的选择谁对谁错，其中的是非曲直千古争执不休。该书后九章又为一板块，向读者展示了为妾者的人生与心态："贤惠柔顺"的李夫人、韦皇后、甄姬等，倾尽全力侍奉帝王；独孤伽罗、杨玉环、马秀英等主张"独立共享"，让我们看到了封建时代的"女权意识"；而吕雉、武则天、贾南风、慈禧，更是一反男尊女卑，让我们看到了女性对中国传统男权文化的挑战。在全书的最后，作者对臣妾人格作了总结，并为当代臣妾人格的治疗开了一具良方。

包括《阴阳之间臣妾人格》在内的这套"中国传统文化人格丛书"，具有开拓性、体系性、可读性和当代性等特点。丛书的六位作者均为学有专攻的大学教授，他们有厚实的学术功底，有敏锐的洞察力和透彻的分析力，丛书既不是对过去历史事件的老调重弹，也不是对已有人格著作的简单改编，而是本着开拓创新的精神，在广泛而深入研究的基础上，对六种人格类型之性质、特征、构成和背景的准确判断和把握，并对其内涵及价值作出了新的阐释。这套丛书还具有严密的知识体系，将人格心理学的历史逻辑与思想逻辑统一起来，建构了一个完备的"文化人格"系统理论分析体系。我们知道，对人物作多种多样的个案研究无疑是有益和必要的，但对之进行综合融通的研究更有利于透过历史文化流变把握人格和人性的根本特征。如《阴阳之间——臣妾人格》一书极具整合力和逻辑性，全书二十章，虽然时空跨度大(囊括了近三千年的中华文明)，涵盖面很宽(对君王将相、后宫嫔妃、才子佳人等各类人群均有涉猎)，却形散神不散，作者运筹帷幄，统驭全局，在框架设计、材料择取、学术论证等方面，无一不贯穿着一根以人格为向导的红线，充分展现了作者治学之认真，逻辑之严谨。

这是一套插图本丛书，图文并茂，可读性强。丛书虽然开历史之先河，创立了人格研究的新篇章，内容丰富多样，但并无晦涩生僻的词汇。丛书行文如行云流水，开阖自如，笔锋纵横捭阖，挥洒自得，读之使人如饮甘醇，陶醉于一幅历史长河的山水秀画中，在不知不觉间遐想联翩、神驰物外，读者阅读时很容易在心灵上找到了一片属于自己的天地。在结构安排上，丛书深入浅出、直中见曲、平中见深，丛书作者通过一系列的历史人物和历史故事，将六类人格的种种特性有条不紊地娓娓道来，使人在神游于历史长河的波澜壮阔时，茅塞顿开、受益匪浅。

解读传统人格，是为了对当下提供反思和借鉴。任何具体的伦理价值体系都处在变动之中，唯有人格自足千古，是任何时代都不可忽略的。当我们细细品味这套丛书时，我们不得不将眼光放在当下。21世纪是"社会转型"的新时期，健全的人格构建，不仅会深刻影响一个社会的治乱兴衰，而且有助于塑造一个民族的文化品格和文化精神，对一个民族的生存和发展会产生深远的影响。因此，这套"中国传统文化人格丛书"的出版，无论是对于个体的为人做人，还是对于整个民族的建人树人，都将是功德无量的。

（原文发表于《长江学术》2010 年第 4 期）

当"字文化"遇到"关键词"

——评"中华字文化大系"

袁　劲　何敏燕

《文心雕龙·练字》开篇曰："夫文象列而结绳移，鸟迹明而书契作，斯乃言语之体貌，而文章之宅宇也。"作为中华文化的"言语之体貌"与"文章之宅宇"，汉字以笔画、笔顺和偏旁部首为元件，将仰观俯察、远近取譬的所思所得铸入篆隶行楷之中，会意指事、形声并茂地构筑起中华文化的意义世界。旨在深入探寻并集中呈现"一字一世界，一字一意境"的中华字文化，武汉大学李建中教授于 2016 年开启了"中华字文化"的研究计划，精选奠基华夏文明、代表中国文化特征的 100 个汉字，遵循"释名章义—原始表末—选文定篇—敷理举统"的说解路径，对每个汉字进行"原生—沿生—再生"的源流清理和"字根—坐标—转义"的义理阐释，现已推出"中华字文化大系"丛书之首批成果《象：中国文化基元》《经：唐代的"经"学与"文"论》《"怨"的审美生成》《体：中国文体学的本体论之思》《神：中华文化的幽情壮采》《气化流行 生生不息——中国文化关键词"气"的跨学科阐释》《有所"止"的文明——中国文化关键词"止"考论》《"观"之观》八种。

在文明互鉴的意义上，"一字一书"的"中华字文化大系"可与英国劳特里奇出版社的"批评新成语"（The New Critical Idiom）书系彼此呼应。自 1995 年起，劳特里奇出版社陆续推出《哥特式》（Gothic）、《神话》（Myth）、《性别》（Genders）、《正典》（The Canon）、《记忆》（Memory）、《荒诞》（Grotesque）等专书，解读西方文化及文学中的关键词。当然，方法自觉的文化关键词研究还可继续追溯至雷蒙·威廉斯于 1976 年出版的《关键词：文化与社会的词汇》（Key Words：A Vocabulary of Culture and Society）。颇为巧合的是，在现代意义上的文化关键词研究问世 40 年后，中译本《关键词：文化与社会的词汇》由生活·读书·新知三联书店于 2016 年再版，聚焦"关键字"的"中华字文化大系"也于同年依托武汉大学出版社启动。当"字文化"遇到"关键词"，以方块字为载体的中国文化关键词研究，结合汉字与汉语的全息性、生命化特质，在解诠"象""经""怨""体""神""气""止""观"等汉字的过程中会通适变。我们知道，无论是从音、形、意关系来识别，还是按音素、音节、语素以区分，汉字（意音和语素文字）都有异于英文（表音和音素文字）。研究方法应是研究对象的"类似物"，据此而言，中国文化关键词研究的会通适变无疑是必要的。那么，在汉语语境中"说文解字"，就必须留意辨析"关键字研究"与"关键词研究"的同中之异、异中之同，进而求同存异乃至聚同化异。当根柢槃深的"字文化"遇到方兴未艾的"关键词"，"中华字文化大系"通过"望今制奇，参古定法"，开辟出中国文化关键词研究的通变之路。

一、望今制奇：以跨学科视野解读边缘性意涵

作为现代意义上的文化关键词研究的开创者，雷蒙·威廉斯致力于探询

"某一些语词、语调、节奏及意义被赋予、感觉、检试、证实、确认、肯定、限定与改变的过程"①，尤其关注词义在共时性层面的主流与边缘之分和在历时性层面的今义与古义之别。这一历史语义学的研究旨趣，与中国传统的训诂学有诸多相似之处，故在译介后很快便为国内研究者所接受。周光庆先生曾提出中华文化关键词研究的五个步骤：一是"上溯它们作为普通词的产生"，二是"考察它们作为关键词的形成"，三是"疏理它们作为关键词的潜在系统"，四是"追寻它们作为关键词的家族繁衍"，五是"通观它们作为关键词的中外会通"。② 该方案以关键词的历史语义梳理为基础，进而延伸到考察关键词的词族体系和语际交流。

与之类似，"中华字文化大系"在"原生—沿生—再生"的源流清理和"字根—坐标—转义"的义理阐释中，同样借鉴了历史语义学的方法，尤其是在采用跨学科视野来解读边缘性意涵方面可谓"望今制奇"。从《气化流行 生生不息——中国文化关键词"气"的跨学科阐释》的书名就能看出跨学科阐释的必要性，因为，面对"气"这类中国文化元关键词，若不采用跨学科视野，将很难有效统摄宇宙天地之"元气"、人体生命之"体气"和文学作品之"文气"。或者说，若只限于哲学、医学或文学等某一学科的有限论域，恐怕很难发现"'天—人—文'合气的宇宙大生命精神"，更不用谈"气论的现代转换"与"气论阐释的现代价值"了。跨学科视野有助于解读边缘性意涵，作者在"文以气为主"的主流论说之外，还发现"文以意/理/神为主，以气为辅"，即是典型一例。关键词研究之所以聚焦词语的边缘性意涵，是因为其中往往蕴藏着未被主流形塑或遮蔽的观念与诉求。例如，雷蒙·威廉斯发现"standards"在"标准、规范"之外还有"旗帜"义，它有别于科技与物质层面的统一，而是隐喻一种

---

① 雷蒙·威廉斯：《关键词：文化与社会的词汇》，刘建基译，生活·读书·新知三联书店 2016 年版，第 24 页。

② 周光庆：《中华文化关键词研究刍议》，《华中师范大学学报》2009 年第 5 期。

"既不溯及过往的权威，也不接纳现存可度量的状态"的理想方向，从而对人文与精神领域的"标准化"（standardization）倾向保持警惕。①

与之相较，汉字边缘性意涵背后的政治倾向或许并不显明，却往往能折射出一时代之思想、知识与信仰。前述从"文以气为主"到"文以气为辅"的嬗变历程便标记出隋唐尚意、宋元主理、明清重神的时代风貌，而"文以气为辅"中的"气"看似淡出，实则内化为意气论、理气论和神气论的灵魂。又如，《"怨"的审美生成》聚焦"怨"这一负面生存体验自先秦至六朝，从伦理、政治到艺术，逐渐被赋予正面意涵直至"以怨为美"和"因怨成体"的审美生成史。该书在考察"怨"字情感色彩"由负转正"的过程中，还涉及"诗言志""诗缘情""诗可以观""诗可以群""六义""四始""文如其人""诗能穷人"等诗学命题与文化现象。如其结语所言，考察"怨"的审美生成，虽重在明晰一个"意念如何发生"（朱自清语），却也能烛照一隅，窥得"诗可以怨""发愤著书""不平则鸣""怨下起兴"等中国文化及文论批判精神背后的智慧与境界。而某些看似默默无闻的汉字，却常能给中华文化的核心论题提供画龙点睛的神来之笔，有待重新审视。《有所"止"的文明——中国文化关键词"止"考论》一书通过梳理六经与诸子论"止"，发现"止"作为元范畴，化身为"止于至善""叹为观止""不可则止""可以止则止""知止不殆"等观念与标准，"既塑造了中国文学的性格，也道出了中国文化的精髓与命脉"，可以而且应该被经典化。

当然，梳理历史语义并非关键词研究的最终目标，因为《经籍籑诂》《故训汇纂》等字书对各个汉字的历史语义早有汇集。换言之，"望今制奇"的关键不是发现，而是如何解读发现。《"观"之观》一书发现，除了熟知的观看义项之

---

① 雷蒙·威廉斯：《关键词：文化与社会的词汇》，刘建基译，生活·读书·新知三联书店 2016 年版，第 504~505 页。

外,"观"还有作为形容词的"多"和作为名词的"楼台"义。前者如《诗经·小雅·采绿》"维鲂及鱮,薄言观者"之"观",郑玄笺注为"多";后者如《楚辞·大招》"南房小坛,观绝霤只"之"观",王逸注谓犹"楼"。不惟如此,作者还在《周易》"物大而然后可观"(《序卦》),"仰则观象于天,俯则观法于地,观鸟兽之文,与地之宜"(《系辞》),"以通神明之德,以类万物之情"(《系辞》)中寻得"观什么"(what)、"如何观"(how)与"为何观"(why)的源头,从而将"观"字的主流与边缘意涵均安置在中华元典之中。不妨说,新时代的"说文解字"借鉴文化关键词的研究方法,是"预流",更是"趋时必果,乘机无怯"。

二、参古定法:"说文解字"中的拟人与譬喻

中国文化关键词研究需要借鉴历史语义学的方法"望今制奇",更需要结合汉字的造字理据"参古定法"。许慎《说文解字叙》简述了汉字从庖牺始作八卦到神农结绳记事,再到仓颉摹仿鸟兽蹄迒之迹的创生史。其中,仰观俯察与远近取譬作为先民体认世界的最原始方法,已通过符号、初文与偏旁部首进入汉字思维,浸润中华文化。

造字者"近取诸身",由人之首、身、手、足四属与顶、面、颐、肩、脊、尻、厷、臂、手、股、胫、足之十二体出发,为天地命名,为万物立法。于是拟人作为方法,表现为"天,颠也,至高无上"(许慎《说文解字·一部》)的字义比拟和"人之好恶,化天之暖清;人之喜怒,化天之寒暑"(董仲舒《春秋繁露·为人者天》)的哲学比附,于"蜡烛有心还惜别,替人垂泪到天明"(杜牧《赠别》)和"惊起却回头,有恨无人省。拣尽寒枝不肯栖,寂寞沙洲冷"(苏轼《卜算子·黄州定慧院寓居作》)的唐诗宋词中浅斟低唱,进而在诗文品评时

"把文章通盘的人化或生命化（animism）"，酝酿出"中国固有的文学批评的一个特点"①。

若要说解"象""经""怨""体""神""气""止""观"等与人之形神、言行、举止息息相关的汉字，进而读解汉字所承载的文化，便不应离开"近取诸身"的造字理据与用字方法。例如，"文体即人"的"体"，便是打开中国古代文体学的一把钥匙。《体：中国文体学的本体论之思》由"生命化批评"现象出发，以"生命本体意识"和"经学本体意识"为切入点，统合了文体理论和批评倾向中的重神、尚悟、求新，明道、美刺、教化，尊古、崇雅、尚简等观念及其实践。作者不但从拟人的视角重释了"文体即人"现象，而且着力剖析中国古代文体学的两种"本体意识"，借助"意识"这一拟人化的修辞，实现了文体、文体学与文体学研究者的视域融合。在"元气·体气·文气"的脉络中，作为人体生命的"体气"居中，既可向前赋予宇宙天地以人的性格和情态（"诗性思维"），又能向后论及文学作品的形体姿容与精神气质（"文如其人"）。近取诸身而承前启后，遂有"气化流行，生生不息"的中华气论。

造字者"远取诸物"，摹仿鸟兽蹄迒之迹；解字者亦"引譬连类"，构拟鸟兽草木之喻。先秦儒道两家皆以水为喻，如：《老子》八章言"上善若水"，以水之"善利万物而不争，处众人之所恶"比喻道；《荀子·宥坐》载孔子论"大水必观"，亦以水比喻德、义、道、勇、法、正、察、善化、志等君子品性。这种语录式的譬喻至南宋陈淳《北溪字义》而进一步专题化，其首篇解"命"便给出一则银盏注水的博喻："自大贤而下，或清浊相半，或清底少浊底多，昏蔽得厚了。如盏底银花子看不见，欲见得须十分加澄治之功。"其中涉及水清、水浊、水清而不纯三类情况，而清而不纯一类又包括"泉脉从淤土恶木根中穿

---

① 钱锺书：《中国固有的文学批评的一个特点》，载《写在人生边上·人生边上的边上·石语》，生活·读书·新知三联书店 2002 年版，第 119 页。

过""泉脉味纯甘绝佳，而有泥土浑浊""泉脉出来甚清，却被一条别水横冲破了"三种，分指天命不同。

譬喻解字一般用有形可感之象以喻抽象之物、事、理，依据已知和易知以喻未知或难知，个中缘由或如《韩非子·解老》所言："人希见生象也，而得死象之骨，案其图以想其生也，故诸人之所以意想者皆谓之象。"譬喻须假象，对此，《象：中国文化基元》一书从"以象比德""兴必取象""情隐象秀"三个方面归纳了从汉字之象到文学之象和书画之象的言说策略。以此验之，"止"作为最高准则的引申义（如"叹为观止"）和代表坚守、栖居、回归的终极义（如"止于至善"），均能在足趾这一原始喻象中寻得"或行或止"的语义之源。又如，从西周"肇雍经德"到明清"经世致用"，"经"的经营、经籍、经典、经济等语义面相，皆脱胎于纵丝之织和川水之貌。不惟如此，解字者还可如陈淳释"命"一般自设譬喻。例如，历代思想家对"怨"这一负面生存体验的思考与言说，构成了"怨"字阐释史上的"干支线"（整体态度以"不怨"为主，以"可以怨"为辅）、"同心圆"（论说体系以"个人—家—国—天下"为基础逐层拓展）和"三足鼎"（儒之建构、道之解构和释之重构）。

汉字"近取诸身，远取诸物"，离不开作为认知方法的拟人与譬喻。作为汉语母语者，我们可能习焉不察，所以有时也不妨"借道"汉学家重审汉字。在他们的眼中，"山是宇宙中熄灭的火焰，火是熔岩中燃烧的山"①，"势"如弩，似风，象水，乃中国传统文化里的"龙"，系兵家津津乐道的"转圆石于千仞之山"，是福柯层层分析的"全景敞视监狱"的中心高塔，更是法国汉学家余莲之《势——中国的效力观》的"生命线"。

---

① 林西莉：《汉字王国》，李之义译，生活·读书·新知三联书店 2007 年版，第 63 页。

三、字以通词，词以通道：汉字的全息性与孳乳性

对于中西文化关键词研究而言，历史语义都只是手段而绝非目标。正如余莲所言："目标总是要以精练浓缩的方式，重新找出这个文化中隐蔽的逻辑轮廓。"①余莲正是借由"势"这个常见但看似缺少哲学内涵的字，于军事、政治、书法、绘画、文学作品、历史、哲学的跨学科视野中，发现其在思想底层如草蛇灰线一般的运作，进而以小见大地揭橥中国文化有别于西方的特点——"任何事实都可视为现实的一个趋势，人们应该凭借它而且让它发挥作用"②。诸如此类的"隐蔽的逻辑轮廓"表征为一个个汉字背后的意义世界，更彰显出汉字作为整体的全息性与孳乳性。

所谓全息性，是指汉字有别于单纯的表形或表音文字，"能呈现独立甚至全息的意义，一字一世界，一字一意境"（《中华字文化大系·总序》）。如若仿拟陈寅恪著名的"凡解释一字，即是作一部文化史"之说，便可谓"凡解释一字，便可见一世界"。例如，作为以少总多、由表及里、见微知著的感知方式，"观"涉及体、意、法、用诸面相，进入生活而化作俯拾即是的常语：临歧路曾迟疑观望，入都市而叹为观止，常有走马观花之感，终须返观内照之法。"关于'观'的一切文化现象蔚为大观、叹为观止"——甚至连对"观"的赞叹，都离不开"观"这个字！"观"如此，"象""神""止"等亦然。"象"兼顾思维与言说，可谓"中国文化基元"；"神"遍涉感知、认知与致知，洞见"中华文化的幽情壮彩"；"止"默默浸润着六经与儒道释思想，使中华文明成为"有所

---

① 余莲：《势：中国的效力观》，卓立译，北京大学出版社 2009 年版，第 1 页。
② 余莲：《势：中国的效力观》，卓立译，北京大学出版社 2009 年版，第 6 页。

'止'的文明"。

所谓孳乳性,语出许慎"字者,言孳乳而浸多"的原初规定,李建中教授结合"文字乃经义之本,王政之始","心生而言立,言立而文明","鼓天下之动者存乎辞"三个层面,追问并验明文字与文化的血缘关系,揭示中华文化的"字"生性特征。《文心雕龙·章句》有言:"夫人之立言,因字而生句,积句而成章,积章而成篇。"《文心雕龙·总序》概说了汉字六书对汉语文学的孳乳:汉字象形之于汉语的形象性和意境化,汉字指事之于汉语的秉笔直书,汉字会意和假借之于汉语的比显和兴隐,汉字转注之于汉语互文,汉字形声之于汉语声韵,皆可如是观。首批八种"解字"还具体分说字与字、字与文化的孳乳关系。例如,《经:唐代的"经"学与"文"论》一书采用"总—分—总"的形式,以"经"和"文"两个关键词为焦点,从初唐、盛唐与中晚唐三个阶段,就唐代既融通三教又勾连雅俗之"经",既统摄情志又汇通造境与事功之"文","经""文"互动关系及其承衍脉络,以及唐宋"经""文"转型等论题展开论说,力图透视唐代乃至整个中国古代的"经""文"关系,包括经学对文论的制约与文论对经学的反作用两个方面。其中,"经"的孳乳性衍生出"经正文成"的文化结构:初唐经学新定则文论昌明,盛唐经学融通则文论清丽,中晚唐经学领主则文论归辅。

以全息性与孳乳性为视角重审字文化,方块字既彼此独立又相互呼应。于是,说解"象""经""怨""体""神""气""止""观"者虽各有侧重,却在不经意间形成多组互文关系。"神用象通"是"象"的运思方式,而"气盛化神"又构成"神"的概念谱系,"文以气为主,气之清浊有体"更是关联"文""气""体"三个关键字。单个汉字的全息性与汉字之间的孳乳性又相互影响。

一方面,一个汉字可以关联其他概念形成某一论域的"小宇宙"。例如朱自清的《诗言志辨》看似四章并列,其实是以"诗言志"为中心,扩展到"比兴""诗教""正变"以及"缘情""美刺""诗妖""文变"等词语。由此,元关键词、重要关键词与一般关键词构成若干个引力结构，有"自转"亦有"公转"。"诗言志"作为中心"譬如北辰居其所"，"比兴""诗教""正变"以及"缘情""美刺""诗妖""文变"等"众星拱之"。以元关键词或曰中心意念为北辰，为枢机，"枢机方通，则物无隐貌"。

另一方面，汉字与汉字亦可构成"双子星"式的互文关系。如前所述，《经：唐代的"经"学与"文"论》虽然有时不得不"花开两朵，各表一枝"，但多数情况下还是统筹兼顾，"枝生一根，同归故里"。正如著者所言，"'经'与'文'二者在中国历史文化语境中，不是孤立存在的两个独立个体，不是互不影响、毫无干涉的两个范畴，正相反，'经'与'文'在中国文化语境中始终相互影响，交织辉映"。"经"与"文"的关联互动不是基于我们常说的"对待立义"，而更像是"互文见义"——"经学"之"经"与"文论"之"文"实乃互鉴、互证与互补。因此，在某些论题上，常用的"对待立义"研究范式恐怕并不适用。

结　　语

"关键词"的中西语义均暗含钥匙之义。瑞典汉学家林西莉曾言："不管一些字在不同的合成字中起何作用，它仍然保持自己的特征和鲜明的形象。一旦人们记住了它们理解了它们，它们不仅会成为了解书面文字的钥匙，而且也是了解现实的钥匙，从它们最初成形时的现实，到现在的状况，都能迎刃而解。"①关键问题是如何找到这把钥匙。丛书主编李建中先生曾结合汉字语根深邃、语境重要和语用鲜活三个特点，提出"追根—问境—致用"的"汉字批评

---

① 林西莉：《汉字王国》，李之义译，生活·读书·新知三联书店2007年版，第350页。

法",作为中国文化及文论研究纲领。① 我们欣喜地看到,"字以通词,词以通道"的"中华字文化大系"如其总序所言,正在"为'文化'的释名章义,为文化研究的选文定篇,为文化理论的敷理举统,乃至为文化史的原始表末,提供新的路径并开辟新的场域"。

(原文发表于《武汉理工大学学报》2022 年第 4 期)

---

① 李建中:《汉字批评:文论阐释的中国路径》,《江汉论坛》2017 年第 5 期。

博雅教育的中国读本
——评"珞珈博雅文库"

李 远

正如冯天瑜先生在《中华元典精神》一书中指出："中华元典精神关于人与自然、人与人之间的'合和融通'观念对于正在犯着'现代病'的工业化之后社会的启迪作用，也日益引起国内外有识之士的注视。"①阅读经典，无疑是当下面对人工智能的冲击、摆脱电子设备对人的异化以及消解精神焦虑的药方，而李建中教授的新书《博观雅制：〈文心雕龙〉导引》正是其中的一剂良药。是书为"珞珈博雅文库·经典导引系列"中的一种，亦是"武大通识3.0"的真实记录与写照。作为武汉大学"博雅弘毅、文明以止、成人成才、四通六识"通识教育理念的具体实践，"珞珈博雅文库"已经形成了"通识教材系列""通识课堂系列""通识文化系列""通识管理系列""经典导引系列"五大系列丛书，通过"博雅为本、经典为根、导引为叶、成人为果"四大维度，以鲜明的特色贯彻通识理念，培育君子人格，构筑博雅教育的中国读本。

---

① 冯天瑜：《中华元典精神》，武汉大学出版社2006年版，第23页。

一、博雅为本

博雅，是中国审美教育的关键词，更是通识教育的核心理念，集中体现在《文心雕龙》一书中。① 李建中教授的《博观雅制：〈文心雕龙〉导引》一书，正是以"博雅"为关键词，从思想之博雅、理论之博雅、方法之博雅三个逻辑层面，展现《文心雕龙》何以成为中国文化博观雅制之典范。

首先是思想之博雅。该书的前三章分别为"青春梦孔""《序志》言庄"和"定林悟佛"，从儒、道、释的三重境界为我们展现了刘勰的思想宝库。年轻的刘勰，已经早早确立了自己的人生方向，无论是"七龄之梦"抑或是"逾立之梦"，都体现出刘勰弘扬儒家文化的志愿。此外，刘勰从学习文章之对象与典范两个维度，展现其对儒家思想之推崇。他以周孔为师，学习儒家的文章做法，正如《征圣》篇云："征之周孔，则文有师矣。"而"五经"则是学习的典范，刘勰通过"宗经"的方式，"穷高以树表，极远以启疆"，将"五经"视为一切文章之起源。"征圣以立言""依经以树则"，刘勰思想中的儒家元素可见一斑。刘勰思想中的道家元素则体现在文学的本体自然论、风格自然论与情感自然论。《原道》篇以"心生而言立，言立而文明，自然之道也"论述刘勰的文学本体论，《定势》篇以"机发矢直，涧曲湍回，自然之趣也"阐明刘勰的文学风格论，《情采》篇以"为情者要约而写真"褐橥刘勰的文学情感论，由此，刘勰对道家思想的接纳与应用，便十分明显了。此外，无论是《序志》篇"赞曰"中的"生也有涯，无涯惟智"，还是《神思》篇中多个《庄子》典故的运用，均显示出

---

① 李建中、李远：《博雅：中华美育关键词——以〈文心雕龙〉为中心》，《文化与诗学》2019年第1期。

道家思想在彦和心中的重要地位。生活在佛学繁盛的时代，又在寺庙中居住过十多年的刘勰，不可避免地受到佛教的熏染。因而《文心雕龙》的行文方式，也带有浓烈的佛学色彩，正如书中所说："前有界品，中有问论，而且每一篇都有赞，有偈语，这就是佛学经典的文本结构或组织方式。"①再如刘勰所使用的"带数释"之方法，以及随处可见的"圆照""圆通""圆览"之话语，无不体现着佛学对刘勰的滋养。作为等观三界、兼宗三教的博雅之主体，刘勰才创作出《文心雕龙》这样一部儒、道、释思想兼包并蓄的博雅之作。

　　其次是理论之博雅。作为一部文学理论著作，《文心雕龙》在创作论、文体论、鉴赏论三个方面探讨何为博雅，集中体现为本书的中间四章："《神思》博通""《体性》雅正""《知音》博观""《丽辞》雅美"。《神思》篇论及文学创作的构思问题，聚焦到"博雅"之上，则要求做到积学储宝，酌理富才，研阅穷照，驯致怿辞，由此方能实现"神与物游"之境界。《体性》篇一方面讲文体之风貌，在"数穷八体"的基础上，讨论作家个性与作品风格之关系。一方面讲作家的养"性"，探讨"始习""初化"之重要，进而得出"童子雕琢，必先雅制"的结论，从而培养"雅正"的君子气质。与之关联的《风骨》篇，则将"风骨"视为高于"八体"的最好之体，若要达到"风清骨峻"的状态，则需"镕铸经典之范，翔集子史之术"，从而"洞晓情变，曲昭文体"，而对经史子集的阅读与阐释，便与今天的博雅教育发生了密切的关系。《知音》篇提出了著名的"博观说"，指出鉴赏主体需破除"五弊"（贵古贱今、崇己抑人、信伪迷真、各执一隅、深废浅售），实现"六观"（位体、置辞、通变、奇正、事义、宫商），方能由"博观"抵达"圆照之象"。而"操千曲""观千剑"，也即反复、大量阅读经典，这无疑是博雅教育的重要一环。《丽辞》篇探讨文学话语的形式之美，以"四对"（言对、事对、反对、正对）来展现中国文学对句艺术之雅美。

---

　　① 李建中：《博观雅制：〈文心雕龙〉导引》，商务印书馆 2023 年版，第 56 页。

然而，若想达到"左提右挈，精味兼载"的理想状态，无疑需要充分的知识累积，特别是"事对"，因其"并举人验"，对创作者提出了较高的要求。比兴、隐秀等话语方式亦是如此，最后都指向对经典的反复研读。一千五百多年后的今天，我们依然不断学习、实践刘勰的博雅理论，显示出经典阅读所具有的永恒魅力。

最后是方法之博雅。是书的最后三章为"振叶寻根""唯务折衷""弥纶群言"，在思维方式之层面，探讨刘勰如何自觉践行博雅思想。一是溯源法，即"振叶以寻根，观澜而索源"，在时空角度探寻文学现象的缘起与发生。而对文学本质的梳理，解诠其"通"与"变"，阐述体式与体裁之源流，都离不开对经典的解读，也即刘勰所说的"禀经以制式，酌雅以富言"。二是折衷法，即"擘肌分理，唯务折衷"，在思维方式层面实现对文学的全面客观认知。刘勰认为，前人的思维方式大多存在"各照隅隙，鲜观衢路""东墙而望，不见西墙"之弊端，因而需要在同与异、古与今之间折衷，从而打破二元对立结构，使之成为一个并行不悖的新体系，而"折衷"首先需要建立在对两端的深刻认知的基础上，这亦是一种博观。三是弥纶法，即"弥纶群言，研精一理"，对文学作品作出综合分析和整体研究，体现在"体大虑周""笼圈条贯""敷理举统"三个方面，实现了文体论、创作论、批评论之统一。想要达到这一目标，非博雅无以为也。

此外，《博观雅制：〈文心雕龙〉导引》一书的作者李建中教授也是一个博雅之主体，从早期的《文心雕龙》研究、文艺心理学研究，再到中国文论诗性特征研究、批评文体研究，以及现在的元典关键词研究、通识教育研究和兼性阐释研究，不正是刘勰"唯务折衷""笼圈条贯""弥纶群言""敷理举统"思想的真实再现吗？可以说，没有这一博雅主体，眼前这本著作决不会呈现在读者面前，因而也在另一层面实现了"博观雅制"：博观之主体创作雅制之文章。

二、经典为根

可以说，"武大通识 3.0"的核心内容和文本载体，是经典，也是通识教育这棵参天大树的根。"珞珈博雅文库"中的"通识文化系列""通识课堂系列""通识教材系列""经典导引系列"，均将经典视为最为重要的内容。例如，"通识教材系列"已经出版《人文社科经典导引》《自然科学经典导引》《中国精神导引》及部分核心通识课、一般通识课教材，上述教材均围绕不同的中外经典探讨成人问题；"经典导引系列"已经出版前文提到的《博观雅制：〈文心雕龙〉导引》一书，呈现《文心雕龙》何以博雅。

在此基础上，武汉大学通识教育中心和武汉大学教材建设中心计划联袂推出"百种通识教材"和"百种经典导引"，是为"双百工程"。"百种通识教材"即从武汉大学目前开设的通识课程中遴选出百门，编写具有前沿性与创新性的教材，突出"何以成人，何以知天"之理念，打造"学生主场，教研一体"之课堂。经过多年累积，"百种通识教材"现已面世近三十种，初成体系，已经在武汉乃至全国的通识教材领域具有一定的影响力。"百种经典导引"拟分为三大板块：一是"22 部经典导引"，即《人文社科经典导引》与《自然科学经典导引》中所涉的 22 部经典①。二是"相关经典导引"，即导读与上述 22 部经典相关的其他中外经典。三是"域外经典及导引汉译"，即翻译海外相关经典及经典导读。

---

① 《人文社科经典导引》所涉 12 部经典为《论语》《庄子》《坛经》《史记》《文心雕龙》《红楼梦》《历史》《斐多》《审美教育书简》《论法的精神》《国富论》《正义论》。《自然科学经典导引》所涉 10 部经典为《理想国》《形而上学》《西方科学的起源》《自然哲学之数学原理》《狭义与广义相对论浅说》《物种起源》《DNA：生命的秘密》《惊人的假说》《几何原本》《科学与假设》。

通过以上三个板块，如水之涟漪，由内向外扩散，从而串联古今，融通中外，兼包文理，从而为培养学生独立思考、理性判断、批判性思维和跨学科表达等多种能力提供文本之有力支撑。

为什么读经典？卡尔维诺的答案或许可供参考："经典是那些你经常听人家说'我正在重读……'而不是'我正在读……'的书。"①"'你的'经典作品是这样一本书，它使你不能对它保持不闻不问，它帮助你在与它的关系中甚至在反对它的过程中确立你自己。"②在"确立自己"的过程中，我们获得了一种迁徙的能力，从而在时间、空间乃至不同的职业领域，都能任意驰骋遨游。《人文社科经典导引》与《自然科学经典导引》中的 22 部经典，都带有强烈的"确立自己"之功用。以《人文社科经典导引》为例，所选取的 12 部经典各有其指向，又共同围绕"何以成人"这一话题展开回答。经典与经典之间也密切互动，形成不同的问题域，例如，《论语》《庄子》《坛经》《文心雕龙》四部经典构成了儒道释文化与博雅思想的交流对话，《庄子》《文心雕龙》《红楼梦》《坛经》四部经典熔铸人生成长轨迹之发展变化。每一位学生都能从经典之间的自由组合中发现属于自己的问题和解决方案。

此外，经典的独特魅力在于其具有超越时空的永恒价值，从而历时越久而光辉越显，与我们所生活的时代发生紧密的联系。以《文心雕龙》这部经典为例，《知音》篇中所谈到的鉴赏文学之方法，在今天的文学批评中依然能够发挥其效用；《神思》篇谈论的文学构思及想象问题，特别是"方其搦翰，气倍辞前，暨乎篇成，半折心始"的创作状态，依然能引起我们的共鸣；如果放在写作学的视域下，《序志》篇是一绝佳的论文开题报告，其余 49 篇则是各显其志

---

① 伊塔洛·卡尔维诺：《为什么读经典》，黄灿然、李桂蜜译，译林出版社 2012 年版，第 1 页。
② 伊塔洛·卡尔维诺：《为什么读经典》，黄灿然、李桂蜜译，译林出版社 2012 年版，第 7 页。

的优秀论文。① 如此案例，不胜枚举，均体现出经典内在精神的超越性，而正是这种超越性，使经典跨越千年后，依然永葆青春与活力。

从 22 部经典到 100 部经典，这绝不仅仅是数量上的扩容，更重要的是如何将古与今、中与西、文与理、思想与实践相融合，从而为学生打造一个内容丰富、兼收并蓄的经典群，并归纳相互串联但又各自独立的问题域，通过问题的解决，引导学生实现"确立你自己"之目标。

三、导引为叶

尽管经典阅读的意义十分重要，但在当下想要认真阅读一部经典，并非易事。一是经典本身历经岁月的变迁，其词汇、语法、文字已与现在通行的词汇、语法、文字差异较大，阅读其文本具有一定的门槛和障碍。二是在融媒体时代，碎片化阅读已经成为主流，莫莱蒂的"远读"法则对经典作出量化分析，在获得宏观视野的同时也失去了对细节的关注。三是读者往往对经典抱有一种错误的心态，怀着一种傲慢或者恐惧的心态无法认识一部新的经典。基于上述种种困境，对经典的导引就显得十分重要。

正如冯天瑜先生所说："元典作为'文本'，具有广阔的'不确定域'，经由历代解释者和阅读者的'具体化'和'重建'，构筑起愈益广大深厚的学说体系，方成为'高山仰止，景行行止'的圣书。"②对经典的导引与重建，不仅是历代阐释者的重要工作，也是通识教育中的关键一环，是帮助学生掌握经典要义的有效路径，也是武大通识教育中心编写"百种经典导引"的初衷。"导引"的内

---

① 李远、李建中：《刘勰教我写论文——写作学视域下的〈文心雕龙〉研究》，《写作》2022 年第 3 期。

② 冯天瑜：《中华元典精神》，武汉大学出版社 2006 年版，第 7～8 页。

涵，有内与外之分，向内不断发掘经典文本的深意，阐释其价值与意义，从而开启解读经典的大门。向外则像树叶一般发散，并聚焦于"何以成人"这一问题，努力找寻经典与当代社会与日常生活的连接点。这也使"经典导引系列"丛书具有以下几点鲜明的特色：一是专业教育与通识教育的结合。"经典导引系列"丛书的作者均系著名高校教师，对所导引的经典研究经年，心得颇深，能够精准发掘经典之要义，并给予学生专业性知识的拓展。与此同时，这些作者也具有丰富的通识教育讲授经验，自觉接受通识教育理念之洗礼，因而在专业教育之外，更能悉心提炼经典的"成人"意旨，培育学生的博雅精神和人文情怀。二是古典与现代的结合。"经典导引系列"丛书所选取的经典，既有两千多年前轴心时代的文献，亦有20世纪70年代所创作的文本，从文本的时间跨度来说，连接了古典与现代。而从更深层的意义来讲，则是让古典的文本焕发新的生机与活力，与现代乃至当下生活相结合。以《博观雅制：〈文心雕龙〉导引》一书为例，在讲到刘勰"为情造文"的思想时，作者谈到应试教育下中小学作文"为文造情"之现象；论及"言不尽意"的问题时，则联想到当下是一个语言能力急剧退化的时代……由此，古老的经典与当下的问题发生了密切的联系，实现了古典与现代的结合。三是学术性与审美性的结合。"经典导引系列"丛书以学术为根本，以"关键词"为方法，对经典的解读绝不流于轻浮，思想的火光往往闪动于文字之间。但这套丛书亦不像专业的学术著作那般佶屈聱牙，而是充分彰显作者之个性，语言晓畅明白，进而达到文辞雅美之态。

此外，特别需要关注的是，经典导引指向的是"如何读"的问题，而"如何读"这一问题必然有着明确的动机和意图。在笔者看来，经典导引的目的在于学生知识的自我"溢出"，而不是老师的满堂"灌输"，学生需要自己发现经典与日常生活之关系，才能真正找到自己与经典的联结点和问题域。有鉴于此，武汉大学的通识课堂坚持"大班授课，小班研讨"之模式，并形成学术会议式、学术辩论式、艺术表演式等多种研讨路径，充分给予学生自由发挥的空间，获得了良好的反馈与学习效果。

四、成人为果

武汉大学通识教育的目标，在于树立学生之家国情怀，培养学生之博雅趣味，养成学生之君子人格，也即刘勰所说的"智术之子，博雅之人，藻溢于辞，辞盈乎气"。那么，如何展现通识教育成人的果实呢？如何通过文字的痕迹展现学生思想的蜕变与成长呢？武汉大学通识教育中心每年对全校一万五千多篇《人文社科经典导引》与《自然科学经典导引》的课程论文展开多轮评选，优中选优，最终结集为《武汉大学基础通识课优秀论文集》并公开出版。可以说，这是对学生学习成果的一次集中检验，亦是对学生的一种认可和鼓励。目前，硕士研究生和博士研究生公开发表一篇学术论文尚属难事，而武汉大学本科生的通识课程论文已能通过印刷出版被更多人浏览和阅读。第一辑《何以成人 何以知天》、第二辑《博雅：中西之间》、第三辑《与大师对话》分别于2020年、2021年、2023年出版，第四辑《经典的滋养 阅读的改变》与第五辑《我的经典》正在编撰当中，这无疑是育人成果的最好呈现方式，正如刘勰所言："文果载心，余心有寄"。翻开装帧精美的论文集，读者会发现它具有以下特点：一是构思精巧，形式多样。我们既能看到具有骈赋之美的论说文，亦能看到古代的白话小说与戏剧，还有同学通过数学模型的建构展现成人之思，从而打破高中以来形成的"标答思维"，展现独立思考、多维发散之理念。二是学科交叉，视野开阔。理工科的学生力图突破自身的专业壁垒探讨成人问题，文科的学生则在科学技术的世界里驰骋遨游，分析其人文意蕴和现实价值，从而实现学科的交叉与融合，仿佛真的回到了庄子所说的道术裂变为方术之前的那个时代。当然，这些论文也存在思考不够深入、逻辑有待完善、多为改写和复述等问题，但也真实地再现了学生对于经典、对于成人问题的思考，从而在思想的激荡中完成自身的人格建构，以及对真理的追求。

此外，武汉大学通识教育中心还出版了《那些年，我们追过的通识课》与《那些年，我们在珞珈山上做助教》两本文集。前者为学生追忆与武大通识教育的相遇、相识与相知，既有对名师的倾慕与表白，也有初见经典时的畏难与读懂经典后的欣喜，更多的还是对小班研讨的回忆与复盘，无论是学术辩论时的唇枪舌剑，还是艺术表演时的全身心投入，都在他们心底留下了深刻的印记，无疑是对其成人之途的最好记录。后者为武汉大学通识课程研究生助教们的心得体会，作为老师与学生之间沟通的桥梁，他们具有多重身份。一是参与者。研究生助教全程参与通识课堂，并负责小班研讨的组织与记录，是保证通识课程教学效果的重要一环。二是见证者。研究生助教一方面见证了本科生在学习通识课程中的全方位成长，即自主学习能力、学术思辨能力、语言表达能力、团队协作能力的提升，另一方面也见证了武汉大学通识教育的成长与教学模式的完善。三是受益者。研究生助教与本科生一道，共同接受经典的洗礼，完成自身通识理念的构建；在主持小班研讨的过程中，锻炼自身的表达能力与组织能力，并在未来的工作中将这种习得的经验传承下去，惠及更多的学生。

从更广阔的层面来讲，武汉大学的通识教育实现了本科学生、研究生助教、授课教师的"三方受益"，他们均不同程度地在通识理念的形成、人格精神的养成、各种能力的习得等方面有所体悟，从而使武汉大学的通识教育收获了更多更大的成人果实。

武汉大学的通识教育将经典作为博观之本体与博观之方法，通过"博雅为本、经典为根、导引为叶、成人为果"四大维度，以"通识教材系列""通识课堂系列""通识文化系列""通识管理系列""经典导引系列"之文本构筑博雅教育的中国读本。我们有理由相信，这些读本定能帮助学生走出"绩点为王"的内卷困境，获得迁徙的能力，成为于社会和国家有益的博雅君子和大通之才。

（原文发表于《中国图书评论》2024 年第 7 期）

感

念

珞珈有李，一生有你

邓国超

珞珈山下、东湖之滨。我曾于 2006 年至 2008 年在这所中国最美大学求学，师从李建中先生，度过了三年最为难忘的时光。

桃李不言、下自成蹊。建中先生的治学之道和为师品格，深深地影响了我和一批来自贵州宣传系统的莘莘学子。我们在先生的悉心指导下畅游知识海洋，点燃人生智慧，开启了新的征程。

如今有幸出席李建中教授执教五十周年纪念暨"关键词：话语体系与标识性概念"学术研讨会，作为当年第一届"贵州班"的班长，我想从三个方面来表达对建中先生的崇敬之情。

先生之为学，知行合一、拥抱时代

2023 年 9 月 12 日，建中先生以《游于珞珈》为题，脱稿为母校武汉大学 2023 级本科生开学典礼上了第一课。虽未亲临现场，但是我通过网络再次见到了先生，重温了先生的风采。

先生从"游"字切入，谈"游于物，游于艺，游于心"，介绍了武大的历史和人文、博雅与欣乐、境界与超越，伴随耳畔那熟悉的湖北普通话，我的记忆不由自主地回到了 2006 年。

那一年，我刚过不惑之年，已经在贵州传媒领域耕耘了 18 载。经历的事情多了，越感觉到自己的储备不足，恰逢贵州省委宣传部与武汉大学联合办了一个文艺学的研究生班，给学生发"双证"，鼓励业内人士到武汉大学深造学习。经层层选拔并参加全国硕士研究生统一招生考试，我成为第一批学生，有幸拜在建中先生门下，聆听先生的指导和教诲。

先生一生从教，就读大学前，做过 8 年的中小学教师；大学毕业后，一直在高校从事教育工作，用自己的智慧和汗水铺就了一代又一代人的成长、成才之路。时至今日，先生以近古稀之年，仍然站立三尺讲台，为培养新时代肩负国家和民族伟大复兴的青年才俊不懈努力。先生作为武汉大学文学院文艺学教研室主任，全权负责武汉大学贵州班的统筹管理。身为学员的我们深刻感受到：先生所想，是武汉大学文艺学教学科研的兴盛；先生所为，是我辈的榜样和标杆。

先生学识渊博，长期从事中国文论和文化的教学与研究，获得多项国家级荣誉，主持多项国家社会科学基金重大招标项目，是业界公认的大咖。求学期间，我每次与先生交流，都是一次灵魂上的洗礼。特别是先生讲授的《文心雕龙》一课，旁征博引，娓娓道来，并从问题入手，让我们了解了《文心雕龙》的思想资源、思维方式、话语方式、文体理论、文学史观等，使我们对刘勰和《文心雕龙》的认识和理解也上了一个层次。

先生与时俱进，在武汉大学开设通识课程，教授中国经典，也教授西方经典，融通儒道释，覆盖文史哲，引导学生学典用典，成为博雅君子。先生从不拒绝新鲜事物，他跟进潮流，善于运用新技术、新手段来提升教学的质量和水平。我看到新闻报道，他通过抖音直播间，为全国各地、各行各业近 10 万网友授课。而且我知道，先生早在 2014 年就在慕课录制视频，现在还被一些年轻人剪辑成短视频发到 B 站，备受网友追捧。

先生之为师，孜孜不倦、春风化雨

建中先生授课风趣生动，富有激情，将课程内容讲解得深入浅出，经常赢得同学们鼓掌喝彩。

我大学本科在北师大就读，对教师这个行业有着特别的感受，"学为人师，行为世范"是北师大的校训。建中先生就是这样一位老师，他拥有高尚的师德师风，扎实的知识储备、丰厚的文化积淀，更对教育教学充满了热爱。

他是语言大师，语言表达能力出色，听他授课是一种享受；他是幽默文人，喜欢开玩笑，也善于自嘲，机智而敏捷，每个和他接触的人都能感受到"有趣而可亲"；他也是心理医生，能够敏锐地发现每一位学生的需求，因需施教。

作为一名在职学生，我自己的求学之路并不平坦。一方面是离开学校的时间较长，系统性的理论修炼已然成为短板，在撰写文章时，常常有不知道如何切入的困惑。另一方面，工作上的事情繁杂，很难沉下心来进行系统学习，常常顾此失彼。

建中先生特别理解我们这群来自贵州的学生，在教学和论文撰写上耐心细致指导着我们。早在 2007 年年初，建中先生就通过邮箱给我发来"贵州班书目"，他很细心，根据我们的选题，从"文化产业""文化研究""传播学""影视传播"四个方面给我们推荐了上百本参考书目。

于我而言，建中先生对我的研究生论文指导更是用心用情用力。在我的 163 邮箱里，几十封与建中先生的来往邮件，饱含着他对我论文的悉心指导和深切关怀。

先生未雨绸缪，2007年10月，我把开题报告通过邮箱传给建中先生，让我特别感动的是，先生第一时间就给予了回复，还专门在我的开题报告上进行了批注，让我的论文从一开始就有正确的方向，不偏离主题。

先生治学严谨，在邮件往来交流论文修改中，一般都不说优点，而是直奔主题，明确提出不足和缺点。2008年10月，我把论文初稿发给先生后，先生很快作了回复，梳理了需要修改的地方，还建议我增加与内容相关的插图。所有这些指导，让我的认识和理解都上了一个层次，修改起论文来也有的放矢，容易了许多。

先生周到细致，在我们论文毕业答辩还有10天时间，给我发来一封邮件，在各种答辩细节上给予我们悉心的指导。其中，就包括了回到学校来印制论文，更好符合武汉大学的论文格式规范；要提前拿到校内外专家的评阅意见；要提前把印制好的论文送到答辩委员和秘书手里等，看起来都是些琐碎小事，却关乎着我们顺利答辩。先生想得周到，更安排得细致。

先生之为人，行为世范、山高水长

建中先生儒雅风度、性格温和，尽管流逝的岁月在他脸上刻下了痕迹，但他50年的教学生涯，一直与学生在一起，用自己高尚品德，行为世范，影响了一代又一代人。

先生海纳百川，以宽广的胸怀接纳着每一位学生。我们这一批贵州的学生，学历背景不同，知识结构不同，从事的领域也不同，但是先生兼容并蓄，善于发现每个人的优点。在他眼里，学术要跳出小圈子，吸纳更多有实践经验的人进来，做到理论与实践的"碰撞"，看看到底能有哪些火花。

先生言传身教，从事教学工作50年，用自己的勤奋、刻苦、专一，感动着每一位学生。他长期在教学一线，以忘我的工作精神传授知识，用爱心和智慧点亮莘莘学子。特别是先生"用心做好每一件事"的理念，让我终身受益。在纸媒、电视、影视、文化产业的多个岗位工作中，我都秉承着先生的谆谆教诲，埋头苦干、逢山开路、遇水架桥，把事情做好，做到极致。

先生寓教于乐，在课堂教学中，并不是灌输式的"我讲你听"，而是更多地采取交流的方式，抛出话题，组织讨论，汇聚众智，引发共鸣。在课堂教学之外，先生也常常和我们喝茶畅谈，就学术上的问题"百家争鸣"。我还记得2007年夏天，先生带领张荣翼、冯黎明、唐铁惠、张杰等教研室的老师专程到贵州考察调研，在青岩古镇的农家小院与学生们交流，指导大家的论文开题事宜。闲暇之余，大家打打双升，既严肃又活泼，让我记忆犹新。

我很幸运，因为我碰到了李建中先生，他的指导和点拨，让我这辈子受益无穷。每当在工作中碰到难题和困惑，我都能从当年建中先生的话语中找到灵感和方法，可以说，这近20年的传媒工作经历，时时刻刻处处都有建中先生的身影在背后默默支持着我。

珞珈有李，一生有你！

李建中先生治学之"真""博""雅"

刘金波

东湖泛波，鱼翔浅底，鹤舞碧空，湖光山色依稀弄影；珞珈吐翠，鸟鸣枝桠，花放山麓，教授学子流连其间。漫步在这所被誉为"世界最美丽的大学之一"和"中国最美丽的大学"里，不得不惊叹武汉大学草创之际叶雅各、李四光先生的慧眼识玉，惊叹闻一多先生改"珞珈"之名的化腐朽为神奇的深厚功力，惊叹数代武大人筚路蓝缕，艰苦创业，不懈努力，玉汝其成。

珞珈地灵，在于武大之美。到处都是一幅幅美丽的山水风景画，到处都是一卷卷灵动的建筑园林图，她拜天然之赐，享人工之力；汇自然之秀，集人文之灵，其地势起伏，环境幽雅，湖光碧绿，草木氤氲，道路蜿蜒而曲折，小径通幽，建筑古朴而典雅，巧夺天工。珞珈地灵，在于武大之韵。这气韵，是建筑上的传统与现代的完美结合，气势恢弘，中西合璧，巍峨壮观；这气韵，是画卷上的温润之质，是画，更是诗，是山水，更是美玉；这气韵，是学术上的儒雅之态，学者卓尔不群，不断创新，学人孜孜以求，刻苦攻关；这气韵，是发展上的蓬勃之气，坚实、昂扬地书写着她的历史，延续着她的辉煌。

人们所谓之钟灵毓秀，在地灵更在人杰。珞珈山上风云际会，大师名师辈出。历史上的文学院更是因黄侃、杨树达、刘师培、郁达夫、沈雁冰、刘博平、刘永济、黄焯、沈从文、朱光潜、游国恩、苏雪林、叶圣陶、朱东润、程千帆等学术大家的薪火相传,激扬文字,不仅成就了大师辈出,也成就了这一方学术重镇在底蕴深厚方面响遏行云,惠泽后世。20 世纪下半叶,席鲁思、徐天闵、陈登恪、刘绶松、胡国瑞、周大璞、李健章、吴林伯等一批杰出学术人物不仅成为文学院的学术支撑,而且成为文学院的经典话题。及至当下,宗福邦、吴志达、於可训、尚永亮、李建中、王兆鹏等一批学术中坚力量更是异军突起,在学术界堪为翘楚。

由于学术界和期刊界的很多朋友或熟人都知道李建中先生是我的硕博士导师,因而在谈及学术话题时往往会比较随意地问一句"李老师的学问怎么样啊"之类的问题。这种问题有很大的语言陷阱在其中,无论你回答什么或者怎么回答都不会令问问题的人满意。这是因为,如果说"很好",肯定会被人认为有吹嘘导师之嫌;如果说"还行吧"或者"一般吧",那不仅有矮人一等的说辞在里面,更是对老师的不公与不敬。所以对此类问题,我往往要么以"伪问题一个"加以搪塞,要么以先生先后师从国学大师杨明照先生和钱仲联先生来说明先生系出名门来间接地加以回应。值此李建中先生 70 华诞之际,聊作一关于先生治学的小文,以一孔之见权作先生华诞之祝贺,也算是对朋友们关于学问与治学问题的一个回应吧。

自 2003 年与先生结缘,在先生身边凡 20 余年。20 多年来,与其他弟子们一起,与先生或课堂,或会场;或饭厅,或茶室;或校园,或景区……或讨论课题,或谈论学术;或臧否人物,或探讨人生;或点评时事,或娱乐八卦……点点滴滴,恩师要么新见迭出,谈笑风生,要么对弟子关爱有加,提携不止,可以说亦师亦友。窃以为,先生的治学可以用"真""博""雅"三字概括之。

先说其真。这个"真",是真汉子,真性情,真创新。

其一是真汉子。是说先生有学术担当的勇气与胸怀,有记人之恩不记其仇的气度,有甘为人梯授人以渔的技巧。自 2002 年 12 月,李建中作为学术带头人,被引进武汉大学文学院做文艺学专业和中国文学批评史专业博士生及博士后导师、教授、文艺学教研室主任、中国文学批评史专业学术带头人以来，武汉大学文学院文艺学专业在学科建设、师资力量、科研项目、学术成果、学术获奖、人才培养等诸多方面发展迅速，成绩有目共睹，对此当不用赘言。倒是有几件不大不小的事情颇值得一说。一个是在武汉大学工作的几个弟子如高文强、我、殷昊翔等都曾在各自的发展途中遇到瓶颈问题，其时都是李老师反复奔走数个部门沟通协调，其心拳拳，其情切切，让人铭刻在心。另一个是在某学术年会上，李老师做了一个关于"通变"的简短发言，要言不烦，却颇具新意。但在当天中午的饭桌上该发言却被某人指为不得要领，观点错误。如果是正当的学术批评倒也罢了，但是这个不属于古代文论方向的批评者显然是不懂装懂，对发言人所做的是别有用心的学术攻讦。当时我即反问批评者："龙学泰斗杨明照、龙学大师吴林伯都曾有类似见解，莫非他们也错了？"和先生谈及此事，他却一笑置之，全不在意。还有一个则是表现在对待弟子们的态度上——了无虚情假意，全无亲疏之别。因为是真汉子，他也严格要求学生"求真"，这个"真"既是真诚，也是认真。在硕、博研究生的学术讨论课上，求学的学生往往无甚学术阅历、研究经历或写作技巧，或者是知识储备的不足，思辨素养的缺乏，经常会出现围绕探讨的话题发出一些让人啼笑皆非的见解的情况。对此，导师们的表现是不一样的：有的是大加责骂，有的是无情嘲讽，有的是明辨是非，有的是不置可否，甚至就是直接否定——"这个选题不行""这样写不行"。为什么不行？不知道。有可能是这个老师不想和学生说，也许是他自己根本就不知道怎么说。作为全国万人计划教学名师的李老师自有独门暗器，其表现获得了所有学生的高度称赞——首先尽力地找出并肯定你的发言里面的闪光点，然后再委婉地指出需要改进与提升的地方。甚至在硕、博士论文答辩时，李老师的学生往往也因李老师的人品高尚而被动地吃一点小亏：因为其他导师的学生只要有些许闪光点，李老师基本上会给他们一个"优秀"；而李老师的学生则并不能在有些导师那里享受到同等待遇。虽然如此，但报考李老师的学生年年爆满，足见其学术功力之深与为人做事之公。

其二是真性情。所谓真性情，那就是先生的豪爽、洒脱、快意与恬淡。与先生交往日久的人，都感受过他在酒桌上"天子呼来不上船"的豪爽，牌桌上"千金散尽还复来"的洒脱，会场"飞流直下三千尺"的快意，生活上"心似白云常自在"的恬淡。记得 2008 年春夏之交，因参与先生的一个课题研究临近结项。先生三天两头给我电话催要书稿，言之曰："课题的四部书稿已经交了三部，就差你的没交，要抓紧完成。"因当时在文科科研处项目与成果办公室工作，业务繁忙，也因知识储备和研究能力有所不足，所以当时压力山大。重压之下，一方面多次与李老师、唐铁惠老师等探讨写作思路与目录，向"三礼"研究专家如历史学院杨华教授等探讨学术创新问题，另一方面也给自己定下每天写作三千字的雷打不动的任务。很短时间内，25 万多字的我的第一部可以称得上专著的书稿完成，欣喜之余向先生报告并提交。先生说："其实四部书稿只完成了一部。你的是第二部。怕你忙不过来完不成任务只好骗你说其他都完成了。"同时告知还有时间，并指点应该从哪些方面作一些修改、完善等。正因为先生的不断鞭策与指引，以此为底本的博士论文也很快完成并及时出版。从这件事情当中，先生的真性情可见一斑。都说文如其人，这些性情也莫不在他的各类文章中见到。

其三是真创新。李老师的创新不是为学术而学术，为创新而创新，而是如春夜细雨，润物无声，如雪泥鸿爪，不留痕迹，不着一字而尽得风流。聊举几例：《文心雕龙讲演录》，提出中国文论研究要实现重述其"说什么"到精析其"怎么说"的战略转移；《古代文论的诗性空间》提出"诗性智慧"；《中国古代文论诗性特征研究》的"诗性言说"，如"文备众体"，如"辨体明性"，如"反者道之动"；《元典关键词研究的理论范式》的关键词研究"三性""生命历程法"等，无不是闪烁着作者诗性智慧的学术创新。《〈文心雕龙〉的兼性智慧》一文，认为该兼性智慧的理论维度有四：一是主体身份之兼性，二是思维方式之兼性，三是话语行为之兼性，四是文体类型之兼性。四者之间又有着内在的逻辑关联：兼性主体具备兼性思维，兼性思维创制兼性话语，兼性话语生成兼性体式。兼性智慧既是刘勰文论的内在理路，更是中国文论的文化基因。近年来，更是因为先生领衔组建学术团队在"关键词"研究方面成果丰硕，创建耀眼——有重大项目、有学术团队、有学术集刊《关键词》、有诸多重量级研究成果和奖项——而成为国内相关研究领域五大重要力量之一。

再说其博。这个"博"，是深厚的学术传承，广泛的学术视野，宽广的学术气度，广博的学术胸怀，丰富的学术储备和丰硕的学术产出。学术传承上，李老师 1988 年师从著名文献学家、四川大学终身教授杨明照攻读中国文学批评史专业博士。杨明照毕生致力于中国古代文论及古代文献研究，领域广泛，沿波讨源，义周虑赡，向以严谨精深享誉学界。因其对《文心雕龙》的研究被公认为划时代的成果，所以也被誉为"龙学泰斗"。1997 年，李老师又师从著名诗人、词人、古典文学研究专家、国学大师、苏州大学终身教授钱仲联攻读中国古典文学博士。钱仲联先生系出名门——祖父钱振伦是清朝协办大学士翁同龢(也是光绪皇帝老师)的姐夫。他兼具深厚的国学研究之家学渊源和博闻强记及刻苦求学的特点，因而学富五车，誉满华夏，在中国古典文学尤其是明清诗文研究方面堪称大师。主编《中国文学家大辞典·清代卷》《中国文学大辞典》等大型工具书。其主要著作有《人境庐诗草笺注》《韩昌黎诗系年集释》《剑南诗稿校注》《鲍参军集注》《近代诗钞》等。钱仲联有一张自己与著作"等身"的照片。照片上，等身著作有 22 册，包括 1000 多万字的《清诗纪事》、87 卷 1 万余首陆游诗笺注本《剑南诗稿校注》《牧斋有学集》，以及其他学术著作。照片上还有一副对联，是王蘧常于 1987 年秋为祝贺钱仲联 80 岁寿辰而作。对联云："六十年昆弟之交亲同骨肉，八百卷文章寿世雄视古今。"2002 年在钱仲联 95 岁寿辰之际，饶宗颐先生特地挥毫四个大字"昆仑万象"，赠予钱仲联；钱锺书更以"卓尔名家，月眼镜心"盛赞其博闻卓识，天纵诗才。人生如画，早年的活动就是画的底色。两位大师的学术滋养成就了先生学术的茁壮成长与缤纷多彩。学术视野上，先生先后将目光指向文艺美学、文艺心理学、文体研究、文化研究、关键词研究等众多研究领域的学术前沿，并将学术视野投向国际，操办多个卓有影响的国际学术研讨会。李老师先后在中南民族学院（现中南民族大学）、华中师范大学、武汉大学任教，经历了纷繁的世事与跌宕起伏的人生。《杨绛散文集》中曾言："一个人经过不同程度的锻炼，就获得不同程度的修养，不同程度的效益。"正是这些纷繁与起伏，造就了李老师的气度与胸怀。老师博闻强记，博学多识，在同行和弟子面前却全没有骄狂轻躁之态。曾经见过个别急功近利者未经先生同意擅加其为第二作者发文之事，见过先生向弟子催要书稿而弟子因完不成任务反避而不见之事，见过作文不得要领不甚规范之事，见过弟子在先生面前表里不一之事。诸如此类，其时先生虽十分震怒，但是震怒之余却把犯错的学生当自己的孩子看待。正因其有爱，所以允许弟子犯错。对犯错的弟子也只是指出缺点，严令改正，并未有任何责罚或刁难。也曾经见过有科研单位提供优厚的科研启动费及生活待遇吸引先生加盟但先生不为所动的事情。还见过 2012 年为申报国家社会科学基金重大招标课题，先生整个酷暑泡在图书馆查典籍，翻资料，作提纲，划线路，和课题组成员大会小会讨论之事。这种传承、积淀、气度、精神与胸怀，也成就了先生佳作迭出：如《汉魏六朝文艺心理学》《瓶中审丑：金瓶梅"色"之批判》《心哉美矣——汉魏六朝文心流变史》《东方情结——东方文学与中国》《非性文化的奇花异果——中国古代性观念与中国古典美学》《弗洛伊德：爱欲人格》《生命的光环——中国文化与中国文论》《乱世苦魂——世说新语时代的人格悲剧》《魏晋文学与魏晋人格》《李建中自选集》《东方文化与现代化》《日月清朗　千古风流——〈世说新语〉》《玄学与魏晋社会》《古代文论的诗性空间》《中国文化与文论经典讲演录》《中国古代文论诗性特征研究》《中国古代文论范畴发生史》《中国古代文论》《中国文化概论》《中国文学批评史》《中国传统文化人格丛书》《阳阴之间：臣妾人格》《魏晋人：弄狂以流悲》《百年龙学的时序与通变》《龙学档案》《批评文体论纲》《體：中国文论元关键词解诠》《文化关键词研究》《元典关键词研究的理论范式》《中国文化元典关键词研究》《中华字文化大系》等数十部闪耀着智慧光芒的著作相继出版。

　　后说其雅。这个"雅"，是雅量。先生研究魏晋人格，魏晋名士风度显然对先生影响甚大。做事作文敏而好学，雅量豁然。任何时候到先生家里，都是一尘不染，整洁异常。任何时候见到先生，都是穿戴齐整而时尚，紧跟潮流。先生的雅量前文已有所述，在此不赘。这个"雅"，更是雅致。先生深得其两位博士生导师的真传，文字洗练，绘事后素，极其典雅而丰富。司空图"人境双清"的图景是先生赏识与追求的典雅士人的人格。因而往往落花无言而人淡如菊，为文最讲究"韵外之致"与"味外之旨"。如研究魏晋人格的几篇文章，标题分别是"断裂与重铸""虚静与躁动""演进与终结"，从人格精神、审美观照、玄学化历程进行研究，十分典雅，别有韵致；如在申报 2008 年国家社会科学基金课题时，指出：本课题主要研究中国古代文论批评文体的理论意识、演变规律和现代转换，这三个方面的内容可依次概述为"尊体""破体"和"原体"。三个关键词简练而雅致，文字清新而精练，当年也顺利获得资助。又如在新闻"经学视域下中国文论关键词之词根性考察"时，三个小标题分别为"详其本源，莫非经典""禀经制式，酌雅富言""太山遍雨，河润千里"。文约言丰，意在言外。文章甫一刊发即有几家重要转载机构加以转载。其文如诗，有诗的精练，有诗的韵味，有诗的意境，更有诗的美感享受与回味。

　　虽拉拉杂杂五千余言，亦不能表先生治学之万一。一言以蔽之，"真"是其学术内涵，"博"是其学术表现，"雅"是其内外统一的完美结合。这标杆虽不能至但心向往之，它将是我(们)永远的努力方向与前进动力！

（初稿于庚寅秋，修改于甲辰夏）

吾 师 建 中

吴中胜

我印象中的李老师，可以用三句话来概括：率性为人，智性为师，诗性为文。

一、率性为人

《中庸》里说"率性之为道"，即顺着人之本性做人做事。李老师性情率真，率真之人好热闹，李老师喜欢热闹，所到之处，多欢声笑语。率真之人又富于激情，做事麻利迅捷。记得我有一次说，武大文学院的老师，各有自己的教学特色科研经验，如尚永亮老师能大段背诵诗文；王兆鹏老师给学生上课就像医生上手术台一样，带上许多仪器设备；陈文新老师主张写文章"绝不回头"等。李老师马上开设一门课，请文学院的名家大腕联合给我们博士生上一门课，讲座式的，每人上一两次课。如今想来，我在武大听的印象最深、收益最大的，要数这门课了。李老师上课富激情。我在武大听李老师的课其实并不多，听过几次李老师给研究生上《文心雕龙》课，叫学生分组讨论，分文体组、创作组和鉴赏组，学生学得其乐融融。激情洋溢的人最富于创造性，偶尔看到《光明日报》等报刊报道李老师的教学考试改革举措，耳目为之一新，什么编一套试题啦、辩论式啦。我现在还在"爱课程"网听李老师讲课。

率真之人多朋友。我外出开会，每每遇上李老师在学界的朋友，他们都说："那你要叫我师叔，我跟你们李老师很熟噢。"李老师与自己学生亦师亦友。导师是个性情中人，学问之外，导师很有生活情趣。逢年过节，导师都要请所有的硕、博弟子吃顿饭，还经常叫上师母和他们的宝贝女儿李顿。虽无山珍海味却有逸闻趣事，南腔北调伴着欢声笑语，我们这些弟子们读书的辛苦早已不知哪去了。李老师心地慈善，对学生有慈父般的关心。李老师对于师弟喻守国的关心呵护，至今传为李门的一段佳话。

二、智性为师

智者，理智者也。李老师率性为人，却并不妨碍他能理智为师。李老师指导论文要求甚严，记得我自己的博士论文第一次交初稿，李老师把我叫去，着实狠狠地批评了我一顿。我至今还保存有当年李老师批改的论文初稿。珞珈山青，东湖水长，武大的学术精神不正是在师生授学的点滴中呈现出来的么？李老师的严格传教风格甚至影响到我自己的研究生。今天，我自己也成为了一名硕士生导师，才真正体会到导师当年的良苦用心。我对自己的研究生也要求甚严。学生毕业好几届了，表现不错。今年我的研究生考上了博士。

智者，智慧者也。作为导师，李老师的学术研究一直走在学术前沿，引领学术风气。李老师先后主持多项国家社会科学基金项目和教育部课题，现在正在主持一项国家社会科学基金重大课题。这些课题一直站在学科前沿说话，引领着学科发展思潮。较早的是"魏晋文学与魏晋人格"，20世纪八九十年代，学界正是热心于用心理学方法研究文学。接着是"中国古代文论诗性特征研究"。古代文论界从 20 世纪 90 年代中期开始讨论古代文论的现代转换的问题，往哪里转？转什么？如何转？这些问题涉及一个前提性的问题，即中国古代文论的民族特征是什么？李老师抓住了"诗性"这个特征。然后是"中国古代文论批评文体研究"。文体学的研究正是当下的学术热点，李老师关注古代文论的言说文体，在文体学研究界独树一帜。现在李老师正在主持国家社会科学基金重大项目"中国文化元典关键词研究"，是国家级别最高的研究项目了，有"太山遍雨，河润千里"（《文心雕龙·宗经》）的价值和影响。2014 年 6 月，我看到李老师发表在《中国社会科学报》头版头条的一篇文章《用关键词研究开启中华文化的意义世界》，我当时的感觉就是，一片全新的学术领地正在开启。

作为一个知名教授，李老师很会讲课。2013 年，我请李老师到赣州我所在的学校讲学，一天三场讲座，场场爆满。特别是那天晚上，能坐 800 人的学生活动中心，连走廊上都站满了人。许多人站着听完了讲座。近年来，听过几次李老师主持学术会议，李老师三言两语就能逗得全场会心一笑，此非聪慧者所不能办。2014 年 5 月，老师获得"湖北名师"称号，可谓实至名归。

三、诗性为文

一般说来，学术论文很难看，古代文论的研究文章尤其难看。李老师近年关注学界说什么、怎么说的问题。李老师自己的文章和著述，把古代文论"行云流水""文行自然"的文学性品格和现代最精准的学术语言和学术规范结合起来，学术性与文学性、可读性结合得很好。如《文心雕龙讲演录》，《文心雕龙》的研究著作很难看的，就像贾宝玉遇到贾政，兴味顿消，但李老师的演讲却做到了学术性与可读性的统一。2009 年在安徽师范大学的文心雕龙会上，我撰文指出，李老师的《文心雕龙讲演录》有三个特点：以亲近心解刘勰，以专业心理雕龙，以青春心会文心。既是说李老师的著作，也是对当前学界的一种期许，得到与会很多代表的赞同。

我较早跟李老师做古代文论的诗性研究，2003年，我一入门就跟着李老师做一个国家课题"中国古代文论诗性特征研究"，从此以后就跟诗性结缘了。2012年我申报成功一项国家社会科学基金项目，题目就叫"诗性文化与《文心雕龙》的诗性遗存研究"。2014年，我爱人申请到了一项教育部人文社科项目，题目叫"子学与古代文论的思辨性研究"，我是主要参与者。这些课题的获得要追根溯源的话，都不难看到李老师多年来开源启疆、指点迷津的作用和影响。特别是我现在做的国家社会科学基金项目，落脚点是诗性文化，理论视野仍然是在武汉大学跟李老师做博士期间打下的基础，受李老师的影响是不言而喻的。李老师的开拓创新的学术精神不断激励着我，这些年我在学术上也不敢怠慢。先后完成1项博士后基金项目，后入选全国博士后文库，完成1项教育部课题。2014年6月底，我获得江西省高校哲学社会科学重大课题招标项目1项。我现在是赣南师范大学三级教授，在我这个年龄段算是比较领先的。这些都与李老师多年的激励和帮扶是分不开的。大树底下好乘凉，我们这些弟子因为有李老师这棵学术大树的荫庇，在学术和人生的道路上将走得更踏实更有信心！

总之，李老师为人、为师、为文的精神和风格值得我们这些弟子继承和发扬。最后祝李老师身体健康、家庭幸福、生活愉快！以后培养更多更优秀的师弟师妹！

（2014年8月7日于湖北恩施）

文心有寄，师道无边

——从桂苑到珞珈，李建中教授传道授业记事

柳倩月

2023 年 11 月，武汉大学珞珈杰出学者、国家教学名师李建中教授荣获湖北省第三届"最美社科人"荣誉称号。"遨游中华元典，扎根通识美育。鲲鹏有梦，一生钟爱堪载；骐骥追光，'三七'使命作则。珠玑句句，连缀人文标尺；师心灼灼，烛照珞珈品格。"这是组委会的颁奖词。"三七"使命作则，是说李建中教授的工作时间是每周七天，每天上班从早上七点到晚上七点，所以他也被称为"三七"教授。早在 2014 年 6 月 12 日，李建中教授在从教 40 周年的纪念活动上，用一首小诗形象地描述了自己的高校任教经历，"南湖种柳几春秋，桂苑香飘岭上头。最是珞珈桃杏好，一年一度赏高楼。"李建中教授从教 50 余年，高校工作 40 余年，其间先后任教于中南民族学院、华中师范大学、武汉大学。我从 2002 年考入华中师范大学攻读硕士，到 2010 年进入武汉大学攻读博士，李建中教授都是我的授业恩师。我有幸得李老师传道、授业、解惑，已逾 20 年。我从他身上看到了一个人文学者的"文心"和一个师者的"仁心"，感受到了他为弘扬中华优秀传统文化、为培养栋梁人才而燃烧的激情。"春蚕到死丝方尽，蜡炬成灰泪始干"，多年以来，李建中教授在中国古代文论学科领域深耕不辍，躬耕于教坛而不改志、不移情，并为武汉大学的通识教

育作出了重要贡献。李建中教授始终在前进、在探索，用他勤劳的汗水浇灌学问之道，用他富于诗意的教风培育人才。他不仅带领学生走进神圣的学术殿堂，也关爱每一位学生，堪称深受学生爱戴的"父母师"。

一、文果载心——桂子山上识"文心"

2002 年 4 月底，我到华中师范大学参加研究生入学考试面试，首次见到李建中教授时，他惠赠给我一本《李建中自选集》(华中理工大学出版社，1999年)。钱仲联先生曾评价该文集"题新文益新，创解妙谛，层现叠出"。面试结束当晚，我留宿于华师桂子山，夜深人静之时展卷拜读。李老师的论述可以说是思想灵动、深入浅出、文采斐然，他把自己的精神与古代文人的心灵同铸，为他们而感慨，而悲歌，真正地写出了古代文人的生死歌哭。我被这部才藻富赡的学术文集深深地打动了，尤其是被李老师笔下的魏晋人格打动了。在那个被刘勰称为"世极迍邅"的乱世，朝不保夕、死于非命的文人代不乏人。读李老师的书，如亲见当时情境，亲历文人们的人格分裂、心灵徘徊、人格重铸的艰辛心理历程。我想，能将学术论文写得这么既深于见解又富于文采，不正是我所向往的做学问的境界吗？我当晚就写了一首七言八句来记录我的感受，其中有四句是"楚水临风展玉颜，书中自有引舟帆。先生赐书读仔细，抱雪怀霜勤思源"。我深感，在求学道路上，我将亲聆李老师的授业，真是三生有幸啊！此后，我多方索阅李老师早期出版的著作如《心哉美矣——汉魏六朝文心流变史》《乱世苦魂——世说新语时代的人格悲剧》《魏晋文学与魏晋人格》等，这种感受更加强烈，入校就读之后，也就特别珍惜宝贵的问学机会。

在桂子山上攻读文学硕士的三年期间，李老师给我们这一届文艺学专业开设的是中国文化与文学论著选讲和《文心雕龙》研究。那个时候，我初入中国古代文论门径，觉得此类课程离不开故纸堆，讲这类课程也难免因为"之乎者也"而迂腐拘谨，让我没想到的是李老师的课程却别开生面，相当地"潮"。20年前，多媒体教学并没有在大学普及，李老师是文艺学专业课老师中唯一自带手提电脑连接教室多媒体进行教学的先生。他打开手提电脑，一边滔滔不绝地讲课，一边放映着课件。当他发现同学们习惯性地埋头狂抄笔记时，他会提醒大家注意听懂、注意理解。在李老师的课堂上，我们都能体会到他的教学之"用心"，能体会到他为了使学生真心喜爱传统文化与古代文论而做的各种各样的"谋划"。他会时不时地用一些现当代文学或文论的例子来推翻或印证古代文论的观点，会放映很多与课程内容有关的图片和影音。我们一边听他讲"稷下学术"，一边欣赏稷下学宫图像；一边听他讲老子，一边看老子墓考古图片；一边听他讲苏轼，一边瞻仰苏轼的雕像。即便是课间休息，他也会播放《高山》《流水》之类的古典音乐来营造情境，就是为了在那每周的三节课时间里，使学生不知不觉地进入"古风"氤氲的氛围中。学习《文心雕龙》研究时，李老师采用了"翻转课堂"的教学方式。先由李老师做示范篇目的讲解，李老师精选的其他代表篇目由学生们抽签选择，抽中哪一篇就讲哪一篇。研究生们在一片唏嘘声中完成了抽签选篇的任务。在教学过程中，研究生们一边讲代表篇目，李老师则一边点评、补充或深化讲解。这种"教学相长"式的互动教学，充满很多变数，所以对教师、对学生都很富于挑战性。

李老师在华中师范大学任教时，无论是学术研究还是教学，都处在大量推出新成果的阶段，所以我们也不断地得到他的新思想、新方法的启发，尤其是他关于中国古代文论的诗性特质的思考，贯穿到了教学之中，使我深深地热爱上了中国古代文论这一专门学问。在教学中，李老师鼓励学生们精读元典，大胆发言，各抒己见。对于同学们的疑惑，总是能明鉴善断，三言两语揭示大义。有时他会比较果断，但他也绝对欢迎同学们的反驳。如果同学们言之有理，他会很高兴地加以表扬。有时他会抛出问题让同学们讨论，如果争论不休，他往往会给出一个他认为最合理的答案来结束暂时的争议。

由于有这样的师生缘分，我就萌生了将来追随李老师深造做学问的想法。那时他已调武汉大学文学院任教。2010 年，我考上武汉大学博士研究生，主攻中国文学批评史，师从词学研究专家陈水云教授。虽然我没能成为李老师的名下弟子，但他始终将我视为亲传弟子。在珞珈山上攻读博士的 4 年期间，他无差别地对待所有学生，我从李老师那里学到了更多的东西，尤其是思想上、研究方法上受到的启发既深刻又丰富。

二、心哉美矣——东湖岸边说"诗性"

李建中教授是教学科研并重型的珞珈杰出学者。从"南湖""桂苑"到"珞珈"，他从中国传统文化及文论中提炼出"诗性"这一极富于特征性的关键概念，围绕"诗性"开展学术研究、出版了一批很有影响的学术成果，比如《古代文论的诗性空间》(2005)、《中国古代文论诗性特征研究》(2007)、《批评文体论纲》(2013)等著作。"传道、授业、解惑"是一名教师的本分，但是，李老师的"传道""授业""解惑"则极富于"用心"，极富于个性，因为他不断探索并实践着的是一条"诗性"教学之道，将"诗性"贯通到了教学之中。

我印象非常深的诗性课堂是 2010 年秋季学期的两次"东湖教学"，它们让我见识到了李老师骨子里那富于诗情画意的文人气质。9 月下旬，李老师考虑到中秋节期间留校的弟子较多，决定和弟子们在东湖搞一次中秋赏月活动。没想到中秋节那天天公不作美，到了傍晚竟然风雨大作，大家只好在室内吟月品诗。李老师倡议大家一起背诵苏东坡的《水调歌头》，胡立新师兄起头，师生共同高声吟哦起来，"明月几时有，把酒问青天，不知天上宫阙，今夕是何年……"吟完之后，李老师又举杯发挥，现场吟起诗来，"举杯邀月醉香隆，此事难全郁于衷。湖畔自有婵娟舞，中秋无月也动容。"他解释说："此事难全，是指邀月未成，选在东湖聚餐，希望借此机会赏月的愿望也没达成。"然后他提议大家各自都吟几句诗。立新师兄吟了一首现代诗《离别》，表达了"月有阴晴圆缺，人生有聚也有散"的意思。我也应景胡诌了一首打油诗："欣逢清秋节，诗酒相聚欢。月在云汉外，人在东湖边。"虽然这种现场出题吟诗的方式搞得大家比较紧张，但对于研究文学的青年学子们来说，中秋之夜，岂能无诗？

另一次"东湖教学"是 10 月 21 日下午。那个学期李老师给博士研究生开设的课程是儒道释文化与中国文学批评，在讲到道家文化与中国文学批评时，为了让同学们体验到道家的审美理想，他决定在东湖岸边的一个凉亭里搞一次读《庄》活动，让我们带上竖版的《庄子》，比如郭庆藩的《庄子集释》，他说古书就要竖着读才有感觉。我带的是陈鼓应先生的中华书局版《庄子今注今译》。秋天的阳光灿烂而温暖，凉亭四周垂挂着随风轻摇的深绿色藤蔓，东湖宽阔的清波在微风中轻轻荡漾。虽然四周的游人来来往往，李老师仍然旁若无人地讲起《庄子·天下》篇来。我们在李老师的讲解中进入了那个"道术为天下裂"的时代。老子柔弱胜刚强的智慧盘旋在湖面，被岸边红红白白的锦鲤们吞吞吐吐。庄子逍遥齐物的思想，在徐徐清风中飘向远处的山影。夕阳西去，时间不知不觉地在昏暗的天色中流逝，水中、亭中、风中所有的感觉，都得到了超越。一次特别的课堂就这样深深地印在了同学们的心里。

李老师的诗性教学具有一种"豪放派"的个性特色。正如他在《李建中自选集》后记中说过的一句话，"一般来说，我是属于不会也不愿'谦虚'的人"，他教学时永远是那么自信满满、口若悬河、激情四射。尤其是他讲起道家文化、讲起"魏晋风度"时，格外地神思飞扬、灵气飘逸。小小的课堂，就是李老师的"千里江山"，他用昂扬的激情在"千里江山"上创造着思想的奇迹，又用他爽朗的笑声为"千里江山"染上金色的阳光。其实，不仅仅是在课堂教学上，李老师在学术发言中，甚至是在日常交流中，也常常是锋芒毕露，颇得道家与"竹林七贤"的"天真率性"之风。偶尔，因为他的率性，因为他的固执，他也会被亲爱的同仁们揶揄、调侃几句，但他都是爽朗地大笑，要么从善如流，要么我行我素。

李老师的诗性教学始终走在创新的前沿。无论是教学内容的创新、教学方法的创新、教学设计的创新，他都在不断地尝试。当他被聘为武汉大学通识教育中心主任后，致力于推动通识教育"三大导引"（人文社科经典导引、自然科学经典导引、中国精神导引）课程的建设。由于他经常利用朋友圈分享相关信息，我对李老师带领下的"三大导引"课程团队开展的"集体备课""小班研讨"等特别感兴趣。特别是"小班研讨"，既有以演剧等艺术表演的方式来进行的，如围绕主题为《庄子》寓言新编新解"的系列小班教学；也有以学术讨论的方式来进行的，如"己之所欲，是否应该施于人"的学术论辩课。"小班研讨"的内容集中，形式丰富，风格活泼，对于小班指导教师和学生来说，都很具有挑战性，但容易接受和理解，所以真正体现了大学通识教育的功能和意义。我个人觉得非常值得学习和推广。

三、余心有寄——春风化雨证"师心"

无论是做学术研究，还是教学工作，李老师都非常执着、极其投入。他用言传身教的方式感染着学生，感动着学生。

李老师曾说："我带弟子没别的，就是带领他们进行课题攻关。"无论课堂内外，他最热衷和弟子们谈的就是"诗性""文体""关键词"这些与他的研究课题有关的话题。尤其是他主持的课题"中国文化元典关键词研究"获得国家社会科学基金重大招标项目立项后，他更是带领弟子们持续攻关，由"元典关键词"的研究到结项，再到"文论关键词"研究再次获批国家社会科学基金重大招标项目，李老师的"关键词"研究一直没有停止。在这期间，由于持续指导历届弟子进行"关键词"研究，李老师也曾遭遇过一些误解，但他依然坚持下来，指导弟子们一个一个地攻克难关。历届弟子们在"窥一词而得全典"的研究过程中也得到了系统的科研训练。如今，李建中教授师生团队的"关键词"研究已经硕果累累，在国内堪称独树一帜。

在指导历届博士硕士研究生坚持深耕学术研究时，李老师也努力地将他的学术智慧贯通在教学过程中。只要是师生相遇，可以说话的场合，那个地方就会成他的课堂。教室里、办公室、走廊上、路边、车里、餐桌上……"逮"住弟子的每时每地，李老师都会大谈特谈，谈怎么读书、怎么写文章、怎么做学问，也和学生交流他的最新想法或研究思路。只要弟子们有心，每一个遇到李老师的场合，都是增长学问和见识的良机，都能从他生动的言谈中得到启发。

记得在一次去江汉大学参加湖北省文艺学年会的路上，我和胡立新师兄搭乘李老师的车赶往会议承办方江汉大学。那时也应该正是李老师的"关键词"研究的酝酿阶段。车子一启动，李老师就开始兴奋地说着他的最新想法，声音洪亮、滔滔不绝，车轮在滚滚前行，思想也在不停地流动，一直到达目的地，他踩了刹车才停止说话。大概1个小时左右的路程，我和胡立新师兄基本上只能全程"噤声"，洗耳恭听。下车后，我和胡师兄相视一望，会心地笑了，我们的确是暗暗地膜拜于李老师的这种"不达目的不罢休"的精神。

受这种执着学风影响的弟子们，自然能领悟到坚持不懈、全身心投入的要义。无论从事什么行业，要获得成功，离不开天资、灵感与机遇，但更离不开持之以恒地积累、不断地思考和勤奋地钻研。

智者会以最恰当的方式安排自己的人生。李老师曾经在一次师生共聚的场合大发感慨："我的女儿出国了，退休以后，我和尹医生（李老师的大人）就处于空巢期了，女儿没在身边，你们就是我的孩子。"说起这样的话题时，李老师非常动情，其间饱含了视学生为儿女的无限期待。

李老师对学生的关爱，如同爱自己的孩子，只要是有幸受过李老师指点的，都会有这样的体会。让我深受感动的一件事是他为身患重病的弟子喻守国奔波、筹款，使他能够坚强地克服病痛，顺利获得博士学位。2023 年 11 月，当我通过网络报道，看到已经是贵州民族大学副教授的喻守国手捧鲜花来到李老师"最美社科人"的颁奖现场，向李老师鞠躬，与李老师拥抱在一起的画面时，我不由得想起了喻守国博士学位论文答辩时的情景。当时李老师作为导师，他在介绍喻守国的病情、读博情况、学位论文的撰写情况时，不由得声音哽咽，眼含热泪，对这位弟子的关切之心溢于言表。在场师生无不为之动容，我这个旁听学生也特别感动，所以印象十分深刻。

其实，我也是幸运地得到了李老师关爱的学生。无论是在桂子山上，还是在珞珈山上，李老师调动到哪所学校，我就有幸报考到哪所学校。在武汉大学攻读博士时，我认认真真听完了本学科开设的所有课程，还想旁听一些其他专业或其他学院的课程，李老师就帮我牵线搭桥。比如我想听哲学院麻天祥教授开设的佛学方面的课程，李老师就帮我联系到了麻老师，使我得以随堂旁听麻老师的研究生课程，整整听了一个学期。我博士毕业回原工作单位，继续从事文论教学与学术研究，李老师仍然经常鼓励我、帮助我、关心我，用他的学术思想点拨我，用他的诗性智慧感染我，用他的为师之道启发我。他的新著出版后，也会随即惠赠一册给我。

李老师还多次带同行和学生到我家乡湖北恩施，到我的工作单位湖北民族大学文学与传媒学院，支持我院的中国语言文学学科建设工作。从武汉到恩施，最开始开车自驾只能走 318 国道，要走 2 天时间，然后是自驾走沪蓉西高速公路，也需要七八个小时，再后来是乘高铁只需要 4 个小时，他都体验到了。在这期间，他指导、帮助我院承办、联办了湖北省文艺学学会第二届（2005）和第十七届（2021）年会、"文化产品的生产与消费"国际学术论坛

（2013）、中国古代文学理论学会第十九届年会（2014）等大型学术研讨会，多次为我院的专业发展和学科建设出谋划策，还将这个"双非"大学毕业的汉语言文学本科生招收到门下攻读硕士和博士，其实都是为了扶持、提携我们这个位于山区的大学能够发展起来。

最后，致敬爱的李老师——

湖畔清歌，文心有寄；桂苑珞珈，师道无边！

亲受三"教"，受益终生

李小兰

"时间永远都是旁观者"，我非常认同这句话，喜欢的同时亦深深感叹：洞见人生至此地步者，舍张爱玲其谁?！的确，时间不会掺和你的成败与得失，也不会分享你的喜怒与哀乐，它惟一能做到的就是，见证你的心路历程，记录你的成长轨迹。

岁月如水，白驹过隙，转眼已步到中年。回想过往年华，最深刻最难忘的还是珞珈山上三年博士生涯。在山清水秀、人杰地灵的珞珈山上生活已然让人念念不忘，而博士导师李建中教授在教学、思维和学术方面对学生们的引导和启迪，更让我受益终生。作为李门弟子中的一员，亲受其教，何其幸哉！

教我们如何"学"

明白"学就是找问题"这个道理是在儒释道文化与中国文论课上，李老师跟我们讲《庄子》，初期他总布置一些问题让我们课后思考，下节课再点名让人回答。这个课堂的学生不多，只有江正云、李作霖、郁玉英、洪豆豆和我5个人，被点到的概率几乎为100%。为了不在课堂上当众出丑，我们都会认真

306

地准备。记得每每听到有新意、有见地的回答，老师用于表扬和肯定的话语就是"这很有意思"。

课上了一段时间，李老师就要求我们自己提出问题自己回答，并说做科研说白了就是你能够找出问题并解决问题。而每当听到老师对你说"这个问题很有意思"时，那种感觉特别好，特别有成就感。在李老师的课堂上，我们还明白了另一点，"学"就是自己讲课。至今仍然记得，我们抽签决定自己将要讲解的《庄子》篇目时，经过短暂的忐忑不安的寂静，大家手执签条，兴奋地左顾右盼，互相询问着打趣着调侃着，课堂气氛热闹非常。接下来的几个星期，我几乎每天泡在图书馆，或查阅典籍或上网找资料，把《庄子·大宗师》从注音到注释，从思想内涵到写作手法，一一搞懂弄透。要像老师那样给人讲课，你不弄懂弄通那怎么行?! 有了这样的经历，我深深体会到，学生可以这样学也应该这样去学。

教我们如何"思"

2005级文艺学博士生在一起上课，课上经常要讨论学术问题，西方文论方向的同学判断事物喜欢非此即彼，搞二元对立，从而彻底否定和自己相左的论点。而我在这点上，不是自夸，没有让偏向思维主宰自己，这当然得益于我跟从李老师学习，他治学态度严谨，但思想开通，常常教育我们学会辩证思维，多角度认识事物。

李老师是《文心雕龙》研究专家，在武大给硕博士生开课，一上来就说自己深受刘勰"擘肌分理，惟务折衷"理念影响，并说辩证思维对做学术和做人都有很大裨益。确实，老师学问做得好，论文说理深透且词采华茂，他提出富有创见的观点，但总能不偏不倚，让人信服。2002年我在华中师范大学读同等学历硕士班，我们班 13 位在职的准硕士夹在全日制硕士"正规军"里一起听课，我们都非常喜欢李老师上的课，也喜欢老师这个人，课后聚在一起常做的事，就是反复引用老师课上的句子，谈论老师提到的观点，谈论他独具的风采和魅力。印象深刻的是老师曾说过"我喜欢和有缺点的人交朋友"，我们一致认为也许是老师自己狂狷真率，性格豪爽，他总是把自己最真实的一面示人，他以自身的经历告诉我们，每个人都有缺点，故应该多侧面多角度去了解一个人。李老师强调说，对于那些展现出弱点的人，我们不要被片面所蒙蔽而错过他的真率纯真，否则你会失去一个很好的朋友，反之，看上去完美无缺的人要么没有情趣，要么隐藏太深。类似"缺点说"这样新奇的观点有很多，常让我们赞叹不已。还有老师提到的"多言数穷，不如守中"这句话被男生奉为座右铭，屡屡被同学提及。老师总是在不经意间，让我们学到了很多，教会我们如何思考。

教我们如何"导"

博士毕业后，我也当上了硕士生导师，初次和学生面对面，望着他渴求而迷茫的眼睛，我居然茫然不知所措，甚至有些惶恐。随着门下硕士生一个接一个进校、受业、毕业，我的自信心逐渐增强，所以我特别感激老师，正因为我曾在他门下亲受其教，正因为他曾经对我们的指导是那样令人难忘，让人受益匪浅，我才能将老师指导研究生的思想和方法贯彻到我的指导实践中去。不敢想象，如果没有这样求学的经历，我会陷入怎样的困境当中。

回想当年，老师用他渊博的学识，严谨的思维，对选题把握的成竹在胸，引导我们，让我们少走多少弯路；老师用循循善诱的方法，常常轻松化解我们论文写作中的困难，指引我们走出困境。老师平时讨论问题很随和，但对我们毕业论文则严格把关，让我们刻骨铭记"平时不努力，毕业徒伤悲"的至理名言。现在，我正亦步亦趋地将老师指导研究生的步骤、方法和理念付诸实践，虽有"东施效颦"之嫌，却能收"立竿见影"之效。我相信，有当年珞珈山亲受三"教"的宝贵经历，有老师经验的引导和影响，我一定会成为一名称职的研究生导师。

静夜的书房，随意翻阅八九年前博士论文的初稿和修改稿，看到老师留在纸上密密麻麻的批注，历经多年而不曾褪色，感动之余更加体悟到老师的辛苦和伟大。

我与李建中教授的师生缘

秦秋咀

　　人与人之间的默然契遇，往往并不会拘限于各自所处的年代、地域、境况，尤其在以学术为生的群体中，更是如此。令人啧啧称奇的是，如果事后细细推究一切的缘起，竟然往往只在那电光石火般的偶然一瞬。

　　此刻忆起我与李建中教授的师生情缘，我依然清晰记得初识先生的一幕：2003 年秋，我刚刚进入湖南师范大学文学院学习，一天上午，在图书馆的书架丛中漫步，一面留意架上层层叠叠的书本，无意中被《魏晋文学与魏晋人格》的书名所吸引，便顺手将书抽出，倚着铁质书架展卷而读。一读之下，我顿觉此书文采飞扬，文笔流畅，作者巧妙地将魏晋文人的品格、命运、价值追求诸多方面与他们的文学作品融合在一起，蕴含着一种内在的感人力量。在那时，虽只是偶然的翻阅，我也并不十分熟知这一时段的文人，但作者深刻而又生动地雕画出那些人物的命运，令我的内心为之激荡不已，同时也被作者的文笔所吸引，竟然一时难以释卷。那几天里，我完全搁置了原来的读书计划，一连数日都沉浸在《魏晋文学与魏晋人格》之中。我细细地读完后复印了全书，重读其中的部分章节，再详细地写下读书笔记(尤其是书中多处加着重号的地方)。

　　在我的记忆中，这样暂时脱离指导老师大致圈定的阅读范围，专心致志地

310

读完一部学术著作，并自觉自愿地认真写下大量的读书笔记，似乎并不经常发生，印象中后来也只在遇到罗宗强的《玄学与魏晋士人心态》、袁济喜师的《六朝美学》、钱志熙的《唐前生命观与文学生命主题》等书时，才如此痴迷过。当时我的研究方向其实在唐宋文学，不意这几本深深地打动我的书均是研究汉晋之间的文学与文人，看来，冥冥之中注定我将属意于汉晋时代。自那以后，李建中教授的名字便深深地印在我的脑海里。虽然一直未曾谋面，前面所谓的"初识"先生，其实也不过是我在精神层面上对先生《魏晋文学与魏晋人格》一书内容的遥相感通、深度认同和由衷敬佩，然而，由于这偶然的机缘，他的书无意中为我打开了一扇通往魏晋文学的妙丽之门，事实上他已是我心中极为推重崇敬的魏晋文学研究学者之一。

2009 年夏，我博士毕业，离京南归，临行时提到继续做博士后的问题，袁济喜师建议我联系李建中教授，这让我大喜过望。由于那本《魏晋文学与魏晋人格》的缘故，先生的名字一直以来都铭刻在我的心中，且我的博士论文多处参考他的相关论文和著作，包括《魏晋文学与魏晋人格》《玄学与魏晋社会》等书，尤其是先生早期的长文《论魏晋六朝的畅情美学》，对我的论文构架启发颇大。现在，袁师允诺推荐，则昔日对李建中教授的遥瞻敬慕也许很快便可化为面聆亲炙了。此后，几经周折，耗费时日，我终于在 2012 年 11 月通过漫长的审批程序，进入武汉大学中国语言文学博士后流动站，从而可以经常得到李建中教授的教导和指点。

入站后，与李建中教授的接触渐深，深深地感受到先生治学的勤勉严谨、为人的宽厚大度。先生一向律己以严，待人以和，在我的印象中，用"亲切"二字来形容先生，尤为恰当。每次谈话，或是电话交流，先生爽朗的笑声总让我如沐春风，这样的感受，似乎又令我回到了初读《魏晋文学与魏晋人格》时的情境之中。

也就是在这样的交往中，我更为深切地理解了人格修养境界对于学人、文人的极端重要性，可以说这是他们的作品的灵魂。这一点对魏晋人来说是如此，对先生来说，也是如此。而且，《荀子·劝学》篇曾指出"学莫便乎近其人"，因此，对我辈来说，既应在领略、体味《魏晋文学与魏晋人格》之类经典作品的妙处时，能够从中间接地感受、体味到先生的人格魅力，更应该在与先生的直接交往交流中，能够于无声处体味到先生的人格精神、先生为人为学的荦荦大端，及其精微之处，不断自我反省，自我磨砺，黾勉同心，从而持续提升自己的人格境界和学术修养。若能如此，则庶几不负先生一直以来的教导。

两个秘密

高新伟

时值恩师李建中先生执教五十周年纪念之际，作为学生，我总想写点什么，但却不知从何写起，恩师学养深厚，著作等身，而我又未能尽得恩师真传，未能深刻理解恩师学术研究的真谛，正如韩愈所云"望孔子之门墙而不入于其宫者"，故而不能对恩师的治学从教之成就加以概述，这里将隐藏了十数年之久的两个秘密予以公开，也算是对恩师执教五十周年的一种纪念。

第一个秘密是，我用儿子的名字来纪念师从恩师的那段经历。2005年上半年，恩师给我们讲授中国文化与文学名著研究，丰富的内容，全新的视角，精彩的讲述，深深地吸引着我。在听"儒家文化与中国文论"那一次课时，我收到儿子出生的消息，先前爱人就和我商量好了，我给孩子起大名，她起小名。起什么名字好呢？恩师在讲解着儒学三期：元典时代、经学时代、理学时代，我满脑子想着孔孟名句，最后从《论语》"君子食无求饱，居无求安，敏于事而慎于言，就有道而正焉，可谓好学也已"中抽出两个字，给儿子起名高敏慎。

这么多年过去了，越来越多的朋友知道了儿子的名字出自《论语》，但是他们不知道为什么会出自《论语》，现在我揭晓谜底，因为孩子出生时，我正在听恩师讲解儒家文化与中国文论。也有人说这个名字太保守，也不时尚，不谐音，要改一改，但我却不这样认为，因为我希望孩子长大以后勤敏做事，谨慎说话，因为我要用这个名字纪念我师从恩师的那段经历。

"中国文化与文学名著研究"是我最喜欢的一门课程，也是我硕士课程中成绩最好的一门课程，那门课程我听得认真，课程论文也做得认真。现在想来，我对传统文化和国学经典的兴趣，就是从那时激发出来的，后来我陆陆续续给学生们开设了一些传统文化、国学经典之类的通识课，实际上是将从老师那里学得的知识，加上我的学习体会，转手兜售出去。

第二个秘密是，我巧用论文选题选择建中师作为我的导师。我是 2004 级襄阳班的学生，所谓襄阳班，就是武汉大学文学院在襄樊学院(后改名湖北文理学院)开办的硕士双证班，六七十人报名参加全国硕士统考，录了十三人，报到注册、论文答辩在武大进行，平时在襄阳上课。开始一年半，大家在一起上课，没有明确导师，后来开始写毕业论文时，才分配导师。我很想选择建中师做导师，当时建中师是同学们的偶像，很多人都想跟着建中师，而我又是个不善于交流的人，不知如何亲近建中师，我就在论文选题上下了工夫。我的选题是关于宋代词学批评的，因为这个选题纯属中国文学批评史范畴，而且面也很窄，建中师是中国文学批评方面的专家，我想肯定会分给他指导。果不其然，后来我如愿以偿地分到建中师的门下。

恩师给我的论文做了悉心指导，诸如文献综述、论文架构、观点材料等都做了详细的指导，给我印象最深的一点是，他要求章节的开始要有一两段文字引出本章节内容，不要一上来就是大一二三，小(一)(二)(三)地罗列，后来我在写论文的时候就形成了良好的习惯。

本科毕业，我就在襄阳师专工作了，一直忙着备课上课，没有做什么研究，读硕士之后，我就固定到了中国古代文学、中国古代文论的教学与研究上，二十年过去了，取得了不小的进步，说到底，归功于读硕士时，听建中师的课，在建中师指导下做论文，打下的基础。

　　我平时与师友交往不多，二十年来，只参加了恩师执教 40 周年纪念和六十华诞庆祝等为数不多的活动，但是恩师的教诲一直在心中，每每想起我巧用论文选题选中恩师做导师，我就感到得意，每每与人说起儿子的名字，我就想起恩师上课时的情景，想起师从恩师的那段时光。师恩难忘！

与李老师一起读《老子》

闫　霞

　　总会有些时光成为我们一生的记忆，即使已远逝如淡淡云烟，思虑间却又浮现眼前，而其间又有许多细节越发的清晰，引人细细回味，回味间又心生出许多感动和感慨。对我来说，当年在桂子山下跟随李老师学习的日子，是我人生中非常有意义的时光。三年里，我有幸面对面聆听老师的教诲，得到老师的悉心指导，为今后的学习与研究打下了坚实的基础。

　　与李老师一起读《老子》是我一生最难忘的学习经历。那届李老师只有我一个硕士生，但他并不因此对我的指导有所松懈，而是制订了严谨的培养计划。从事中国古代文论研究，一定要对传统文化有深入了解，所以，老师要求我读文化元典，首先要求我读的是《老子》。从文艺学角度看，这部元典可以说是了解中国古代文艺美学思想的一个关键。

　　李老师不是仅给我布置一项阅读《老子》的作业了事，而是每周专门抽出时间和我一起读书，一则一则地读。老师总是先让我谈谈对每一则的理解与看法，接着再与我一起讨论，在讨论的过程中，老师又会启发我产生更多的想法，然后他再有针对性地给我讲授老子的文艺思想、美学思想。孔子说他教学生是"不愤不启，不悱不发"，我认为李老师对我也是如此。学习结束，我对《老子》这部经典有了较为全面的理解，也对老子的文艺思想及其对中国古代文艺创作及审美活动的影响有了较为清晰而深入的了解，道家思想也对我的"三观"产生了很大影响。

李老师这种回到元典、回到文本的教学理念也让我认识到：治学需严谨，立论创新要建立在扎实的文本基础之上。这也让我受益终身，以后我读博士做论文也是这样，力求立论能经得起推敲。

我将当年老师培养我的方法也用到对女儿的培养上。无论孩子以后是否会走上学术之路，我认为国学的修养都是非常重要的。我教给女儿背诵的第一部传统文化经典就是《老子》，那时她才四岁。我以这种方式向恩师致敬，向那段跟随恩师一起学习的岁月致敬。之后我又教她背诵了《离骚》《论语》。女儿在学习这些经典的过程中，总会给我讲一些她的理解和心得，我也会跟她一起讨论，这不正是当年我与老师一起读《老子》的情景再现？有趣的是，读了《论语》后，女儿常常会以"君子"自居，听到电视中说"君子如兰"，便说"我如兰"，很有意思。

一位好的老师不但会影响你，让你受益终身，还会通过你间接影响到你身边的很多人，包括你的学生，你的家人，李老师就是这样的好老师。有时我真的感到自己很幸运，受到上天的眷顾，在求学的重要阶段能遇到这样的良师，正因如此，当年在老师门下学习的任何痕迹对我来说都成了有意义的纪念，凡是有老师手迹的哪怕只是片言只语的纸张，都倍加珍惜。我一直保存着李老师给我批改过的作业和修改过的文章，文面上老师的墨迹仍是那么醒目：密密麻麻的圈圈点点、大段的波浪线、大段的批语，所评大到观点论证，小到指出语法错误。现在看到这些墨迹，仍然会很激动，它们似乎是活的有生命的笔触，其间跳动的是恩师的拳拳育人之心。

李老师将我领进学术的殿堂，指引我确定努力的方向。我对恩师的感激之情无法言喻，在恩师六十寿辰之时，谨以这些文字向恩师致敬！

春风化雨，润物无声

——李建中教授的育人之道

喻守国

　　我在 2007 年进入武汉大学读博，跟随李老师学习中国文学批评史，其实更早的时候已经开始接受老师的教诲：从大学时第一次听老师的课到现在整整 25 年了。从认识老师开始，就在学问和做人两方面受到老师的指导、影响。作为常读书，老师的每一本书都摆在案头，为我现在的工作提供资料和方法。在老师执教五十周年纪念之时，本来应该就这些谈谈自己浅薄的理解，但是对老师的学问，是仰之弥高，我自己近些年因为各种原因，越来越疏于学术，害怕会出现望文生义之误，因此还是结合自己的经历，说一说老师指导学生的方法吧。

一、严格要求与平等态度

　　在学业上，老师一直严格要求，严格是因为老师知道只有高标准才能让弟子学到真实本领，以后在学术上立足。我读硕士时还没有跟随老师，但已经常受到老师的指点，或者是告诉我读什么书，或者是要求我写点命题文章，那些时候我就忙碌起来，因为老师后来问起读书情况或者收到文章时会评点，指出我不认真的地方。我记得有一次写了一篇小文章送过去，老师很快就打电话过来指出文章结构不合理的地方，告诉我怎么修改，我当天修改发过去，第二天就收到老师的回信。一次和老师谈到他的新书《古代文论的诗性空间》，老师听完后说基本上读懂了他的意思，这一评价让我好几天都很兴奋。在中学工作6年之后回到大学读书，又是跨专业，有很多先天的不足，我能在硕士同学中领先，和老师的督促是分不开的。后来跟随老师学习时，有一次听老师讲《文心雕龙》，夏天天气比较热，我迷迷糊糊地闭上了眼睛，听见老师提问一下惊醒过来，然后就随便说了个答案，老师盯着我很不满地说"是吗?"让我觉得非常羞愧，以后只要下午有课，中午就尽量保证休息，保持较好的学习状态。在学习《庄子》时，每次课由我们先讲，老师再点评。为了避免不读书随意发挥的情况，老师总在课前抽出一点时间对我们进行检查，从字词意思的理解到文本思想的把握，老师都会提问。为了应对老师的检查，我们会花很多时间认真读原文理解意思，查资料弄清各种说法，一学期下来，对《庄子》就有了初步的把握。写关于中国文论话语重建的文章时，老师从列提纲开始就花大量时间和我讨论。初稿写出后按照老师的指点修改好几次，每次老师都清楚地告诉我哪个地方有问题，这种问题应该如何改。两个月后，文章完成，我对如何写文章也有了较深的认识，现在我能轻松地完成岗位任务，完全是老师这种训练的结果。

　　与严格要求相应的，是老师在培养学生的过程中始终采取一种温和的、非常平等的对话态度。跟着老师学习，大多数时候都是采取讨论的方法。在讨论的过程中，老师总是鼓励我们畅所欲言，充分表达自己的观点，评讲的时候也重在启发我们的思路，让我们能够学会举一反三。当然达到这种效果，最重要是老师的谦和、宽厚给我们带来那种平等的氛围。在我印象中，老师从来没有严厉地批评过我，就算是我做得不好，也只是心平气和地指出来，这样反而让我对老师更有敬畏之情，很害怕令老师失望。老师不仅对研究生是这样，对本科生也是这样。1998年冬季的一天，在讨论毕业论文的时候，一个同学告诉我："我的指导老师是新调来的李建中老师，对我们可好了。"那是我第一次听到李老师的名字。第二年春天，我在"传统人格与人的现代化"课堂上见到了李老师。老师在课堂上亲切风趣、从容不迫的风度，广博的知识，旁征博引的讲课方式，让很多人着迷，大学最后一学期一般到者寥寥的课堂也因此变得热闹。受到感召，从不敢和老师交流的我也在下课后找老师询问关于传统文化的问题，陈述自己浅薄的心得。课程结束，老师的考试是写一篇和他商榷的文章，当时不知天高地厚的我大胆对老师的一个观点进行反驳。其实那文章不过1000多字，举了两三个例子而已，论述非常单薄，但是老师很高兴，认为是真正懂了他讲的东西，且能言之成理，给了我很高的分数。老师这种和学生平等对话的态度对我的感召力是巨大的，如今已转化为我在工作中的实际行动。

平等态度还表现在老师特别注重言传身教，让学生在研究过程中学习做学问的方法。老师曾说过，他的每一届学生都是一个学术团队，他经常让学生参与到课题之中，比如我跟随老师期间见到的就有吴中胜、褚燕参与的"古代文论诗性特征研究"，刘金波参与的"中国文论关键词研究"，李小兰参与的"中国文论批评文体研究"。很多同门在这种团队式的平等氛围中，经常和老师汇报、讨论，及时得到指导，很快就在各自的方向取得显著成就。

二、学问和人生

不论是教学还是研究，老师始终强调把学问和人生结合在一起。在教学中，老师一直注重学生对作品的领悟。这种领悟包括理解作者用心和获得自己的审美感受，老师曾多次讲到刘勰"文果载心，余心有寄"，认为做学问既要

"知己"，对自己的知识结构、思维方式、学术个性和理论兴趣有综合评估，又要"知彼"，对研究对象的性质、特征、结构和难点有准确判断及把握，而"知己"和"知彼"连缀起来靠的就是刘勰所说的"心"。

文是心的载体，心是文的魂灵，对文心的领悟其实是为了达到对学术的最高追求：让学术不再是脱离现实的东西，把学问变成人生的一部分，并且有益于人生。老师讲过罗宗强先生的一件事：有一次在大树下接受批斗，忽然传来一声清脆的鸟鸣，抬头一看，阳光在绿叶间闪烁，一种难以言喻的生的欢乐和生的向往让他非常震撼，虽然随着是一声凌厉的"低头"和背上重重的一枪托，仍然感觉到生的滋润和眷念。很多年过去了，老师讲这件事时的神情样貌仍然在我眼前浮现，当时那种心灵震撼的感觉还是时时出现在心头。这大概就是严沧浪所谓"直取心肝"，作诗如此，论诗如此，体悟人生亦是如此。

学习中国文学批评史，老师一直重视儒释道文化背景，认为在古代文化的思想背景和精神源流中，能够更好地把握和阐释文学批评的演进脉络和理论精粹，揭示其理论意义和当代价值。老师讲老庄的时候，总是从哲理谈到学问、人生，老子的"反者道之动"、庄子的悠游人间思想在老师的讲述中变得鲜活起来。在老师的经历中，曾经有一段很不顺利的时光，在《魏晋文学与魏晋人格》中老师提到的"归家之思"、《玄学与魏晋社会》中提到的"西蜀之痛"就是指这段时光，当时年轻的老师意气风发，却遭到不可预料的挫折，老师后来能够摆脱那段经历的影响，坚持自己的选择，在学术上取得成就，应该也是受到老庄的影响吧。

2007 年圣诞节晚上，校园被各种活动和外面的打折购物弄得浮动起来。在逸夫楼五楼的小教室里，听着远处传来若隐若现的音乐，老师领着我们几个讨论《庄子》。谈完《庄子》后，老师谈到前不久去北京参加处理余虹的后事。12 月 5 日，余虹从他居住的世纪城小区飞身跃下，将生命定格在 50 岁。对于余虹的去世，很多人从生存的压力来找原因。老师没有讨论这些，只是回忆和余虹的相识，讲余虹当初上大学时因为家庭成分遇到的挫折，讲他后来的留校、读硕、读博、几个地方的辗转，讲他生活上、情感上的经历，当然还有在桂子山时几个知心好友一起读书，享受学问之乐的情景。最后，老师忽然谈到王国维，觉得余虹在 50 岁的年末离去，在某种程度上是和王国维一样的追求，也就是在精神上有着一种一般人不能理解的独立空间，生命珍贵，但这种精神空间的完满更重要。老师谈余虹，当然是因为对多年的朋友非常了解，但是我一直觉得其中很多东西是老师一直在思考的：学术和生活，生命和追求……毕业后这些年，我学问做得并不成功，但是觉得自己还活着，一个重要原因是我继承了老师这种时时在阅读中思考生活的习惯。

教学中的这种倾向，和老师治学实践是分不开的。当年在四川大学求学的时候，老师研究的就是文艺心理学，作为我国第一部文艺心理学断代史，《汉魏六朝文艺心理学》站在现代心理科学高度阐释古代文论，发掘整理了汉魏六朝文论典籍中的文艺心理学思想，揭示出中国古代文论的文艺心理学价值。后来在苏州大学完成的《魏晋文学与魏晋人格》在文学人格学理论体系的支撑下，借鉴西方人格学的理论和方法，分析中国传统与现代人格，在中西人格理论及实践的比较研究中，剖析并臧否本土人格理论及实践，对整个华夏传统文化人格进行系统研究。此后研究《文心雕龙》，提出如何传播的问题，并在《文心雕龙》国际学术研讨会上提倡"青春版"《文心雕龙》，授课中"以青春的手法讲述青春的中国文论"，发动学生写骈文的兴趣，编成《青春版〈文心雕龙〉》一书，受到广泛赞誉。《中国文化与文论经典讲演录》则把文化经典和文论结合，和人生结合，立足于现实，对中国古代文论现代转换问题给出了自己的独特回答。依托经典融会中华文化精神，在叙事中明理，抒情中展义，把经典的诗性、理思与解读的谐趣、雅致融合在一起，让读者在欣赏文学作品似的惬意中领悟中华文化经典的奥义和真谛，是这本书提供给我们的解读经典的方式。老师通过自己深厚的文化底蕴，把文论经典和传统文化融合起来讲，将文化与文学创作、作家、批评家联系在一起，不仅使人更容易通过已有的知识接受传统文化，而且更形象地理解传统文化的内蕴，这样就使读者所得到的文化知识可用于观照古人的生活，使中华文化不再是一些遥远的概念，变成活生生的存在，经典也就自然地渗透到个人的心中，在当下复活。

三、主体意识

老师能够在学术、教学、育人方面把学术和人生结合，我觉得很重要的一点是他对自己学者和教师身份有清楚的定位和执着的追求。这一点表现在学问的承担和老师的乐趣两方面。

老师给弟子们讲自己的经历时说：大学时愿望太多，可成真的太少，自己在不断的尝试中才慢慢认识到为了真正想要的，就必须学会放弃。这个"舍弃"其实就是抛掉浮华追求本真的过程，就如老师所说，真正意义上的文学即无用之大用，是应对痛苦与失败的止痛膏药，能净化心灵。这其实就是学问的承担。老师曾经告诉我们，做学问三境界：谋生、谋名、谋心。大多数人一生都在为生存而努力，选择学术刚开始也不免于此，但对于做学问的人来说这是最低的层次；经过一段时间，不再为生活所累，可以安心做学问了，很多人努力的目标是为了别人的评价，获得较高的名声，这是多数人的选择；但做学问最高的境界是为了自己的内心，这也是很多前辈学者的追求。

老师自谦还处在"谋名"的阶段，其实已经远过于此。在我看来，"谋心"就是做学问时注重对得起自己，有所承担，让自己从事的工作超越别人的评价，把自己的研究和人生融合在一起，让自己的生命在学术中得到更新，显出价值。老师在学术上研究古代文论的诗性，同时将诗性融入自己的写作、思想和生活中。对诗性的追求是老师一贯的目标，如同他所研究的对象一样，老师在阐释古代文论家们的思想，建立自己的学术体系时也是充满诗意的，于是在传统文化中遨游多年之后，不可避免地沾染上这些他所欣赏的习气，具有了自己的人格魅力，在他内心充满了哲学视野观照下对人的生存的思考，流露出深刻的思辨之美。从《魏晋文学与魏晋人格》以民族心灵史与古代文学史的双重眼光，追寻魏晋文学的人格生成，梳理魏晋文学的诗性建构，到《古代文论的诗性空间》探讨中国古代文论诗性的原始起源、诗性传统的断裂、诗性言说方式的表现、诗性精神与传统人格精神的融汇及古代文论诗性研究在文论本土化研究中的意义，再到散文集《湖畔之舞》对日常生活诗意的发现，对文艺作品诗意心灵的展示，处处显示出老师对诗性的追求，以及把诗性融入自己生活中的自觉。对学生的培养上，老师把学生当作自己学术生命的延续、古人精神的知音，不仅训练读书研究的能力，还培育生活能力和丰富的精神空间。读《庄子》时，老师讲过一件事：他去看望一个因经济问题而身入囹圄的朋友，带去的就有一本《庄子》，觉得庄子可以让朋友换一个角度思考人生。这种读书方式对学生的影响非常大，对此我深有体会。当我生病躺在病床上状况越来越差，看着身边的病人一个个离去的时候，一度非常绝望，曾经反复考虑生与死的选择问题，觉得死亡的诱惑力强大到难以抗拒。后来能够坚持下来，和读过《庄子》，用老师教导的方式理解庄子有必然的联系。一个人面临某些问题的时候，外在的帮助很重要，但是自己的内心起着决定作用，而内心的丰富、坚强的力量只有从读书、从古人那儿获得。日常生活中心灵的丰富，面对挫折猝临时的勇气，都是人必不可少的，老师把学问和人生结合的方法既是学者的承担，又是个人生命的完善。这对一个学者来说很重要，对一名教师来说则更重要。

从教师的乐趣来说，李老师曾经有个精辟的概括：教师是"老而不衰，独而不孤，贫而不穷"。这个说法后来在老师给吴中胜师兄所作的序里改成了"老而不衰，独而不孤，烦而不恼"，其实我倒觉得课堂上所说的更好："好学则老而不衰"，做老师的不仅自己不断学习，而且引导、督促年轻人不断进步，年龄在他们身上不会留下衰老的痕迹。现代社会家庭越来越小，子女常常远离父母，很多人感到孤独，但是做老师的不会，一方面年轻的弟子不断出现，另一方面"德不孤，必有邻"，弟子们在老师的道德感召下陪伴左右，老师在精神、心灵上是极为充实的；贫是物质上的清贫，穷是境遇上的窘迫，做老师物质上可能是清贫的，但是有了自己明确的追求，不为外界的繁华所迷惑，内心就充实而快乐，何况面对年轻的学生，每天感受到自己所喜欢的东西后继有人的时候，又怎么会不满足呢？因此一个优秀的老师是不会"穷"的。

当下社会剧变之时，人心浮动，多数人追求眼前利益，忽略了自己的立身之本，也忽视了立身之道。老师能清醒地认识到自己的职责，坚持学术和育人追求，尤其可贵，对弟子们产生的影响是难以估量的。

四、爱，是最重要的

与学习上的严格要求不同，在生活中，老师对弟子则是事无巨细，尽心尽力。我大学毕业后到粤东，本来想做个好的中学老师，可是环境不尽如人意，在同事们逛街、打牌的时候，我开始关上门读书。在异地没人说话是很痛苦的，我就是在那时不断读《魏晋文学与魏晋人格》的过程中，开始懂得魏晋人的悲凉和痛苦，也开始思考老师在"后记"中所说的"回家"。有机会联系的时候，我都要把自己这些很浅薄的想法告诉老师，老师总是很认真地回复，从来没有因为浅薄可笑而敷衍、厌烦过。记得有次看电影《肖申克的救赎》，感触很深，我把自己的感想写在信里寄给老师，老师很快就给我回信，勉励我坚持自己的选择。后来我假期经过武汉，见到读研究生的同学，他们说老师谈起过我的信，感觉给自己增添了很多力量。那时华中师范大学出版了一套王先霈先生主编的文艺学教材，其中有老师主编的《中国古代文论》，经过武汉去拜访老师的时候，老师准备好一套送给我，我对文艺学的学习就是从这儿开始的。后来在老师的指导下，我开始读《历代文论选》，读《语》《孟》《老》《庄》，逐渐进入古代文学和文论领域。

后来终于能够跟着老师学习，兴奋是难以言表的。可是我的求学之路刚刚开始就结束了。博士二年级寒假前查出自己身患重病的时候真是晴天霹雳，在网上搜过相关内容后我反复思考的一个问题就是要不要放弃治疗。老师知道后和师母到医院去看我，态度非常明确：一定要治！从此老师就开始了无休止和医院打交道的过程。刚入院那段时间，我的身体状况越来越差，视力下降，长时间头痛，昏厥，医生没有办法改变，准备放弃了，是老师和师母到医院力争继续治疗。在心跳降到四十那次，医生准备赶我们出院了，老师到医院的时候，我勉强睁开眼睛却没有力气去看，就又进入沉睡，半夜醒来一次抢救已经结束，我不知道老师那一次在病房呆了多久。那一年中，记不清有多少次遇到危险情况没有办法解决时，就找老师来。最重要的是在老师的努力下，我数次到学校借款，每一次都能顺利拿到支票，从来没有像别人一样因为费用影响过治疗。手术成功后，视力开始慢慢恢复，出院前老师到医院看我，送给我刚出版的《湖畔之舞》，扉页上题字：爱，是最重要的……于是出院前的几天，我在老师的过往岁月里穿梭，体会老师曾经教给我的一切。很多人都认为我的重生是一个奇迹，其实我觉得如果真有奇迹，也是像老师这样的爱带来的。爱，确实是最重要的，可以创造出一切。回到学校后，2010年春季的一天，我有点发烧，去医院打过针后回来就睡着了。晚上11点多的时候，老师带着陈永辉师弟到樱园宿舍叫醒我，开着车送我到医院去。后来我才知道当天晚上老师打过我的电话，电话响了却没有人接，于是让离我较近的永辉师弟到宿舍去看，结果听得见电话响，却没有人开门。老师赶过来联系宿管打开门，当时我已经因为高烧处于昏迷状态。那天晚上所有我能记得的就是睁开眼睛看见老师和永辉师弟站在面前，然后是永辉师弟背着我出门，老师在跟宿管讲话，在老师的车上看见外面杂乱的树枝，在医院打针我睡着了……第二天早晨在宿舍醒来的时候，老师和师母带着精心准备的早餐来看我了……当时正是樱花盛开的时候，如果不是老师打电话，不是老师连夜赶来，也许我就在樱花树旁长睡不醒了。

老师对学生的关爱之情在生活中时时都会显现。当初在珞珈山，每次樱花盛开的时候，老师都会带着学生一起看樱花，拍照留念，每年元旦前老师总会召集门下弟子一起聚餐，每当这时候老师流露出发自内心的喜悦都会感染周围的人。离开武汉后，这些照片都成为我最珍贵的记忆。

佛学分大乘和小乘，小乘自渡，大乘渡人，老师就像摆渡人一样，把一个个学生从知识的此岸渡到彼岸，也领着我们渡过人生的险滩，观赏一路风景。

绵绵恩师情，悠悠寸草心

陈永辉

收到文强兄的信后，有一些愕然，恩师六十大寿?！六十花甲，忙查花甲涵义，"花"，头发发白意，没事，恩师头发比我还要乌黑呢！"甲"，天干第一干，天干地支两两配合共六十组，称"六十甲子"，六十年为一甲子，以此回环往复，以至无穷。恩师经历了一甲子，人生事业积淀臻于佳境，必将在下一个甲子中更上一层楼，如此想想，心释然了很多。

陆机《文赋》云："恒患意不称物，文不逮意。盖非知之难，能之难也。"恩师的谆谆教诲虽声声绕耳，但真要写写恩师的故事，感觉笔力迟钝，半天挤不出一个字来，就要含笔腐毫了。但反过来讲，就像和父母的情感，你能真切地感受到，但往往难找到合适的字眼来把这种情感表达出来。这大概就是恩师平时和我们讲的"言征实而难巧"吧，因其厚重，说出来反而觉得淡了。

和恩师一起悠悠五载，这五年，是我人生中精神最充实的五年，恩师言传身教，我耳濡目染，无时无刻不影响着我，使我自觉地将这一切内化于心，外化于行。恩师爱好读书，也爱收藏图书——这大概是读书人的一个共同特征吧！曾有幸参观恩师书房，那是典型的知识分子书房。古人用汗牛充栋来形容书多，恩师藏书绝对称得上这一称谓：墙壁两边全是书，经史子集，古今中外，以致书桌的空间被挤得有些狭小。书多而不乱，被整齐得排放在古红色的书架上，书架边缘摆放着恩师和家人的温馨照片、精致的花瓶、顽石等，从中可看出主人的博雅风趣。记得恩师在一篇后记中说，最惬意的时候是对着东湖，品着香茗，读着美文，把思绪融合在山水天地间，悠悠空尘，忽忽海沤，感受意境之优美蕴藉。还记得恩师喜欢晚上环绕东湖散步，在最具灵性的湖水边探汲中国文化诗性之美，文与人，人与文，在恩师身上兼二为一。

无论教学与科研，恩师都极为重视原典原籍。看恩师的学术著作，广征博引，注释翔实，昭示着恩师广博深厚的知识积淀。记得在教学中，恩师经常让我们背诵许多古代文论的精美篇章，如《文赋》《文心雕龙·神思》《二十四诗品》等，那些"悲落叶于劲秋，喜柔条于芳春""精骛八极，心游万仞""形在江海之上，心存魏阙之下""登山则情满于山，观海则意溢于海""不着一字，尽得风流"等精美句子现在还能随口捻出，真是要感谢恩师当初的苦心呀！

有时我就想，教学研究，强调学生学术创新固然不错，但如果忽视了原典积累，创新岂不是成了无源之水、无本之木。创新的花朵不会生在真空或贫瘠的土壤中，只有在深厚肥沃的土壤中才会盛开娇美的创新之花，结出丰硕的成果。恩师原典积累与创新并重，忌讳急功近利，这无疑是一条厚积薄发、可持续发展的学术之路。

恩师做学问很重视形式之美，比如注释，恩师不仅重视注释的翔实，而且对注释的格式也极为讲究，作者、书名、出版社、年份、版本一一辨清。恩师对结构也极为重视，既重视其内在逻辑，也讲究其外在形式，如不同标题用不同的字体，段落之间注意整饰，重要字体标黑，等等。这些细节，恩师一个都不放过。看恩师的文章，首先会感觉到一种结构之美扑面而来，让人赏心悦目，心向往之。恩师重视语言的锤炼，曾说，一个人的语言写作能力，是最基本的能力。读恩师的文章，体会到一种简洁中的凝练，质朴中的华丽。自然，对一名学者而言，这些是最基本的，但将这些基本做到完美，则难能可贵了。

以上只是谈谈对恩师学术的一点浅薄认识，对我而言，恩师道德学术如高山仰止，一辈子也参悟不完。在生活中，恩师和师母对我则是一种父亲母亲的关爱，无论日常生活、就业还是工作、感情，都体现出他们无微不至的关怀。我离开恩师师母已经整整三年，但在心灵上从未感觉离开过他们半步，往事一一浮现在脑海中，像初发生一样亲切。恩师和师母旷达热情为人，他们总是尽最大的力量去帮助每一个人，我想这是所有同门共同的感受吧。而这种亲情一样的感情实在不是我这支拙笔能够表达出来的。想起恩师师母，我常常有些叹息愧疚，惭愧自己还未取得半点成就，愧对他们的谆谆教诲和殷切期望了！

恩师六十大寿了，正像开头所说，这必将是恩师生活、学术一个新的开始，新的起点，恩师所种植的学术大树必将更加根深叶茂，所开创的诗性空间必将更加悠久长远，所培养的弟子更加优秀出色。

桃李不言，下自成蹊，恩师之谓也；谁言寸草心，报得三春晖，众弟子之谓也。共同祝愿恩师身体康健，寿比南山。

浮云一别后，流水十年间

毛小芬

久慕李老师在传统文论和美学中的造诣，一直却未能见到老师本人。2013年11月省文艺学年会过后给老师打电话，他温和而富有亲和力的话语一下子让我所有的紧张都化为了虚无。

作为地方院校的教学工作者，深感自身在教学和科研方面的欠缺与不足，重返校园似乎是一个美好却缥缈的梦想。在研读李老师《文心雕龙讲演录》《中国文学批评史》等著作的过程中，老师的学术热情和谆谆教诲如在耳畔，让我努力的目标与方向都渐渐清晰起来。

在樱花开放的三月，跟老师预约见面的时间是下午三点，我还是在午餐之前电话联系了李老师。李老师细心地询问了我的返程时间安排和交通工具，将见面时间提前以便我乘坐火车。

跟李老师和师母见面时，他矫健轻盈的步态，清爽真诚的笑容，让我的紧张稍稍有所缓解，师母的热忱率真则让我的紧张化为虚无。李老师并没有立马跟我谈论学习工作上的情况，而是察觉到我的紧张和不安，跟我说，即将返程，应该是完全放松下来了。不禁为他的细心和体贴而感动。此时我才跟老师坦言，这次来武汉，我带着一岁三个月尚未断奶的女儿，如果按照三点跟老师见面的话，我只有托付家人把宝宝带到火车站会合了。此刻，依然挂怀着咿呀

331

学语的宝贝女儿。在我的认知中，优秀知识分子都是知行合一的典范，自带光环，安静而夺目。和李老师的短暂见面中，我最鲜明深刻的感受便是他的人格魅力。他一笑一颦中透露着涵养和风度，一举一动中显现出稳健和热忱，待人接物体贴周到，如春风化雨。

和李老师的会面是我生活中的亮点，也是我工作的一部分，成了我再次开始求学生涯的一个起点。通过老师的文章和老师本人我看到了一个五彩斑斓的学术世界——真实平淡中显现出深度和力量，古今中外时空交错中不乏精彩和激情。下半年有幸能到武汉大学李老师门下访学，倍感荣幸。作为一名年轻的高校教师和科研工作者，我迫切地希望在教学和学术上得到成长和进步，这个过程既要有个人的努力，也需要前辈的指点，德才兼备的李老师，足以让我从很多一知半解的迷雾中看到更为清晰的真相。作为"青椒"，能有幸传承前辈卓越的学风和文风，也是我的责任和使命。这个传承的过程或许孤单、或许艰难，但更多的将是愉快和精彩，把读书和做学问当作生活和乐趣，它便成了生命中的一部分。

已过而立之年并当上妈妈的我，在新生命的诞育过程中升华了对人类情感的理解，在抚育孩子的过程中增加了对生命的热爱和敬畏。孩子的成长需要爱和陪伴，更需要有人付出智慧和心力，平衡生活中初生婴儿的养育及工作上教学科研的进步，极大地考验着我的耐心和定力。无数次阅读、写作的过程中，该抱起满脸期待的孩子还是该原地敲打键盘，该拒绝她的亲近还是该果决地走出书房，都让我饱受心理情感的冲突。

我非常清醒地认识到，如果能力有限，我将只有这一年的时间和众多优秀的珞珈学子同窗，在那馆藏丰富的图书馆中任意徜徉，在美丽的校园里以学生的身份或走或跑。好在这一年的宝贵求学时间里，李老师给了我极大的尊重和宽容，让时间精力有限的我毫无压力地学到了同级硕士生和博士生的课程内容。无数次课堂上的提点和温和敲打，无数次拨云见日的解惑，都历历在目。

中国文论经典导读等课程，曾经是多么望而生畏的内容，在李老师的精心讲解中变得生动有趣起来，繁体竖排的各类经典读物和陌生字词也在重复阅读中变得亲切而友好。我住的枫园七栋，靠近凌波门，八人共享的四室二厅套间小巧而简朴，开窗就能看到珞珈山的绿意盎然。无数个雨后的清晨或者晴朗的上午，当我开窗迎接清新的空气，便萌生岁月静好的喜乐之情，又夹杂着时间流逝的危机之感，开卷阅读和对屏码字都变得格外富有诗意。

我们访学班50多位同学遍布全国各地，其中有十多位志趣相投，喜欢热闹，在两位班长和几位热心同学的组织下，时常聚餐、散步、排练节日大合唱《相亲相爱一家人》，交流子女教育、生活技能、科研攻略方面的硬核内容。每当他们透过我的勤勉自律看到导师背后的鞭策，都倍感羡慕、唏嘘不已，为他们导师的"放养"而自嘲，我则暗自增添了一份使命和动力。

……

时间如白驹过隙，十年的时光转瞬即逝，孩子渐渐长大，不再那么黏我甚至嫌弃我唠叨，我也不再青涩，重新做回开朗而泼辣有为的"学霸"。教学工作任务依然繁重，于我已经不再困难，唯一缺少的是多线切换中那种长时间固定频道的笃定。教书育人、阅读写作依然是我的热爱，只是学习和传授的内容不再拘泥于象牙塔里的"纯粹理性"，烹饪、财经、运动、医疗、心理、美容、地理、收纳……各种天马行空的口水书或者大部头，都让我深深依恋或适度沉湎。

我依旧生活在校园，这里的学术氛围和节奏与珞珈山完全不同，每当工作或生活上遇到喜悦或者困顿，我都会理性思考、正确对待……迷茫或者冲动时常常想起那一年短暂回炉再造的美好时光，它渐行渐远，又格外清晰。

恩师德攘千载光，学风清雅永传承。今年为李老师执教五十周年，感谢师门不弃，认同我这个偶尔勤奋，又总在状况外的顽皮学生。一日为师，终身为父。期待下一个十年、二十年，还能如今日一样幸福，聆听李老师和师母亲切的话语，看到老师师母矫健的身形。他们的舐犊情深，已是这喧嚣世界中难得的珍宝，给人温暖和勇气，也让师门子弟紧紧凝聚在一起。

期待能在每一个难得的聚会里，再与老师、师母和"李门"的师兄弟姐妹把酒言欢，共话桑麻，如能为凝聚大家贡献一份绵薄之力，实属我的荣幸与欣喜。

自然洒脱，诗酒人生

——我心目中的李建中老师

涂慕喆

两年的珞珈时光，李建中老师给我留下了深刻印象，就像珞珈山的苍翠伟岸，蕴含着哲理智慧与深厚学识，就像浩渺的东湖，清风徐来，涤荡着潇洒而充满诗意的人生情怀。

我与导师的结缘，源于与一本书的邂逅。记得第一次看见导师的名字，是在图书馆查找资料的那个午后。阳光洒落在文学理论的书架前，尘埃落定，我的目光停留在一本深红色封面的《中国文化与文论经典讲演录》，著者李建中。随手翻看目录，对仗工整，充满中国古典气质的章节题目深深吸引了我，礼乐重轻、道法自然、文气清浊、诗眼画境……一篇篇娓娓道来，仿佛也走进了导师的课堂，亲耳聆听文论经典，感悟中国文论的诗意盎然。一本书、一个名字，还有我从高中时代就无比向往的珞珈山，因为某种机缘，飘然而至，一个缥缈的梦想渐渐明晰起来：报考武汉大学文艺学中国文论方向研究生。

依然记得那些为梦想而努力奋斗的日子，艰苦而充实，在青春的记忆里弥足珍贵，单纯地读书、学习，畅游古今中外的文学经典、理论著作。当雪白的樱花绽放如云时，我终于在珞珈山如画的春光里见到了仰慕已久的李建中老师。2008 年的春天，文学院五楼的那间教研室，我怀着激动而又略微紧张的心情等候面试。看见导师的第一眼，我那颗紧张的心渐渐放松下来，果然文如其人，举手投足之间，一种自然洒脱的气质，目光里透露着和蔼。于是，接下来的面试，感觉更像是师生间的对话聊天，为什么报考文艺学？看过哪些书等，我一一作了回答，导师微笑着点头。现在回想起来，那时的答案未免浅显，见解和想法也不够成熟，但那时对珞珈山的无限向往，对文学理论纯粹的热爱，对中国文论的强烈兴趣，也许是最打动老师的地方。

李老师主要讲授中国古代文论经典，他的课从来没有枯燥的教条与说理，往往围绕一两个问题，抛砖引玉，将更多的时间留给我们讨论，就像中国艺术讲究"留白"、讲究"境界"，讲究"领悟"，所谓"道可道，非常道"，中国文论的精妙之处常常是只可意会不可言传。导师的课堂也是如此，重启发与感悟，鼓励思辨与对话，偶尔在关键处给我们一两处指点，在下课之前作小结，留下一两个问题让我们去研究。

李老师的启发对话式教学、小组讨论式学习，以及以问题为中心的课后自主学习，使我受益匪浅。在文学院那间十来平方的教研室里，我们跟随李老师一起，遨游在传统与现代之间、中国古典文论与西方经典之间。犹记李老师为我们讲授《文心雕龙》，讲到兴起处，他会合上书，背诵其中的大段，一字不差，我们惊叹老师过人的记忆力。李老师那时正在主持"中国古代文论批评文体研究"项目，从文体的角度对《文心雕龙》予以新的诠释和解读，犹如一股清泉，为古老的龙学研究注入了新的活力。

李老师虽然讲授中国古典文论，但对西方文论也颇有研究，对当下的文学现象、文化现象也十分关注。在李老师的课堂上，我们不仅研究中国古代文论的经典之作，更为重要的是，李老师会启发我们如何将古代经典与现代文化融会贯通，或者说让经典以另一种方式在当下焕发青春与活力。至今仍记得，李老师为我们讲授《文心雕龙》，其中那些辞藻华丽，情采飞扬的句子，完全可以应用在现在的请柬、邀请函中，显得文雅大方，韵味无限，令人眼前一亮。

　　李老师颇有时尚气息，衣服不拘泥于黑白灰，五十岁左右的李老师，穿衣风格有中年人的沉稳庄重，但也不乏青春的活泼和热情。记得有一次上课时李老师穿了一件橘红色的休闲裤，我们几个女生私下里一阵惊呼：原来研究古代文论的李老师竟然有这么潮流的一面！就连那一次古代文论的课，我们也仿佛上得具有时尚范儿。

　　其实，时尚和潮流永远属于内心充满青春与激情的人，善于发现、体验生活之美的人。李老师每年元旦会请我们同门在读硕博士聚餐，合影留念，这已经成为"李门"的一种传统。酒桌上的高谈阔论，无关文学，却依然有文人的风雅与幽默。李老师爱喝酒，听同门的师兄师姐说，导师颇有几分酒量，至于到底有多大，不得而知，只是从未见导师喝醉过。酒与诗，似乎天然是文人应有的物质与精神食粮。所谓"是真名士自风流"，酒不在醉，在于以酒助兴，以酒抒情。和导师的聚餐，常常是在轻松、愉悦的氛围中，或评论当下热点、或讲述旅途趣闻，这时候的李老师亦师亦友，不经意间向我们传达他自然洒脱、重情求真的性情和为人之道。

　　李老师的居所在东湖边，珞珈山下，得天独厚的风水宝地，诗意的栖居也就是这样的生活吧。和同门去老师家拜访，有幸参观老师的书房，房间不大，但布置得格外雅致，古色古香，书桌靠窗，窗外便是浩渺的东湖，四季湖光山色尽收眼底，令人心旷神怡。最引人注目的是老师的书橱，透明的橱窗，里面整整齐齐地摆放着各类经史子集，以及老师的学术著作、论文集，浓郁的书卷气息弥漫其间，让人心生敬畏。藏书、读书、写书，老师的书斋宁静致远，传道、授业、解惑，老师的教学生涯淡泊明志。李老师送给我们一本散文集，其中收录了他1985年以来发表于报刊的散文、杂记、诗歌、书评、序跋等，书名就叫《湖畔之舞》，老师认真地在书的扉页上为我们每个人写上"惠存留念"，并亲笔签名。

　　毕业那天，由于路上耽误了时间，等匆匆赶回学校时，毕业典礼已经结束了。没能参加毕业典礼，亲自接受导师的拨穗，回想起来仍不免遗憾，但又何尝不是一种人生隐喻，求学求知之路永远没有毕业，导师的教诲当永远铭记于心。

时光总是在不经意间流逝，转眼间已毕业四载，工作、结婚、生子，遵循着普通人的生活轨迹，过着平凡的生活，曾经的学术追求也渐行渐远，偶尔写些文章见诸于报端。有一次发表了一篇散文在新华网文艺副刊上，李老师看完之后特意发了一封邮件点评，给我极大的鼓励和支持。

桃李不言，下自成蹊。李老师的洒脱自然、乐善好施，他的诗酒当歌、淡泊宁静，如春风化雨，润物无声，却总能给我最温暖、最持久的精神指引。

衷心祝愿敬爱的李老师生命之树常青！

以文化人，以文铸魂

——纪念李建中先生从教五十周年

涂慕喆

"遨游中华元典，扎根通识美育。鲲鹏有梦，一生钟爱堪载；骐骥追光，'三七'使命作则。珠玑句句，连缀人文标尺；师心灼灼，烛照珞珈品格。"这是2023年第三届湖北省最美社科人组委会给李建中先生的颁奖词，也恰是先生执教五十周年来最贴切、最真实的学术人生写照。

我想，每一位因缘际会拜入李门的弟子，心目中都有一幅李建中先生的画像。他是著作等身、严谨治学的学术大家，是潜心育人、传道解惑的教学名师，是幽默风趣、关爱学生的人生益友，更是紧跟时代潮流，以新媒介传播中华文化的"数字达人"。

文心不老，青春永驻。总要在时光沉淀的岁月深处，在空间和时间交互的指尖云端，在相逢与别离浸润的锦绣年华里，细细品味、慢慢回想，我心目中先生的形象，渐渐清晰而立体，平凡而又伟大：

以文化人，躬耕人文教坛五十载；

著书立论，深耕中华元典妙笔文心。

引领通识，"三大导引"启智润心；

数智传播，"一流课程"铸魂育人。

师者仁心，春风化雨桃李盈门；

儒道兼美，魏晋风骨诗酒人生。

最早与导师结缘，源自本科时期拜读先生主编的《中国文化与文论经典讲演录》，惊叹先生的智慧博学，将深奥晦涩的中华传统文化典籍讲解得如此生动而又深刻，既融入学术理论研究前沿，又结合大学生的学习生活，极大激发了我攻读武汉大学古代文论研究生的兴趣和志向。

犹记那年三月，春风灼灼，珞樱点点，含苞待放。我站在人文楼文学院连廊上等待研究生复试，些许紧张又激动，命运在此刻为我敞开了一扇崭新的大门，也从复试那一刻起，我与先生正式有了师生之缘。东湖的烟波浩渺，珞珈山的苍翠俊逸，先生的亲切随和、爽朗幽默，犹如这珞珈山的春色，一点点在心里绽放。许多年以后，我已在东南沿海一所高校工作多年，仍然会无比怀念珞珈山的那个春天，先生鼓励的目光和亲切的微笑，让我带着勇气和希望步入神圣的学术殿堂。

正式拜入李师门下攻读硕士，"好读书、读好书"是先生交代的第一要务，要从前人的思想、理念当中获得力量，成为一个心智成熟、思想丰富、视野开阔的人。先生始终秉持"读中华元典，读一流经典"宗旨，为我们开具了古今中外文化典籍、文学理论典籍阅读清单。从《周易》《老子》《论语》《庄子》，到《文心雕龙》《六祖坛经》《沧浪诗话》《人间词话》，从柏拉图的《理想国》到黑格尔的《美学》、康德的《判断力批判》，等等。这些经典原著的阅读训练，开拓了学术视野，为后续研究生论文写作打下了坚实的理论基础。

珞珈山短短两年求学时光，先生教会了我终身受益的读书治学方法，同时也是做人做事的道理：要有跨学科视野，打通古今中外，做一流学问；要学会质疑和思辨，不仅是"善学者"，更是"善问者"；要振叶以寻根，观澜而索源，坚持求真求实、求知求新；要重视培养迁徙能力，在更高的层面实现人格的独立和精神的自由……离开珞珈山后，有幸聆听先生在武汉大学毕业典礼、开学典礼等庄重仪式的数次讲话，他多次谈及要破解"内卷"困境、摒弃"工具主义"，超越"标答思维"，实现大人之学、大用之学、大道之学；要坚持"读书破万卷"，以达到游于物、游于艺、游于心的境界……于我而言，在面对工作职场的纷繁复杂、人生际遇的挫折困惑时，先生的娓娓道来字字珠玑，如醍醐灌顶，鞭策我坚守初心，勿忘本心。

先生常说，"学问无止境，奋斗无止境"。先生言传身教，不仅是这样教导我们，更是亲身实践。每周工作七天，每天上班从早七点到晚七点，五十年如一日。因此，才有了那句"骐骥追光，'三七'使命作则"的高度评价。离开珞珈山已然十四载，仍然能从报纸新闻、网络媒体、学术顶刊中看到先生笔耕不辍、硕果累累；先生厚积薄发，在中国古代文论关键词领域深耕细作，两次获得国家社会科学基金重大项目和国家级本科教学成果奖；历经十余年领衔主编的"中华字文化大系"（十种）亮相北京国际图书博览会，从古代文论到中华文化，从珞珈山到世界，向海内外读者呈现中华字文化深远绵长的美学意境和博大精深的意义世界，以文化巨椽展现新时代可信、可爱、可敬的中国形象。

此外，先生十分热心中华文化普及和数字传播，紧跟时代发展，早在2014年，先生即录制"中国文化概论"等课程视频，并上线中国大学慕课网站，荣获首批国家一流课程，每年有10余万人在线学习；在抖音直播间、哔哩哔哩网站等聆听先生讲座的听众遍布海内外，相关视频点击量突破数百万人次。先生执教后期，开疆辟土，发挥余热，从文学文化研究转战到大学本科通识教育这一全新领域，并担任武汉大学通识教育中心主任。他以更宏观的学科视野、更深厚的文化积累、更深沉的育人情怀，整合全校多学科力量，带领教学团队，提炼人文精神、科学精神、中国精神三大通识导引，独创"博雅弘毅，文明以止，成人成才，四通六识"建设方针，为武汉大学本科通识教育人才培养乃至全国高校通识教育提供了独具特色的"武大样本"。

岁月不居，斗转星移。流风甚美，芳华待灼。

五十载光阴流转、半个世纪风雨兼程。先生在《从孤岛到辟雍:半个世纪的行走》致辞中,以孤岛、田野、原乡、辟雍四个不同地理意象为喻,深情地回顾了他的求学成长、教书育人、学术研究的心路历程。先生一生从事他所热爱的文学文化研究,投身他所钟爱的教书育人事业,他用五十年如一日的奋斗和实践,以高尚的师德伟力、深厚的学术功力、亲切随和的人格魅力向我们生动诠释了"何以成人,何以成才,何以报国",这也是武汉大学校训"自强、弘毅,求是、拓新"的生动注解。

山水一程,三生有幸。从珞珈山走出,我时常会回想起在人文楼、在樱花大道、在东湖畔、在梅园聆听先生教诲的日子。一朝珞珈人,一世珞珈情,能成为李建中先生众多弟子中的一员,我深感幸运、荣幸、荣耀,也时刻鞭策鼓励自己,以先生为榜样,生命不息,学习不止,奋斗不止。

值此纪念先生从教五十周年之际,写就此文,以表心意。衷心祝愿先生身体安康,学术之路常青!

先生之风，山高水长①

——李建中先生小记

杨　琼

一

　　于我而言，研究生生活仍是热闹的，社团、体育、实习、兼职，多有接触。时至研二，已经少有上课的任务，不过读书做学问还是我们的本分，几年来，承蒙文艺学中西背景各色先生的教导。李建中教授的课我本科四年就修过好几门，印象尤为深刻，读了研，又成了他门下弟子，两年来在学术和思维上都多受启发。

　　李建中老师师从《文心雕龙》研究大家杨明照先生，研究的是古代文论，是武汉大学二级教授，文艺学和中国文学批评史专业博士生导师，武汉大学文

---

① 《先生之风，山高水长——李建中先生小记（一）》其实是 2015 年我为"我心目中的好导师"校园活动写的小文标题。可惜转瞬春秋数度，我以为已找不到稿件，因此重新写了一篇，再次表达一位普通学生对李建中老师的敬重、感激之情，结果没想到近日又在李远师弟的持续帮助下找回原稿，看着自己十年前的文字，内心诸多感慨：春秋周而复始，该重逢的人总会相逢。

343

艺生产与消费调查评估研究中心主任。

先生教文学批评和中国文化。这不是中文系本科学生的必修课，我去当助教，发现班上学生依然很多，几个感兴趣的同学爱抢着坐前排。他从不带点名册，也不点名。李老师上课特别幽默投入，十几年如一日带点湖北口音，总以一声抑扬顿挫的"哎"开场，而且与时俱进，放 PPT 还带点音乐和纪录片，对于时兴的观念、流行的句子也都信手拈来，还给大家分析一番，但是绝不哗众取宠，也不会学生爱听什么就讲什么。

先生认为，教古代文论，特别是带研究生，光靠"讲"不行，如果学生都机械地听、机械地背、机械地考，隔天就忘，便是误人子弟。于是对于本科生，先生设计了新的考察方法，课程的前半段自己讲授，后半段由学术辩论组成——他拟了五个中国古代文论的经典论题，让学生自己分组辩论。这表面看起来很自由，但要想辩论的时候在同学面前说出点道道来，看一两本书是绝不够的。研究生每次见到他都精神高度紧张，总是怕他冷不丁地考考你。课前不准备是不行的，上课的时候先生讲到什么，会有意无意地望向你，突然提一个问题，答出来了算是出风头的事，答不出来也足够你面红耳赤半天。说实话，接触多了，实在是有点儿怕他。老师渊博，记性还很好，总是让人自惭形秽。他就是有能力把课堂变成交锋场，待"众将士"偃旗息鼓，他才总结几句，开开玩笑，简短精辟。期末我们把自己的观点总结成一篇论文，他可不会放过你，不管你是不是这个方向的，写一篇论文就是一次锻炼，收发邮件数次，从现代的学术潮流到行文方法、结构，非把你这文章磨圆了、摆正了、掰直了，生生把我们几个懵懂的 freshman 拉扯进门不可。

本科时参加师生交流会，先生鼓励了我学古代文论。跟着他做学问，才发现他的兴趣不止于此。中国文化是他一直想弘扬出去的，而上台展示的时候怎么吸引观众，怎么能提高口才，先生也总拿自己当例子给大家讲。他说自己早年上课，同学们觉得没有吸引力，他就刻意准备一些笑话，拿上去讲，到后来学会了自嘲，加上把握上课的节奏，最后才有自己的风格——讲课这事情不是天生就会的。先生对我们说，师者有三乐：老而不衰，独而不孤，烦而不恼。生活在青春的学子中间，总能保持心态的年轻；子女不在身边，但身边总有一届一届的学生作伴；做老师有种种烦恼，但总会在走上讲台的那一刻将一切全抛诸脑后。先生从不刻意提，但是他确实能记住所有本科学生的名字和我们研究生的所有课程论文主题。

先生的书和文章最后常会署上"于东湖心远斋"，想是取自五柳先生"心远地自偏"的典故。中文系本就是半个冷门，受到关注不太多，地自然是很偏，至于心远，也是很多中文系先生们的气质。李建中老师非常注重形象和仪态，注重衣着对他而言，也意味着对学生和世界的尊重。身为一个年已六十的老教师，先生对时尚文化比很多学生都了解，用流行词形容就是衣着打扮很"潮"。

对李建中先生的众多弟子而言，受业门下是一件艰辛却不乏愉悦的事情。这样的先生，对学养不够又有点求上进的学生而言，真是要怕的。在这样的先生面前，多是敬仰、信服的感情，我们私底下说过，上课发言的时候如果错漏百出，被先生斥下讲台，也绝不会有任何不满。

初窥门径就获方家指点，从浅里说是知识的传授，往深里说是思想的交锋，与老师智慧的碰撞在我们学生心中久久回荡，萦绕不去。这算先生与学生的缘分，能得先生教诲，也是我们的福分。有多少同学因着课程或打开眼界、找到方向，或开始醉心学术、孜孜以求，当岁月的洪流推着大家向着各自前程奔去的时候，包括我在内的所有同门对此无不心存感激。

二

"我们其实不是活一辈子，不是活几年、几月、几天，不过是活那几个瞬间。"

人的记忆是很有趣的，当时只道是寻常；而真正察觉到李建中老师的深切关爱，常常是因为多年后，回想到关于老师的某些瞬间。

我是李建中老师比较不成器的那类学生，既没有在学术界生根发芽，也没有在社会中博取到多高的功名利禄，倒是在企业摸爬滚打 7 年了。关于在武汉大学求学期间与恩师相关的记忆，我自以为已经埋入了名叫"回忆"的故纸堆里。

可是毫无征兆地，走在夜晚下班回家的路上，走在地铁通道的惨白灯光里，和行色匆匆的"打工人"擦肩而过的时候，我经常突然想到李建中老师，想到跟老师有关的很多事，想起他转过头对我说："来跟着我一起学古代文论吧！你肯定能学得好的。"

我第一次认真跟李老师交谈，就是在 2013 年，我们一群大三学生面临读研选择专业的难题，武汉大学文学院邀请了几位学院里重量级的教授跟同学们交流。毕竟当时互联网也不发达，我们获取信息的渠道有限，自然对未来感到陌生，虽有保研的资格，但对许多专业到底研究什么，我们毫无头绪。那时候我们这些学生与其说是纯粹，倒不如说有点"笨笨"的——上课普遍是认真的，对未来的规划普遍是没有的。

那场交流会老师们在内圈，学生在外围环坐，很庆幸当时的我，就坐在李老师身后。师生自由交流的环节，李建中老师回过头主动跟我说话（当时的我很开心），他了解到我的成绩，包括我主要是对古代的文学文化感兴趣，加上可能合他眼缘吧，李老师就直接邀请我跟着他读古代文学理论的硕士。相逢的意义就在于照亮，"那就这么决定了！"2014 年到 2017 年，跟着老师一学就是三年。

李老师对课程的要求很高，从不"水"任何一堂课，带着我们读原著、勤思考，用多姿多彩的方式促进我们讨论。我记得有一次，李建中老师让我们上台讲课，给同学当老师，一人认领一章，自己去讲《文心雕龙》。我第一次讲一整节课，非常紧张，仿佛身后有鬼在追，刷刷刷三十分钟就把一个半小时的内容迅速念完了。李建中老师就一直站在旁边温和地笑着看我，点出我的问题，末了还跟我开玩笑："你这么快讲完，这样没办法当好一个老师的哟！"

李老师很喜欢给学生讲课，对课堂、对学生的情结几十年不变。三尺讲台，他一站就是数十载，他也深深影响了我。现在的我在自己的专业领域也很爱授课当老师，而且跟李老师一样，我喜欢琢磨研究一点有趣生动的讲课方法，从不低头念稿子。我也一直坚信，给学生们做好"通识教育"，与做"研究"同等重要，老师这个身份，是连通阳春白雪和大众的桥梁。

在治学上，李建中老师对学生要求严格，但他其实也完全理解不同的学生有不同的人生方向，每个人都是独立个体，所以他从没按照一套同等的标准要求所有人。对于我这种"打定主意毕业就走出校园，不搞学术"的人，李老师总是放任我在日常生活里面爱做啥做啥。那时候我喜欢研究 PPT，沉浸于学生活动，李老师也非常鼓励，而且他总在别人面前夸我："杨琼的 PPT 那是做得相当得好！"他从不压制我否定我，也不提反对意见，搞得我都有点飘飘然，研究劲头更足了，后来去参加武汉大学 PPT 设计大赛，居然还获得全校第一名！

在课后，李建中老师对我们的生活也是关怀备至。今年回校参加李建中老师任教五十周年纪念活动，看到很多民大、华师、武大的师兄、师姐都来了，他们谈了好多李老师的轶事。我才知道，原来李老师和师母这么多年一直都是这样，学生有困难，他们总是想方设法帮助解决。在李老师看来，育人是教书的本，学生的身心健康更是责任。他对学生们的重视和关爱，让我们都感动不已。

我在 2016 年皮肤过敏严重，李建中老师偶然听说，隔天就告诉我师母在医院工作，而且他已经帮我安排好了。师母第一时间也把我领到她工作的医院，帮我安排过敏源的测试，帮我找医生开药。直到现在，师母也依然记挂着我。当时的我青涩又害羞，看完病急匆匆走了，现在回忆起来，还很懊悔我并没有郑重地跟李老师与师母道谢。

说到老一辈的学者教授，很多学生总有个刻板印象，就是"一位老人骑着一辆老旧自行车穿行于校园，身影质朴、白发苍苍"。李建中老师可不是这样，恰恰相反，他非常时尚，开着一辆大红色的吉普车，没事儿就去游泳，我还从学长那边听说李老师最大的业余爱好是跳舞和品红酒，这样与时俱进的风格也延续到他的教学之中，他总是对新鲜事物很感兴趣。2021 年他就在抖音直播讲课，他也提过："有些老师可能年纪比较大，跟学生代沟比较大，不知道怎么应用线上的手段教学，这其实是督促老师，必须改变他们的教学方式，否则就很难跟学生交流沟通。"

时光荏苒，离开校园，没有办法在李老师的身边学习，已经有 7 年时间了，每当想起李建中老师给予我的鼓励关怀和谆谆教诲，我都感激不尽。"桃李不言，下自成蹊"，李老师以自己的言行为我们树立了为人、为学、为师的榜样和楷模。

这就是师者的风节，就是范仲淹诗句中的"云山苍苍，江水泱泱，先生之风，山高水长"吧。

成

果

李建中教授论文与著作目录^①

1986—1990

一、论文

1.《论灵感的静态特征》,《中南民族学院学报》(社会科学版)1986 年第 4 期

2.《需求与满足：论文学活动中的拓扑心理学》,《批评家》1987 年第 5 期

《人大复印报刊资料·中国古代、近代文学研究》1987 年第 8 期全文转载

3.《晚清小说理论中的心理学思想》,《中南民族学院学报》(哲学社会科学版)1988 年第 3 期

《人大复印报刊资料·中国古代、近代文学研究》1988 年第 9 期全文转载

4.《论魏晋六朝作家"文心"与"人心"的分裂》,《文学评论》1989 年第 5 期

《人大复印报刊资料·中国古代、近代文学研究》1989 年第 12 期全文转载

---

① 辑录说明：1. 以十年为单元,分列论文与著作,按发表/出版时间排序。2. 对于论文,以楷体另行说明转载与获奖情况。3. 对于著作,以楷体另行说明获奖情况。4. 著作以初版时间为准,除有重要修订外,不另列再版情况。5. 参撰著作以"合著"形式收录,如《生命的光坏——中国文化与中国文论》(1996 年)、《东方文化与现代文明》(2000 年)等。

5.《论魏晋六朝的畅情美学——站在非性文化的角度》,《华中师范大学学报》(哲学社会科学版)1989 年第 6 期

6.《王充文艺心理学思想初探》,《社会科学研究》1990 年第 2 期

7.《"才性"刍议——中国古代文艺心理学研究之一》,《四川大学学报》(哲学社会科学版)1990 年第 3 期

8.《〈金瓶梅〉性目的论初探》,《江淮论坛》1990 年第 5 期

《人大复印报刊资料·中国古代、近代文学研究》1991 年第 2 期全文转载

9.《古典文学研究的心理学视角》,《古典文学知识》1990 年第 6 期

10.《琴赋一曲尽雅声——嵇康〈琴赋〉赏析》,《名作欣赏》1990 年第 6 期

二、著作

《卓有成效的课堂管理》(译著),四川教育出版社 1990 年版

1991—2000

一、论文

1.《心物:汉魏六朝文艺心理学之纲》,《学术月刊》1991 年第 1 期

《人大复印报刊资料·中国古代、近代文学研究》1991 年第 7 期全文转载

2.《试论〈金瓶梅〉中的财与色》,《思想战线》1991 年第 1 期

3.《哀乐论——汉魏六朝创作心理研究》,《华中师范大学学报》(哲学社会科学版)1991 年第 2 期

4.《从品评文人到精析文心——汉魏六朝文艺心理学概述》,《社会科学研究》1991 年第 2 期

5.《枣肉与橄榄——〈金瓶梅〉鉴赏心理探幽》,《名作欣赏》1991 年第 5 期

6.《试论〈金瓶梅〉的"德"与"色"》,《中国文学研究》1992 年第 1 期

7.《〈世说新语〉：魏晋名士心态录》，《文史知识》1992 年第 1 期

8.《在"心论"与"文论"的交汇处：〈淮南子〉文艺心理学思想初探》，《漳州师范学院学报》(哲学社会科学版) 1992 年第 1 期

《人大复印报刊资料·中国古代、近代文学研究》1992 年第 10 期全文转载

9.《文论与心论》，《学术研究》1992 年第 2 期

10.《"声无哀乐"新解——论嵇康音乐心理学思想》，《思想战线》1992 年第 3 期

11.《老树如何放新花——〈讲话〉与古典文学研究》，《中南民族学院学报》(哲学社会科学版) 1993 年第 1 期

12.《心哉美矣——中国古文论的艺术心理学价值》，《唐都学刊》1993 年第 3 期

13.《学术研究的转型》，《读书》1993 年第 4 期

14.《魏晋人的哭——读〈世说新语·伤逝〉》，《名作欣赏》1993 年第 3 期

15.《晚清小说研究的文化视角》，载《第 34 届国际东方学研讨会论文集》，1993 年 9 月，香港大学

16.《中国古代美学家的"生存问题"》，《文艺理论研究》1994 年第 1 期

《人大复印报刊资料·中国古代、近代文学研究》1994 年第 4 期全文转载

17.《从"金瓶梅现象"到"贾宝玉情结"——中国古代性意识之美学嬗变》，《华中师范大学学报》(哲学社会科学版) 1994 年第 4 期

18.《中国古代鉴赏心理学论纲》，《学术研究》1994 年第 5 期

19.《悖论：新潮与传统——关于儒家文化的现代思考》，《南方文坛》1994 年第 5 期

20.《中国文论的世纪性回顾与展望》，《中南民族学院学报》(哲学社会科学版) 1995 年第 3 期

21.《文学史方法的历史与新方法的诞生》,《河北师范大学学报》(社会科学版)1995 年第 3 期

22.《自卑情结与悲剧意识——司马迁悲剧心理探幽》,《唐都学刊》1995 年第 4 期

23.《文学史研究的拓荒之作——评张晶〈辽金诗史〉》,《民族文学研究》1996 年第 1 期

24.《魏晋文学的人格生成》,《文学评论》1996 年第 2 期
获湖北省人民政府第二届社会科学优秀成果三等奖

25.《转型时期的才性理论——刘劭〈人物志〉研究》,《苏州大学学报》(哲学社会科学版)1996 年第 3 期
《人大复印报刊资料·中国哲学与哲学史》1996 年第 9 期全文转载

26.《解剖自我》,《当代作家》1996 年第 5 期

27.《建安七子论》,《中国文学》1997 年第 3 期

28.《刘勰的人格境界与〈文心雕龙〉的人格理论》,《学术月刊》1997 年第 4 期
《人大复印报刊资料·中国古代、近代文学研究》1997 年第 8 期全文转载

29.《试论陶诗的人格精神》,《华南师范大学学报》(社会科学版)1997 年第 6 期
《人大复印报刊资料·中国古代、近代文学研究》1998 年第 5 期全文转载

30.《文心"动静"论》,《古代文学理论研究》第 18 辑,上海古籍出版社 1997 年版

31.《中国传统文化人格与现代社会转型》,载《第 35 届国际东方学研讨会论文集》,1997 年 8 月,布达佩斯

32.《试论西晋诗人的人格悲剧》,《社会科学战线》1998 年第 2 期
《人大复印报刊资料·中国古代、近代文学研究》1998 年第 9 期全文转载

33.《论魏晋人格的虚静与躁动》,《湘潭师范学院学报》(社会科学版)1998年第 4 期

34.《〈庄子〉人格理想与魏晋文学的人格起点》,《华中师范大学学报》(人文社会科学版)1998 年第 5 期

35.《中国古文论诗性特征剖析》,《学术月刊》1998 年第 10 期

《人大复印报刊资料·中国古代、近代文学研究》1999 年第 2 期全文转载

36.《断裂与重铸——汉魏之交的文学与人格》,《中国雅俗文学》第 1 辑,江苏教育出版社 1998 年版

37.《玄学人格与东晋玄言诗》,《江海学刊》1999 年第 1 期

38.《魏晋诗人的死亡意识与生命悲歌》,《中南民族学院学报》(哲学社会科学版)1999 年第 1 期

39.《臣妾人格与文学》,《东方杂志》1999 年第 2 期

40.《试论〈文心雕龙〉的思想史价值》,《文心雕龙研究》第 4 辑,北京大学出版社 2000 年版

41.《本世纪魏晋思想研究的两次高潮》,《东方文化》2000 年第 1 期

42.《王国维的人格悲剧与人格理论》,《中南民族学院学报》(人文社会科学版)2000 年第 1 期

43.《文果载心,余心有寄——我的治学历程》,《理论月刊》2000 年第 Z1 期

44.《魏晋时期儒家人格的玄学化历程》,《华中师范大学学报》(人文社会科学版)2000 年第 4 期

《人大复印报刊资料·中国哲学》2000 年第 10 期全文转载

45.《魏晋文学的人格承担》,载《第 36 届国际东方学研讨会论文集》,2000 年 8 月,蒙特利尔

二、著作

1.《汉魏六朝文艺心理学》，北岳文艺出版社 1992 年版

2.《瓶中审丑：金瓶梅"色"之批判》，台北文史哲出版社 1992 年版

3.《心哉美矣——汉魏六朝文心流变史》，台北文史哲出版社 1993 年版

4.《东方情结——东方文学与中国》(署名"敏夫")，海南出版社 1993 年版

5.《非性文化的奇花异果：中国古代性观念与中国古典美学》(第二作者)，巴蜀书社 1995 年版

6.《爱欲人格》(第一作者)，长江文艺出版社 1996 年版

7.《臣妾人格》，长江文艺出版社 1996 年版

8.《生命的光环——中国文化与中国文论》(合著)，四川文艺出版社 1996 年版

9.《乱世苦魂——世说新语时代的人格悲剧》，东方出版社 1998 年版

10.《魏晋文学与魏晋人格》，湖北教育出版社 1998 年版

武汉市人民政府第七届社会科学优秀成果优秀奖

11.《李建中自选集》，华中理工大学出版社 1999 年版

首届湖北图书奖提名奖

12.《东方文化与现代文明》(合著)，湖北人民出版社 2000 年版

2001—2010

一、论文

1.《辨体明性：关于中国古代文论诗性特质的现代思考》，《华中师范大学学报》(人文社会科学版)2001 年第 2 期

《人大复印报刊资料·中国古代、近代文学研究》2001 年第 8 期全文转载

2.《诗性传统的断裂》,《古代文学理论研究》第 19 辑,华东师范大学出版社 2001 年版

3.《魏晋玄学在二十世纪中国的命运》,载《魏晋南北朝文学与思想国院学术研讨会论文集》,台北文津出版社 2001 年版

4.《神女与寡妇——对魏晋文学中两类女性形象的文化审视》,《中南民族学院学报》(人文社会科学版)2002 年第 2 期

5.《原始思维与中国古代文论的诗性特征》,《文艺研究》2002 年第 4 期
湖北省人民政府第四届社会科学优秀成果二等奖

6.《儒道释文化的诗性精神与中国古代文论的诗性特征》,《文艺理论研究》2003 年第 1 期

7.《文艺批评的本土资源》,《文艺报》2003 年 3 月 29 日

8.《文学理论教材建设的本土化思考》,《三峡大学学报》(人文社会科学版)2003 年第 5 期

9.《中国文学思想的言说方式》,《中华读书报》2003 年 5 月 7 日

10.《摄影文学的文学性》,《中国艺术报》2003 年 11 月 20 日

11.《反(返)者道之动——古代文论研究的文化人类学视野》,《文学评论》2004 年第 4 期
湖北省人民政府第五届社会科学优秀成果三等奖
《人大复印报刊资料·中国古代、近代文学研究》2004 年第 11 期全文转载

12.《高天厚土水长流——论中国传统文论的诗性空间》,《江苏大学学报》(社会科学版)2004 年第 4 期

13.《从寄生到弥漫——中国文论批评文体原生形态考察》,《华中师范大学学报》(人文社会科学版)2004 年第 5 期

14.《试论〈文心雕龙〉的诗性特征》,《长江学术》第 6 辑,长江文艺出版社 2004 年版

15.《技术理性时代的"泛文学化"回归》,《襄樊学院院学报》2004 年第6 期

16.《思之诗:汉语批评的隐喻性生成》,《文艺争鸣》2004 年第 6 期

17.《技术理性时代汉语文学的命运》,《社会科学报》2004 年 7 月 22 日

《人大复印报刊资料·文艺理论》2004 年第 9 期全文转载

18.《陈寅恪与中国知识分子的人格承担》,《江汉论坛》2004 年第 9 期

19.《一言以蔽之——论古代文论思维方式的整体浓缩性》,《光明日报》2005 年 2 月 4 日

20.《终日言,而未尝言也——中国诗性文论语言观刍议》,《郧阳高等师范专科学报》2005 年第 2 期

21.《文之为德也大矣——关于"文"的现代思考》,《湛江师院学报》2005 年第 5 期

22.《〈周易〉与中国文论的诗性之源》,《江海学刊》2006 年第 1 期

《人大复印报刊资料·中国古代、近代文学研究》2006 年第 6 期全文转载

23.《中国文论:说什么与怎么说》,《长江学术》2006 年第 1 期

《人大复印报刊资料·文艺理论》2006 年第 6 期全文转载

24.《二十四诗品:中国文论的诗眼画境》,《郧阳高等师范专科学报》2006 年第 1 期

25.《论中国古代文论诗性与功利性的契合》,《中南民族大学学报》(人文社会科学版)2006 年第 2 期

26.《文备众体:中国古代文论的言说方式》,《文艺研究》2006 年第 3 期

《人大复印报刊资料·中国古代、近代文学研究》2006 年第 8 期全文转载

27.《古代文论批评文体的文学性生成》,《三峡大学学报》(人文社会科学版)2006 年第 4 期

28.《中国古代文论的叙事性言说》,《福建论坛》(人文社会科学版)2006

年第 10 期

29.《界域·声色·体势——刘勰"文"论的文章性生成》，载《复旦大学第二届中国文论国际学术会议论文集》，中国文联出版社 2006 年版

30.《借他人主脑"走麦城"——大片〈满城尽带黄金甲〉批判》，《探索与争鸣》2007 年第 1 期

《人大复印报刊资料·马克思主义文摘》2007 年第 3 期全文转载

31.《破体：中国文学批评的文体传统及演变规律》，《襄樊学院学报》2007 年第 3 期

32.《两爻之间的诗性诉求——以周易、老庄、孔孟的诗性言说为中心》，《中南民族大学学报》(人文社会科学版)2007 年第 5 期

33.《古典批评文体的现代复活——以三位京派批评家为例》，《中山大学学报》(社会科学版)2008 年第 1 期

《人大复印报刊资料·文艺理论》2008 年第 5 期全文转载

34.《借石攻玉，依经立论——中国古代文论教学方法新探》，《郧阳高等师范专科学校学报》2008 年第 2 期

35.《文学与批评："怎么说"比"说什么"更重要——以几部经典作品为例》，《文艺争鸣》2008 年第 3 期

36.《中国诗性文论的灵之舞》，《江南大学学报》(人文社会科学版)2008 年第 4 期

37.《古代文论诗性言说的生成语境和主体用心》，《江汉论坛》2008 年第 4 期

38.《民间文学史中的"误解"与"话语较量"——以孟姜女传说故事为例》，《中州学刊》2008 年第 6 期

《新华文摘》2009 年第 6 期全文转载

39.《尊体·破体·原体——重开古代文论现代转换的理路和诗径》，《文

艺研究》2009 年第 1 期

《人大复印报刊资料·中国古代、近代文学研究》2009 年 5 期全文转载

40.《论古代文论批评文体的无体之体》,《文学评论》2009 年第 2 期

41.《古代批评家的文体》,《光明日报》2009 年 2 月 23 日

42.《刘勰"体乎经"的批评文体意义》,《清华大学学报》(哲学社会科学版)2009 年第 4 期

43.《古代文论教学的当代视野》,《中国大学教学》2009 年第 5 期

44.《汉语批评的文体自由》,《江汉论坛》2009 年第 8 期

《人大复印报刊资料·中国古代、近代文学研究》2010 年第 1 期全文转载

45.《依经立义:作为中国文论研究方法的建构》,《思想战线》2009 年第 6 期

《人大复印报刊资料·文艺理论》2010 年第 4 期全文转载

46.《中国文论话语重建的可行性路径》,《文史哲》2010 年第 1 期

《高等学校文科学术文摘》2010 年第 2 期全文转载

47.《"忘"生"梦"死——从"庄周梦蝶"看庄子的生死观》,《武汉科技大学学报》(社会科学版)2010 年第 1 期

48.《刘勰的和声型话语模式》,《古代文学理论研究》第 30 辑,华东师范大学出版社 2010 年版

49.《娱思的文体:宇文所安批评文体的中国启示》,《中外文化与文论》第 19 辑,四川大学出版社 2010 年版

50.《道可道,如何道——刘勰文学思想的本原之"道"与言说之"道"》,《中国文化研究》2010 年第 3 期

二、著作

1.《日月清朗,千古风流——〈世说新语〉》(第一作者),云南人民出版社 2001 年版

2.《中国古代文论》(主编)，华中师范大学出版社 2002 年版

3.《玄学与魏晋社会》(第一作者)，河北人民出版社 2003 年版

4.《古代文论的诗性空间》(独著)，湖北人民出版社 2005 年版

教育部高等学校科学研究优秀成果奖(人文社会科学)著作三等奖

湖北省人民政府社科成果奖著作二等奖

5.《中国文化概论》(主编)，武汉大学出版社 2005 年版

6.《中国古代文论诗性特征研究》(第一作者)，武汉大学出版社 2007 年版

湖北省人民政府社科成果奖著作二等奖

7.《中国文化与文论经典讲演录》，广西师范大学出版社 2007 年版

8.《文心雕龙讲演录》，广西师范大学出版社 2008 年版

9.《中国文学批评史》(主编)，武汉大学出版社 2008 年版

10.《中国古代文论范畴发生史丛书》(主编)，武汉大学出版社 2009 年版

11.《中国传统文化人格丛书》(主编)，东方出版社 2009 年版

12.《中国文学批评史》(主编)，北京大学出版社 2009 年版

13.《湖畔之舞》(散文集)，贵州人民出版社 2009 年版

2011—2020

一、论文

1.《文体学研究的路径与前景》，《江海学刊》2011 年第 1 期

《人大复印报刊资料·文艺理论》2011 年第 6 期全文转载

2.《论〈文心雕龙〉"青春版"之创造》，《中州学刊》2011 年第 1 期

3.《大学讲坛上的〈文心雕龙〉传播》，《中国大学教学》2011 年第 1 期

4.《中国古代文体学的本体论价值》，《中南民族大学学报》(人文社会科学

版)2011 年第 5 期

5.《批评文体的"第二形式"》,《文学评论》2011 年第 5 期

《人大复印报刊资料·文艺理论》2012 年第 1 期全文转载

6.《中国古代文体学范畴的理论谱系》,《北京大学学报》(哲学社会科学版)2011 年第 6 期

7.《刘永济与珞珈龙学》,《中国文化研究》2011 年第 4 期

8.《新奇考卷:变"三写"为"三创"》,《徐州工程学院学报》(社会科学版)2012 年第 1 期

9.《文化产品创作生产的评价机制研究》(笔谈),《长江学术》2012 年第 2 期

10.《龙学的困境——由"文心雕龙文体论"论争引发的方法论反思》,《文艺研究》2012 年第 4 期

11.《凡客的咆哮:新媒体时代的批评文体》,《学术论坛》2012 年第 4 期

12.《词以通道:轴心期中国文化关键词的创生路径》,《社会科学战线》2013 年第 4 期

13.《文学是文体的艺术——汉语文体学理论重构与韦勒克文体学思想》,《学术研究》2013 年第 5 期

14.《汉语文体学研究的现代西学背景——基于文体与语言之关系的考察》,《社会科学》2013 年第 12 期

《人大复印报刊资料·文艺理论》2014 年第 3 期全文转载

15.《经学视域下中国文论关键词之词根性考察》,《武汉大学学报》(人文科学版)2014 年第 1 期

《人大复印报刊资料·中国古代、近代文学研究》2014 年第 5 期全文转载

16.《中华元典关键词的原创意蕴与现代价值——基于词根性、坐标性和转义性的语义考察》,《江海学刊》2014 年第 2 期

《高校学校文科学术文摘》2014 年第 4 期全文转载

《中国社会科学文摘》2014 年第 9 期全文转载

17.《关键词研究：困境与出路》，《长江学术》2014 年第 2 期

《人大复印报刊资料·文艺理论》2014 年第 8 期全文转载

18.《"观"之神秘性探源》，《社会科学》2014 年第 10 期

19.《趣味：大学教育的关键词》，《中国图书评论》2014 年第 10 期

20.《师生同创"青春版"：传统人文学科教改理念及实践》，《中国大学教学》2015 年第 1 期

21.《传递金钥匙：用"关键词"方式讲授中国文化》，《许昌学院学报》2015 年第 1 期

22.《中国文论大观念的语义根源——基于 20 世纪"人"系列关键词的考察》，《文艺研究》2015 年第 6 期

23.《前学科与后现代：关键词研究的前世今生》，《长江学术》2015 年第 4 期

《人大复印报刊资料·文艺理论》2016 年第 6 期全文转载

24.《"互联网+"时代传统人文学科的网络化应对——基于中国大学 MOOC 的学理考察》，《中国地质大学学报》(社会科学版)2015 年第 6 期

25.《〈庄子〉论"怨"》，《学术论坛》2015 年第 11 期

26.《键闭与开启：中国文论的关键词阐释法》，《甘肃社会科学》2016 年第 1 期

27.《接受美学视域下的嵇康乐论新探》，《江西师范大学学报》(哲学社会科学版)2016 年第 1 期

28.《"经""文"视阈下的中国文论话语范式研究》，《华侨大学学报》(哲学社会科学版)2016 年第 5 期

29.《先秦两汉"道术"批评与学术跨界》，《社会科学》2016 年第 8 期

30.《"怎么讲"才能更出彩》,《中国大学教学》2016 年第 8 期

31.《生活在"教育的快活林"》,《中国教育报》2016 年 11 月 21 日

32.《中华审美文化的四个元关键词》,《江西师范大学学报》(哲学社会科学版)2017 年第 1 期

33.《洪范九畴,彝伦攸叙:批评史书写的新范式》,《北方论丛》2017 年第 1 期

34.《汉字批评:文论阐释的中国路径》,《江汉论坛》2017 年第 5 期

《人大复印报刊资料·文艺理论》2017 年第 9 期全文转载

35.《文章与 literature:中西文论如何言说文学》,《学术研究》2017 年第 5 期

36.《〈中国文学理论批评史〉的理论特色和方法论价值》,《中国文学研究》第 29 辑,复旦大学出版社 2017 年版

37.《论"陌生化"和"象征化"的异同》,《中国文学研究》2017 年第 4 期

《人大复印报刊资料·文艺理论》2018 年第 5 期全文转载

38.《大学生思政工作的价值、态度和方法》,《中国教育报》2018 年 4 月 9 日

39.《大学:中西通识与古今通义》,《华中师范大学学报》(人文社会科学版)2018 年第 2 期

40.《汉语"文学"的字生性特征》,《江海学刊》2018 年第 2 期

《人大复印报刊资料·文艺理论》2018 年第 10 期全文转载

41.《关键词研究的理论模型与实践路径——跨文化视域下文化关键词研究的学术对话》,《长江学术》2018 年第 4 期

《人大复印报刊资料·文化研究》2019 年第 5 期全文转载

42.《"艺"与 Art:中西艺术观念的比较及会通》,《江西师范大学学报》(哲学社会科学版)2019 年第 1 期

43.《博雅：中华美育关键词——以〈文心雕龙〉为中心》，《文化与诗学》2019 年第 1 期

44.《放逐与重塑：论"力"与文学的关系》，《江汉论坛》2019 年第 1 期

《人大复印报刊资料·文艺理论》2019 年第 6 期全文转载

45.《何以成人，何以知天——武汉大学通识 3.0 的核心理念与实践》，《通识教育评论》2019 年第 1 期

46.《先秦文论元典之"人"义重释》，《文艺理论研究》2019 年第 3 期

47.《通义：汉语阐释学的思想与方法》，《文学评论》2019 年第 6 期

48.《元典关键词研究的中国范式》，《河北学刊》2020 年第 2 期

《人大复印报刊资料·文艺理论》2020 年第 5 期全文转载

49.《中国文学批评史的本与根》，《光明日报》2020 年 3 月 30 日

50.《从"学出集部"到"识通四库"——百年中国文学批评史研究的范式演进》，《暨南学报》(哲学社会科学版)2020 年第 4 期

51.《疫期网课实录：人类瘟疫与人文导引》，《中国大学教学》2020 年第 4 期

52.《求"游"于远："神与物游"新解》，《江汉论坛》2020 年第 5 期

53.《中国文论的经学范式》，《武汉大学学报》(哲学社会科学版)2020 年第 6 期

《人大复印报刊资料·文艺理论》2021 年第 2 期全文转载

54.《〈文心雕龙〉"章"义考释》，《中国文学研究》第 33 辑，复旦大学出版社 2020 年

55.《青春同创，人文化成：中文类专业教学模式的深度转换》，《大学人文教育》第 7 辑，四川大学出版社 2020 年版

56.《兼性思维与文化基因》，《光明日报》2020 年 12 月 16 日

二、著作

1.《魏晋人：弄狂以流悲》(第一作者)，东方出版社 2011 年版

2.《百年龙学的会通与适变》(主编)，黑龙江人民出版社 2011 年版

3.《龙学档案》(主编)，武汉大学出版社 2012 年版

4.《批评文体论纲》(第一作者)，武汉大学出版社 2013 年版
教育部高等学校科学研究优秀成果奖(人文社会科学)著作三等奖

5.《體：中国文论元关键词解诠》，中国社会科学出版社 2014 年版
湖北省人民政府社科成果奖著作三等奖

6.《中国文化概论(第二版)》(主编)，武汉大学出版社 2014 年版

7.《文化关键词研究》(第一辑)(主编)，武汉大学出版社 2014 年版

8.《中国文学批评史系列教材》(总主编)，武汉大学出版社 2015 年版

9.《中国文学批评史(第二版)》(主编)，武汉大学出版社 2015 年版

10.《文心雕龙导读》(主编)，武汉大学出版社 2015 年版

11.《中国文学理论批评史》(副主编)，高等教育出版社 2016 年版

12.《中国文化：元典与要义》(主编)，北京师范大学出版社 2016 年版

13.《文化关键词研究》(第二辑)(主编)，武汉大学出版社 2016 年版

14.《人文社科经典导引》(主编)，武汉大学出版社 2018 年版

15.《中国文论话语导引》(主编)，武汉大学出版社 2018 年版

16.《武汉大学通识教育研究报告》(主编)，武汉大学出版社 2018 年版

17.《文化关键词研究》(第三辑)(主编)，武汉大学出版社 2018 年版

18.《中华字文化大系》(丛书第一辑共八种，主编)，武汉大学出版社 2018—2022 年版

19.《人文社科经典导引(第二版)》(主编)，武汉大学出版社 2019 年版

20.《何以成人，何以知天——武汉大学基础通识课优秀作品选(人文卷)》(主编)，武汉大学出版社 2020 年版

21.《经典·科学·人生——通识教育大讲堂（第一辑）》（副主编），武汉大学出版社 2020 年版

2021—2024

一、论文

1.《经史子集与中国文论的兼性阐释》，《社会科学》2021 年第 3 期

《人大复印报刊资料·文艺理论》2021 年第 6 期全文转载

2.《世纪"龙学"的四大名著及理论范式》，《中外文化与文论》第 47 辑，四川大学出版社 2020 年

3.《大学通识教育的"三生万物"》，《中国科学报》2021 年 12 月 14 日

4.《从间性到兼性：文学理论主体性的当代转换》，《江海学刊》2022 年第 1 期

《新华文摘》2022 年第 10 期论点摘编

《高等学校文科学术文摘》2022 年第 3 期全文转载

5.《〈文心雕龙〉的兼性智慧》，《江淮论坛》2022 年第 1 期

《人大复印报刊资料·中国古代、近代文学研究》2022 年第 5 期全文转载

6.《中国文学观念的兼性特征》，《湖北大学学报》（哲学社会科学版）2022 年第 2 期

《社会科学文摘》2022 年第 5 期全文转载

《人大复印报刊资料·文艺理论》2022 年第 6 期全文转载

7.《青年刘勰的文心与佛性》，《长江学术》2022 年第 3 期

8.《刘勰教我写论文——写作学视域下的〈文心雕龙〉研究》，《写作》2022 年第 3 期

9.《中国文学批评史书写对传统史学的赓续与新变》，《古代文学理论研究》第 54 辑，华东师范大学出版社 2022 年版

10.《道之所存，师之所存也》，《光明网》2022 年 9 月 16 日

11.《兼：大学通识教育的中国方案》，《黄冈师范学院学报》2022 年第 5 期

12.《从〈四库总目〉释家类"小四部"看四库馆臣的"端性思维"》，《人文论丛》2022 年第 2 期

13.《大人·大用·大道：大学通识教育的三个关键词》，《大学语文论丛》2022 年第 2 期

14.《经史子集与文论关键词研究的古典范式》，《江西社会科学》2023 年第 5 期

《人大复印报刊资料·文艺理论》2023 年第 11 期全文转载

15.《词以通道：关键词阐释的经学范式——基于两部"字义"的学理考察》，《中外文化与文论》第 53 辑，四川大学出版社 2023 年版

16.《中国古代的"媚雅"及其批判》，《古代文学理论研究》第 57 辑，华东师范大学出版社 2023 年版

17.《关键词建构三大体系》，《关键词》第 1 辑，社科文献出版社 2024 年版

18.《关键词：授渔·启钥·寻根》，《关键词》第 1 辑，社科文献出版社 2024 年版

19.《人·真·能：数智时代通识教育的三个关键词》，《写作》2024 年第 1 期

20.《中国阐释学的兼性主体与话语》，《中国社会科学》2024 年第 2 期

《人大复印报刊资料·文艺理论》2024 年第 8 期全文转载

21.《兼性阐释视域下的大学通识教育——马一浮"六艺论"学科观平议》，《长江学术》2024 年第 2 期

22.《古代文论现代阐释的关键词方法》,《中国社会科学报》2024 年 5 月 24 日

23.《文论关键词研究的"正名"法——以刘师培的"文学"论为中心》,《江淮论坛》2024 年第 2 期

24.《因书立功:中国文论的范式观念》,《人文杂志》2024 年第 7 期
《人大复印报刊资料·文艺理论》2024 年第 12 期全文转载

二、著作

1.《元典关键词研究的理论范式》,人民出版社 2021 年版
教育部高等学校科学研究优秀成果奖(人文社会科学)著作三等奖

2.《中国文化元典关键词研究》(丛书共六种,主编),人民出版社 2021 年版

3.《人文社科经典导引(第三版)》(主编),武汉大学出版社 2021 年版

4.《博雅:中西之间——武汉大学基础通识课优秀作品选(人文卷)》(主编),武汉大学出版社 2021 年版

5.《审美教育 人文化成——通识教育大讲堂(第二辑)》(副主编),武汉大学出版社 2022 年版

6.《与大师对话——武汉大学基础通识课优秀作品选(人文卷)》(主编),武汉大学出版社 2023 年版

7.《那些年,我们追过的通识课》(主编),武汉大学出版社 2023 年版

8.《那些年,我们在珞珈山做助教》(主编),武汉大学出版社 2023 年版

9.《中华字文化大系(第二辑)》(丛书共九种,主编),武汉大学出版社 2024 年版

10.《中国文化概论(第三版)》(主编),武汉大学出版社 2024 年版

11.《中国文化课:12 部经典读懂中国》(总主编),贵州人民出版社 2024 年版

师门历届硕博士学位论文题录①

"论"文与"品"诗——刘勰和钟嵘文论言说方式之比较

作　者：董玲，女，中南民族学院 1996 级硕士。

论东晋诗歌的哲理化

作　者：高文强，男，中南民族学院 1997 级硕士。

《文心雕龙》征引《诗经》研究

作　者：马洁，女，中南民族学院 1997 级硕士。

中国诗学中的象喻研究

作　者：张路黎，女，中南民族学院 1998 级硕士。

徜徉于心物之间——《文心雕龙》心物关系新探

作　者：陈迪泳，女，华中师范大学 2000 级硕士。

---

① 辑录说明：1. 学位论文排序以作者入学年份为先后标准。2. 同年入学者，先博士，后硕士。3. 同级博士或硕士，按姓氏音序先后排列。4. 同一作者的学位论文，硕士、博士论文分别按照入学时间排序。5. 硕博连读，以硕士入门时间为准，按照该年度的博士排序，题录博士学位论文。

试论中国古代文学批评文体的特征及其成因

作　者：闫霞，女，华中师范大学 2001 级硕士。

诗人论诗——中国传统文论言说主体研究

作　者：褚燕，女，武汉大学 2003 级博士。

原始思维与中国古代文论的诗性智慧研究

作　者：吴中胜，男，武汉大学 2003 级博士。

中国诗学语境中的"性"

作　者：刘燕妮，女，武汉大学 2003 级硕士。

"体"之诗学与诗学之"体"

作　者：孙宗美，女，武汉大学 2003 级硕士。

非道无以生——试论中国诗学"道"之流变与接受

作　者：唐晓艳，女，武汉大学 2003 级硕士。

礼以节情　乐以发和——《礼记》文论关键词研究

作　者：刘金波，男，武汉大学 2004 级硕士、2006 级博士（硕博连读）。

"观"之观——《周易》中的文论关键词"观"之研究

作　者：马洁，女，武汉大学 2004 级博士。

说不可说：庄子道言悖论和中国文论的诗性言说

作　者：严平，男，武汉大学 2004 级博士。

神——中国诗学的生命精神之阐扬

作　者：白云玲，女，武汉大学 2004 级硕士。

唐诗悲美论

作　者：方艳玲，女，武汉大学 2004 级硕士。

宋词与文人画的交融与互补

作　者：郭昊，男，武汉大学 2004 级硕士。

论宋代词论的偏失

作　者：高新伟，男，武汉大学 2004 级硕士。

纳兰性德诗词意象探微

作　者：李晓明，男，武汉大学 2004 级硕士。

孔子文化诗学研究

作　者：向世旺，男，武汉大学 2004 级硕士。

试论中国书法的全息性

作　者：杨豪良，男，武汉大学 2004 级硕士。

象：中国古代诗学之基元

作　者：张丽云，女，武汉大学 2004 级硕士。

试论《大长今》中的儒家思想

作　者：郑瑞，男，武汉大学 2004 级硕士。

中国古代批评文体研究

作　者：李小兰，女，武汉大学 2005 级博士。

两汉史书体文学批评初探

作　者：白绍华，男，武汉大学 2005 级硕士。

宫人诗与唐代宫人生活

作　者：龚丽娜，女，武汉大学 2005 级硕士。

《孔子诗论》与《诗经》探源

作　者：黄康斌，男，武汉大学 2005 级硕士。

论禅宗美学对诗歌的影响

作　者：刘素炜，女，武汉大学 2005 级硕士。

六朝批评文体特征研究

作　者：罗黎燕，女，武汉大学 2005 级硕士。

元人元曲批评文体研究

作　者：唐明生，男，武汉大学 2005 级硕士。

论林清玄散文的情感取向

作　者：汪苏娥，女，武汉大学 2005 级硕士。

试论汉语言服饰文字的文化内涵

作　者：杨晶，女，武汉大学 2005 级硕士。

万历二十年：中国小说评点的崛起

作　者：杨亮，男，武汉大学 2005 级硕士。

论先秦儒家以人为本的和合美学

作　者：易霓，男，武汉大学 2005 级硕士。

冲突与融合——中国现代批评文体论

作　者：吴作奎，男，武汉大学 2006 级博士。

李长之的传记体批评特征

作　者：蔡青，女，武汉大学 2006 级硕士。

宗白华"散步式"批评文体研究

作　者：陈永辉，男，武汉大学 2006 级硕士。

试论苗族银崇拜的文化内涵

作　者：戴建伟，男，武汉大学 2006 级硕士。

时尚文化的内在冲突与人文建构

作　者：邓国超，男，武汉大学 2006 级硕士。

网络语境下贵州文化传播的悖论与回应

作　者：哈思挺，男，武汉大学 2006 级硕士。

中国当代成长小说的性情魅力与人格病症

作　者：李猛，男，武汉大学 2006 级硕士。

论沈从文的批评文体

作　者：邱艳，女，武汉大学 2006 级硕士。

魏晋南北朝批评文体研究——从文体学角度切入

作　者：邓心强，男，武汉大学 2007 级博士。

中国古代戏曲目录体批评研究

作　者：唐明生，男，武汉大学 2007 级博士。

中国文论话语重建研究

作　者：喻守国，男，武汉大学 2007 级博士。

蓝白之舞——贵州少数民族蜡染艺术的文化特征与审美内涵

作　者：戴俊，女，武汉大学 2007 级硕士。

神话重述与悲剧意识

作　者：胡涛，男，武汉大学 2007 级硕士。

中国书信体文论研究

作　者：刘肖溢，女，武汉大学 2007 级硕士。

辜鸿铭文化人格研究

作　者：龙菲，女，武汉大学 2007 级硕士。

武汉大学的《文心雕龙》研究史

作　者：秦李，男，武汉大学 2007 级硕士。

苗族古歌叙事方式研究

作　者：吴一文，男，武汉大学 2007 级硕士。

李长之批评文体研究

作　者：蔡青，女，武汉大学 2008 级博士。

中国古代文学批评的文体嬗变

作　者：陈永辉，男，武汉大学 2008 级博士。

中国创世神话形态研究

作　者：向柏松，男，武汉大学 2008 级博士。

散漫的话语：诗话批评文体的特质

作　者：李立，女，武汉大学 2008 级硕士。

明清小说评点文体研究

作　者：涂慕喆，女，武汉大学 2008 级硕士。

试论外来文化冲击中贵州坝子文化的裂变和跃迁

作　者：熊莺，女，武汉大学 2008 级硕士。

自由的呼喊　野性的狂欢——黔东土家族山歌的文化解读

作　者：杨秀爱，男，武汉大学 2008 级硕士。

论侗族背扇艺术的文化内涵

作　者：甄波，男，武汉大学 2008 级硕士。

中国文化视野下的生态女性主义文学

作　者：陈锡玲，女，武汉大学 2009 级硕士。

试论主流媒体的文艺批评

作　者：王兵，男，武汉大学 2009 级硕士。

隐没于岁月尘埃中的一串珍珠——杨绛文论及其价值之初探

作　者：王琳，女，武汉大学 2009 级硕士。

新媒体时代的文学批评——网络批评文体调查报告

作　者：殷昊翔，男，武汉大学 2009 级硕士。

中国文论及文化关键词"虚静"论纲

作　者：胡立新，男，武汉大学 2010 级博士。

中国古代文体学的本体论研究

作　者：李锋，男，武汉大学 2010 级博士。

王国维批评文体的古雅美——以《人间词话》为中心

作　者：潘链钰，男，武汉大学 2010 级硕士。

元气·体气·文气——跨学科视域下中国文论关键词研究

作　者：胡红梅，女，武汉大学 2011 级博士。

中国风歌词的文体学研究

作　者：李娜，女，武汉大学 2011 级硕士。

"经"正"文"成：唐代经学与文论

作　者：潘链钰，男，武汉大学 2012 级博士。

苗族古歌叙事传统研究

作　者：吴一文，男，武汉大学 2012 级博士。

中国文化关键词"怨"的审美生成

作　者：袁劲，男，武汉大学 2012 级硕士、2014 级博士（硕博连读）。

"易有三义"与"文心三义"——基于《文心雕龙》的考察

作　者：郭帅帅，男，武汉大学 2012 级硕士。

象：中国文论元关键词研究——以《周易》《文心雕龙》为中心

作　者：杨家海，男，武汉大学 2013 级博士。

雅：从文化权力到审美趣味

作　者：熊均，女，武汉大学 2013 级硕士。

《周易》关键词的美学阐释

作　者：陈硕，男，武汉大学 2014 级博士。

网络文学批评研究：基于网络热词的语义考察

作　者：殷昊翔，男，武汉大学 2014 级博士。

"奇"与文学权力

作　者：杨琼，女，武汉大学 2014 级硕士。

"忘"：空间感悟与审美观照——以《文心雕龙》为中心

作　者：余慕怡，女，武汉大学 2014 级硕士。

"力"的语义生成及批评实践

作　者：李远，男，武汉大学 2015 级硕士、2017 级博士（硕博连读）。

"乐"的词义演进与中华乐教精神之嬗变

作　者：刘天怡，女，武汉大学 2015 级硕士。

古代诗歌创作与批评中的使"事"特点研究

作　者：罗海章，男，武汉大学 2015 级硕士。

神气论研究

作　者：孙盼盼，男，武汉大学 2016 级博士。

《文心雕龙》批评方法研究

作　者：朱晓璁，女，武汉大学 2016 级博士。

魏晋南北朝"诗缘情"说研究

作　者：窦琪玥，女，武汉大学 2016 级硕士。

"梦"诠：基于《牡丹亭》梦学的关键词考察

作　者：冯荔，女，武汉大学 2016 级硕士。

"真幻"新论：基于当代幻想文学的理论探析

作　者：李虹烨，女，武汉大学 2016 级硕士。

"物色"新论

作　者：马可雅，女，武汉大学 2016 级硕士。

气：从自然哲学到文艺理论

作　者：尉景婷，女，武汉大学 2016 级硕士。

"忘"的审美意涵及批评实践

作　者：余慕怡，女，武汉大学 2017 级博士。

跨文化视域下的诅咒语研究

作　者：陈颖颖，女，武汉大学 2017 级硕士。

《文心雕龙》器物言说研究

作　者：何灵，女，武汉大学 2017 级硕士。

唐宋诗学"涩"概念意蕴嬗变研究

作　者：刘纯友，男，武汉大学 2017 级硕士。

陈廷焯"沉郁"辨正及其今变

作　者：谢微，女，武汉大学 2017 级硕士。

基于文化关键词阐释的对外汉语文化教材分析

作 者：郑嘉怡，女，武汉大学 2017 级硕士。

中国古代尚"雅"观念研究

作 者：熊均，女，武汉大学 2018 级博士。

罗根泽《中国文学批评史》子学精神研究

作 者：付余，女，武汉大学 2018 级硕士。

中国文学批评史"学案体"书写研究——以朱东润《中国文学批评史大纲》为例

作 者：李芳，女，武汉大学 2018 级硕士。

阐释的差异：郭绍虞与钱锺书神韵观研究之比较

作 者：刘思静，女，武汉大学 2018 级硕士。

批评史的批评：朱自清与早期中国文学批评史研究

作 者：孙皓月，女，武汉大学 2018 级硕士。

"中国文学批评史"书写研究

作 者：罗柠，女，武汉大学 2019 级博士。

论金圣叹《水浒》评点的"春秋笔法"

作 者：黄懿，女，武汉大学 2019 级硕士。

钟嵘《诗品》史学批评方法研究

作　者：李培蓓，女，武汉大学 2019 级硕士。

田晓菲中国古典文学研究方法论

作　者：卢佳佳，女，武汉大学 2019 级硕士。

从观念到方法：中国文论关键词"兼"研究

作　者：刘纯友，男，武汉大学 2020 级博士。

经学范式视域下的范文澜《文心雕龙注》研究

作　者：吴煌琨，男，武汉大学 2020 级硕士。

《文心雕龙》的子学内涵研究

作　者：徐睿智，女，武汉大学 2020 级硕士。

生态批评视域下的《庄子》"物"论研究

作　者：李猛，男，武汉大学 2021 级博士。

1940 年代朱自清文论研究的转向——以关键词为中心的考察

作　者：雷娇娃，女，武汉大学 2021 级硕士。

词以通道：《文心雕龙创作论》的关键词方法

作　者：刘文翰，男，武汉大学 2021 级硕士。

后　记

李建中先生自 1971 年担任民办小学教师，到 2024 年，执教生涯已历 54 个春秋。除去中间读大学本科的四年，正好是五十周年。在当下，能够执教半个世纪的老师不常有，能够兼具民办小学、民委直属院校、教育部直属重点师范大学和综合性大学执教经历的老师更不常有。

在 2024 年 3 月 15 日召开的李建中教授执教五十周年纪念暨"关键词：话语体系与标识性概念"学术研讨会上，李建中先生曾动情地谈到师徒的同读同创、同教同学与同忧同乐。作为弟子，我们将自己的感恩感念、感慨感怀汇聚成这本文集，以纪念先生"半个世纪的行走"。在大师兄高文强教授的统筹下，我们尝试以一种兼务学术、情感与史料的体例，向读者介绍先生的为人、为师与为学。

本书主要收录李建中先生好友与弟子的文章，其中已发表的文章于篇末括注出处或写作时间。因篇幅有限，书评版块最多收录一本（套）书的两篇书评。成果版块的统计时间截至 2024 年年底。编写团队分工如下：体例设计、特稿编辑与述评组稿（袁劲），书评编辑（孙盼盼），感念文章编辑（李远），成果整理（刘纯友），统稿与修图（何敏燕、黄秀慧）。武汉大学出版社白绍华同门担任本书策划编辑，在选题申报、编辑校对、装帧设计、印刷发行等环节付出了大量的时间和精力。

编　者

2024 年 12 月